餐食行道

邱彦 著

图书在版编目（CIP）数据

餐行道 / 邱彦著. — 哈尔滨：哈尔滨出版社，2022.9
ISBN 978-7-5484-6715-1

Ⅰ.①餐… Ⅱ.①邱… Ⅲ.①饮食业 – 经营管理 Ⅳ.①F719.3

中国版本图书馆CIP数据核字(2022)第163222号

书　　名：	**餐行道** CANHANGDAO
作　　者：	邱　彦　著
责任编辑：	李金秋
装帧设计：	百悦兰棠

出版发行：哈尔滨出版社（Harbin Publishing House）
社　　址：哈尔滨市香坊区泰山路82-9号　　邮编：150090
经　　销：全国新华书店
印　　刷：廊坊市海涛印刷有限公司
网　　址：www.hrbcbs.com
E-mail：hrbcbs@yeah.net
编辑版权热线：（0451）87900271　87900272
销售热线：（0451）87900202　87900203

开　　本：787mm×1092mm　1/16　印张：17.25　字数：265千字
版　　次：2023年1月第1版
印　　次：2023年1月第1次印刷
书　　号：ISBN 978-7-5484-6715-1
定　　价：88.00元

凡购本社图书发现印装错误，请与本社印制部联系调换。服务热线：（0451）87900279

序言

本书是通过作者亲身经历及感悟凝结而成的原创著作，书中内容涉及了餐饮创业之路所必须要经历的诸多大小事务，对于餐饮创业者、餐饮经营管理者来说参考性和实用性极高。

书中每一章节的要点表述皆言简意赅，不仅能一针见血地剖析出餐饮商业现象背后的逻辑和本质，也能让读者产生连续阅读的心理并快速打开餐饮创业、运营管理的认知大门。

本书先从传统饮食文化与现代商业餐饮的关联开始，辩证性地论述了我国社会餐饮商业的属性及运营现状。然后，通过餐饮创业的前置思维进行引导，分享了餐饮创业中存在的各种误区以及实效地解决方案，能极大程度地引发读者共鸣。最后，再系统性地解析了餐饮创业应该如何进行立项、建设、运营、收益以及如何实现品牌连锁的方法。

读者通过阅读此书并结合现实思考，就能掌握餐饮创业的系统性实战技巧，以此"规避创业风险，改善投资价值；降低经营成本，提升管理效益"。

目 录

第一章 餐饮商业的基础认知 …………………………… 1
一、饮食文化与餐饮商业 …………………………… 2
二、餐饮商业的创造和创新 ………………………… 5
三、餐饮商业的进阶时代 …………………………… 6

第二章 餐饮创业的思维格局 …………………………… 13
一、餐饮创业，一人先行 …………………………… 14
二、餐饮创业，高屋建瓴 …………………………… 15
三、餐饮创业，利人达己 …………………………… 19
四、餐饮创业，见路不走 …………………………… 23
五、餐饮创业，先立不败 …………………………… 26
六、餐饮创业，不看网红 …………………………… 28
七、餐饮创业，小店大牌 …………………………… 32

第三章 餐饮商业的立项箴言 …………………………… 36
一、餐饮商业立项之"道" ………………………… 37
二、餐饮商业立项之"天" ………………………… 38

三、餐饮商业立项之"地" …………………………………… 39
　　四、餐饮商业立项之"将" …………………………………… 41
　　五、餐饮商业立项之"法" …………………………………… 42

第四章　餐饮商业的价值维度 …………………………………… 45
　　一、分配才更有价值 ………………………………………… 46
　　二、赋予员工的价值 ………………………………………… 48
　　三、尊重顾客的价值 ………………………………………… 53
　　四、提高合作的价值 ………………………………………… 57
　　五、树立行业的价值 ………………………………………… 59
　　六、打造社会的价值 ………………………………………… 61
　　七、培养自信的价值 ………………………………………… 63

第五章　餐饮创业的生态周期 …………………………………… 65
　　一、餐饮商业品牌的生命个性 ……………………………… 66
　　二、创业筹备期，做好前置规划 …………………………… 71
　　三、创业生存期，低调开展经营 …………………………… 76
　　四、创业稳定期，夯实品牌基础 …………………………… 81
　　五、创业发展期，把握时势机遇 …………………………… 89
　　六、创业危机期，革新竞争机制 …………………………… 94
　　七、创业周期性，改革势在必行 …………………………… 100

第六章　餐饮商业的基础定位 …………………………………… 106
　　一、餐饮品牌的定位价值 …………………………………… 107
　　二、餐饮品牌的识别系统 …………………………………… 109
　　三、餐厅经营的菜品体系 …………………………………… 112

四、餐厅经营的消费群体 …………………………………… 118
　　五、餐厅经营的服务机能 …………………………………… 122
　　六、餐厅经营的营业职能 …………………………………… 129
　　七、餐厅经营的店铺选址 …………………………………… 137
　　八、餐厅经营的营销策略 …………………………………… 146

第七章　餐饮运营的管理辩证 …………………………………… 153
　　一、餐饮管理的大小运营 …………………………………… 154
　　二、餐饮运营管理的资源 …………………………………… 156
　　三、餐饮运营管理的板块 …………………………………… 164
　　四、餐饮运营管理的误区 …………………………………… 181
　　五、餐饮运营的日常职能 …………………………………… 193
　　六、餐厅运营的现场管理 …………………………………… 197
　　七、餐厅管理的高效执行 …………………………………… 202
　　八、不可忽视的会议管理 …………………………………… 207

第八章　餐饮商业的成本管理 …………………………………… 210
　　一、餐饮成本低效的现象 …………………………………… 211
　　二、餐饮成本管理的惰性 …………………………………… 217
　　三、餐饮成本管理的误区 …………………………………… 221
　　四、降本增效的价值辩证 …………………………………… 224
　　五、成本管理的六项精进原则 ……………………………… 227

第九章　餐饮品牌的连锁认知 …………………………………… 231
　　一、餐饮品牌连锁的主要类型 ……………………………… 232
　　二、餐饮品牌连锁的管理模式 ……………………………… 237

三、餐饮连锁品牌的收入模式……………………………… 240
四、餐饮连锁的主要拓展模式……………………………… 248
五、餐饮品牌的主要融资模式……………………………… 253
六、打造餐饮品牌连锁七步曲……………………………… 259

第一章
餐饮商业的基础认知

无论是从事具体的餐饮工作还是进行餐饮创业，抑或是纯粹的餐饮商业投资，都有必要具备对餐饮行业属性和餐饮商业意义的基础认知。

餐饮行业已经不再是创业门槛低和社会阶层低的商业行业。时代进阶、经济转型、资本冲击、国家品牌战略等大背景无时无刻不在影响着餐饮行业的商业格局。

一、饮食文化与餐饮商业

在现代餐饮商业经济市场中,有很大一部分餐饮从业者对饮食文化与餐饮商业的概念混淆不清,有的人在行业沉浸数十年也不一定能明其究竟。

饮食文化,是中华文化几千年历史长河中最悠久的人文文化之一,也是全世界人类保存最完整、跨越时期最长、影响最广的民族文化之一,而且还在不断被广泛传播和延续。

餐饮商业,是我国最具传统属性的社会商业行业之一,是社会经济体系下的基础行业、民生行业,也是人们日常生活需求、社交需求、精神需求等层面触及最频繁的商业行业。

(一)饮食文化概述

从属性的角度来区分,我国传统饮食文化主要分为两个层面:地方饮食习性和流派烹饪技法。

地方饮食习性,最初的体现是地方的风土人情,因地域不同、气候不同、环境不同、食物原料等不同而表现出不同的人文饮食风貌。饮食文化的流传还体现在家族的基因、日积月累的习惯以及具有被研究的性质等特性。

地方饮食习性长此以往便逐渐形成了独特的地方饮食文化标签,并体现出具有代表性的地方伦理精神和地方礼仪作风,这些代表性的特征便成了地方饮食文化中的重要标志。

流派烹饪技法,以地方饮食习性为基础,因饮食习性的不同而衍生出风格不同的菜式,其烹饪制作技法自成一体,一方一技,经久之后便形成了独特的烹饪方式、佳肴形式以及不同的食用风格等。

我国传统饮食文化中有四大菜系、八大菜系之说,这是普遍的常识,但我国地大物博、幅员辽阔,又属于多民族的国度,所以菜系的分类远不止这些。

在我国,几乎每个省市地区都有自成一派的烹饪技法和菜式特色,而那些历经岁月沉淀的传统菜式通常都伴随着历史人文典故、民间故事或家族传承的佳话,代代相传,广为颂扬,这些具有地方特色的菜式最终成为了不同烹饪流派的传统经典佳肴。

（二）餐饮商业概述

餐饮商业，是符合时下经济发展需要而独立成行的一种商业业态，其本质是以盈利为目的的社会商业经营行为。大部分的餐饮商业主体都属于社会类餐饮。

社会类餐饮，是指在酒店餐饮、接待餐饮、高端食府、食堂餐饮、膳食配餐、旅游团餐、素食餐饮以及国外餐饮等类型之外，呈现出具有广泛性、自由性的社会普遍餐饮消费形式的中式餐饮经营类型。

社会类餐饮的商业类型烦杂而不拘一格，会因为时代的背景、服务的群体、产品的特色、装修的风格、设备的功能、经营的模式等而各不相同，再辅以活力创新的个性、灵活多样的购买方式等能迅速打开消费市场并快速获得消费者认可，从而更加符合社会主流消费群体的餐饮消费主张。

自2000年以来，我国的餐饮商业市场经历了巨大的变革与创新，保守的传统派餐饮市场空间越来越窄，而百花齐放的江湖派餐饮以新的经营思维和新的经营类型越来越高比例地占据着餐饮消费市场的主要地位。

保守的传统派餐饮商业实体也在新时代的商业革新潮流中积极谋求重生之道与转型之策。

> 社会类餐饮商业实体的建立主要考虑生存与发展的问题，即如何通过现代化的商业运作将餐饮商业经营的投资回报最大化。

社会类餐饮商业常常以商业的经济价值为前瞻，客观而理性、包容而灵活，积极塑造企业文化、品牌文化等，并将企业或品牌的愿景、使命、理念等赋予更高层级的价值空间和价值能力，所设计的一套系统化的文化理念等均以围绕着如何实现餐饮商业的市场价值为目的，所以也可以理解为商业餐饮的企业文化并非传统的饮食文化，而是一种现代经济的商业经营文化。

> 社会类餐饮商业比较忌讳感性经营和贩卖情怀。

社会类餐饮商业中，也有一部分具有传统饮食文化意义的餐饮经营类型，其经营的主要核心是将传统的地方饮食文化进行提炼后通过现代商业性质的包装和运作，将地方饮食文化风尚与特色烹饪技法推广开来，进而发扬光大，以期获得更高的文化价值和商业价值。

饮食文化与餐饮商业，这两者从本质的基础层面都有一个共通点，即吃和喝。

饮食，是一种生活俗语，代表着日常的生活行为、生活动作以及可以分为喝的和吃的具体食物。

餐饮，是一种商业称谓，代表着商业的属性、商业的范畴、商业的行为等，商业的经营内容主要也分为吃的和喝的。

依据饮食文化的形成根源，餐饮商业的经营应该同时提供吃的和喝的商品，基于人性需求、生理需求的经营内容才更适合餐饮商业的生存与发展。

社会类餐饮商业经营的底层形态是满足吃和喝的需求，这就需要餐饮经营者始终追求所销售食物的品质。食物的品质，在于食材的新鲜程度与烹调的技法，每道菜品都应该具有独特的味型。优质的食材加上可口的味道是餐饮经营产品的根本性追求。

> 餐饮行业属于第三产业即服务行业。

商业餐饮的具体经营，应该熟知传统饮食文化的精髓，并运用现代餐饮商业运营管理的理念、方法和技巧，再加上宾至如归的餐饮消费综合服务，才能让餐饮商业经营走得更稳，走得更远。

二、餐饮商业的创造和创新

在我国几千年传统饮食文化的大背景下，现代餐饮商业经营的可创造空间越来越有限，而追随传统饮食文化之下的创新空间却蕴藏着无比巨大的可能性。

（一）餐饮业的创造

创造，在于无中生有，在于敢为天下先，在于立志走别人从来没有走过的路。

创造，没有成熟的同类型参照，也没有绝对适合的技术、设备和人员，一切都围绕着全新的餐饮商业模式进行锻造，是颠覆式的强制进阶，以打破传统餐饮商业经营形态为宗旨，标榜高、新、奇、特、异等标签，创造的初心中往往伴随着忽视对传统饮食文化精髓的敬畏之心。

创造性的餐饮商业模式基本都缺乏成熟的消费市场基础以及没有成功的商业模型可借鉴。在完全未知的领域中进行摸索、探求，具有较高的投资风险。

创造一种全新的餐饮经营模型需要消耗巨大的综合资源成本去做检验和测试，还需要付出巨大的资本代价去引导和培养顾客的消费习惯，这个过程艰辛而漫长，甚至遥遥无期。九死一生是餐饮商业创造行为的客观结局，如果是战略决策的误判，那么起盘开局基本就已经注定了惨败的结果。

创造的大前提应该是以餐饮消费市场的既有基础为土壤和根基，然后去寻求新的增长突破。

（二）餐饮业的创新

创新，在于标新立异，是在尊重传统饮食文化的基础上进行不同形式的商业演绎，也是在尊重人性生理习惯与人性精神需求的大前提下进行餐饮商业的渐进式升级。

创新，是合乎生存和发展的餐饮商业举措，也是餐饮商业行为必须具备的一项基本且核心的能力。

创新，在于餐饮商业经营中对产品的呈现、环境的打造、设备的改良、消费的体验等单一或多方面进行优化和改良。餐饮业的创新应该无处不在、无所不包，既不脱离于传统饮食文化的本质基础，也不固守传统餐饮商业的经营形态。

创新，既拥有成熟的消费市场作为餐饮经营的生存沃土，也有崭新的亮点刺激消费者的购买欲望和消费频次，同时也能有效调节消费者因为长期同质化消费产生的倦怠感，还能与竞争者形成差异化的竞争优势。

创新，无须投入厚重的综合资源成本，也一定有比较适合而匹配的工作人员，相对创造型餐饮商业的投资成本更少，经营见效更快，成长方向也更加清晰。

伴随着社会文明的进步以及各种科技型工具的普遍应用，人民大众对于创新型餐饮消费体验的需求日益增加。创新型餐饮商业是时代进阶的必然要素，也是时代进阶中的良性产物，更是时代进阶中的文明彰显。

创新型餐饮商业模式不局限于传统的线下模式，更需要结合线上的经营模式，以及如何与第三方服务平台共同开发创新型的商业模式。

创新型餐饮商业的趋势毋庸置疑，也无须抗辩，即便创新的结局是悲观的，但从行业发展的角度来看，也是积极的。

三、餐饮商业的进阶时代

随着时间推移，我国社会文明和商业行业的不断发展进步。餐饮行业从 20 世纪 80、90 年代开始也逐步演绎出了几个不同的进阶时代，一个时代进阶到一个新时代更迭的速度也越来越快，常常导致许多社会餐饮商业体还没来得及反应过来就已经被商业时代边缘化，甚至被快速淘汰出局。

（一）餐饮商业的产品时代

20 世纪 80、90 年代，我国餐饮行业还处于产品时代，餐饮商业经营倡导和推崇高超的烹饪技法。

餐饮商业的产品时代是烹饪学校、厨师培训机构发展的黄金年代。"一招鲜吃遍天""酒香不怕巷子深"等餐饮商业口号，完美地诠释着餐饮商业产品时代的魅力所在。

餐饮商业的产品时代，在社会餐饮商业中，正处于传统菜系和各大流派的创立和定型期，彼时，各大菜系名师辈出，如今都属于殿堂级的行业尊者。

> 餐饮商业的产品时代是属于菜系的时代，也是属于传统餐饮名师的时代。

餐饮商业的产品时代，在社会餐饮商业经营中，非常注重菜式的色、香、味、型、器、意、境等菜品价值的展现，而从厨者，更讲究尊师重教，要求为人师者，先要修德，而后才能授艺。

餐饮商业的产品时代，厨师们长年修炼着辨味、格物、选料、搭配、腌制、刀工、烹饪、火候、技巧、雕刻、摆盘等传统烹饪技艺，厨师们孜孜不倦、刻苦钻研，其中不乏优秀者更善于德艺的传教。

餐饮商业的产品时代，餐饮经营的创业成本相对比较低，大众化的社会餐饮商业体也不太讲究环境和设施，其中大部分的创业者都是厨师出身，练得一手烹饪好技艺，几道拿手好菜就能从事餐饮创业，且创业成功的概率极高。

（二）餐饮商业的服务时代

20 世纪 90 年代前后到千禧年代，餐饮行业从产品时代开始逐渐步入了服务时代。深圳作为我国改革开放的前沿经济试验区，也率先承担起了餐饮新时代的历史使命。

凭借着改革开放的重大契机，许多港资、外资企业开始陆续进入我国内陆市场，港资和外资企业不仅带来了先进的商业思维和商业模型，也极大地促进了餐饮商业经营理念和餐饮经营服务水平的提升。伴随着我国国民经济水平的迅速增长以及人均收入的不断提高，人们对于餐饮消费的意识和餐饮消费的需求也在同步增加。

1981 年，竹园宾馆落户于深圳市罗湖区，是我国第一家中外合资的三星级宾馆，竹园大酒楼作为配套的餐饮服务单位在竹园宾馆一楼开展餐饮商业的经营服务活动。

1990 年，外资品牌麦当劳进入我国的第一家店落户于深圳市罗湖区，取名光华餐厅。

1991—1995 年间，港资餐饮商业代表如利宝阁、稻香、唐宫、丹桂轩等陆续在深圳开业。

1985—1995 年的十年间，我国餐饮商业发展迅速，同时造就了一批优秀的深圳本土餐饮商业品牌，如国贸旋转餐厅、北京餐厅、西南饭店、晶都海鲜酒家、胜记酒楼、潮江春、凤凰楼、明香酒楼等，共同开启了餐饮行业的服务新时代。

2003 年左右，五常管理法被导入我国传统餐饮行业，深圳胜记餐饮集团作为国内首家运用五常管理法系统的本土民营餐饮企业，率先将餐饮商业的服务体系进行了深度的挖掘，并形成了一套具有我国社会餐饮商业标杆性特质的服务体系，其意义不凡，影响深远。

餐饮商业服务时代的开启，还充分结合了酒店行业的服务规范体系，在继续追求产品时代菜式精良的基础上，大大地提升了餐饮经营的整体服务水平，并将餐饮服务的各种细节以及人性层面的需求不断进行升华、提炼至全面商业化的演绎。

（三）餐饮商业的管理时代

千禧年前后到 2010 年左右的时间，餐饮行业逐渐步入了管理时代。

餐饮商业管理的本质，应该是为餐饮商业的产品体系和餐饮商业的服务体系提供更加完善的功能性保障，以及提供更加规范性、严谨性的运作机制。

我国社会餐饮商业绝大部分都有家族基因的成分。受传统人文文化的世代熏陶，餐饮管理也特别注重人性和情怀，所以，那个年代的餐饮管理更具有个性化的色彩，在经历了漫长的粗放式管理时代后，才慢慢进入了规范化的管理时代。

我国社会餐饮管理的规范性成长，充分借鉴了酒店行业的规范管理系统和西式餐饮管理的标准化体系以及社会其他各行业的企业管理机制。

餐饮商业的管理时代，所涉及的管理科学和管理范畴实际上已经远远超出了社会传统餐饮经营管理的狭窄层面。

传统餐饮商业的经营管理，是以营业销售为主线的管理统筹，比较注重菜式、服务、环境、卫生、形象等方面的管理，并且始终围绕着如何让生意做得更好为核心去开展相关联的综合管理工作。

而现代餐饮商业管理则更加注重综合性的管理体系建设，包括：人力资源管理、财务管理、物资管理、成本管理、营销管理、连锁运营管理等等，同时还会涉及品牌定位、形象包装、装修工程、文化艺术、心理学等方面的知识系统。

餐饮商业的管理时代，自 2003 年左右开始导入了一些现代化的网络管理工具，以降低人为管理的惰性和漏洞。最早期使用的管理工具，如：食神餐饮点菜系统、金蝶仓储系统等等，大大地提高了餐饮管理的规范性、严谨性，以及有效地提升了餐饮经营管理的综合效率。

（四）餐饮商业的运营时代

2010 年左右到 2020 年左右的时间，餐饮行业的发展产生了质和量的变化，餐饮商业从实体经济突然被撞入了互联网经济圈，而后又基因突变为线下和线上共融的社会商业经济圈。

2003 年，张涛参照美国的 Zagat Survey 网站模式，在上海创立了大众点评网站，针对餐馆进行消费点评。

2009年，北京拉手网络技术有限公司在北京注册，2010年3月份左右，拉手网团购网站被推出，同期，美团团购网创立。

2010年，餐饮互联网"百团大战"拉开大幕。

大众点评网、拉手网、美团网等系列网络商业服务平台的出现，直接将餐饮的线下实体经营拉入了互联网商业经济时代。

如果说餐饮商业的管理时代是餐饮人自己管自己的时代，那么餐饮商业的运营时代则打开了餐饮外部管理和外部经营的综合管理时代。

餐饮商业的运营时代，是内外兼修的时代，是将内部的产品体系、服务体系、管理体系等与外部其他业态管理体系相互融合运营的全新时代。

餐饮外部其他行业的管理人才也逐渐跨入餐饮商业领域，促使餐饮行业的管理模式有效地提升到了更加多维度的综合性管理层面，并将餐饮行业的发展带动起来朝着更加有质量，更加有速度的快速发展轨道上，同时将餐饮商业的品牌力以及市场溢价能力等提升到了一个新的市场经济价值高度。

（五）餐饮商业的模式时代

传统的餐饮商业经营从产品、服务、管理等方面都存在着厚重的地方饮食文化特性和个性化的运营风格，进入餐饮商业的模式时代，餐饮商业的经营模式巨变，当本土餐饮品牌极致的追求菜系和菜式原本的风貌时，所需要的菜系专业烹饪人才和带有地方性习性的管理人才就出现了严重的短缺。

基于人工技能将餐饮菜品标准化的餐饮商业实体店是最难复制或是最难快速复制的，在餐饮商业时代的进阶中渐渐沉淀下来形成了今天所谓的地方品牌，这些地方品牌的基因和沃土决定了很难有效地进行跨地域的发展。

餐饮模式时代的到来，将传统餐饮商业多品类、复合型经营的模式进行了较为细致的板块式划分，并将各个板块进行了商业功能的完善以及不断地升级和创新，最终形成了以餐饮经营品类和餐饮经营单品为主的新型餐饮商业模型，这类模型更加易于餐饮商业品牌的跨地区复制与发展，同时较大程度地降低了餐饮商业品牌店的综合建造成本。

在餐饮商业的模式时代中，原来的菜式也慢慢被演变成了产品，在这个演进过程中首先将产品的类型、结构、加工形式、烹饪方法、呈现方式等进行了创新和改变，紧接着又将餐饮商业的服务形式、经营形式、管理形式等进行了全方面的优化和改良以更加符合新经济消费市场下的生存与发展。

这些由传统餐饮商业经营细分板块演变的创新型餐饮商业模型，不断颠覆着餐饮行业的市场格局，经过长时间的市场沉淀后，许多创新型餐饮商业模式已经非常成熟，再加上互联网的商业思维和运作模式还在不断地被升级和改变。

2010年至2020年这10年间，餐饮行业的商业形态发生了翻天覆地的变化，餐饮行业早已不再是职业餐饮人的固属领域。

在跨界冲击、降维融合的新餐饮市场经济机制下，餐饮人的商业传统越来越难以把握，同时又对新餐饮市场经济缺乏多维度的领悟和认可，渐渐变得无所适从，而跨界进入餐饮行业的经营管理者又缺乏对传统饮食文化和传统餐饮商业的基础了解，最终将现代餐饮商业的经营管理推入了一个专业混乱的状态。

（六）餐饮商业的时代脉搏

餐饮商业的产品时代、服务时代、管理时代、运营时代、模式时代等等，在市场经济中并非单独的存在，而是多维度的同时存在，即便在一个商业区域内也存在多个时代的餐饮商业表现形式，因此不能武断地去界定哪一种时代模式的餐饮形态是好的，哪一种时代模式的餐饮形态是不好的。总的来说，今天这个时代，是餐饮商业各种时代同生、共融的新时代。

在不断进阶的新互联网产业经济机制下，餐饮行业势必也会继续产生更多的新时代标志，朝着餐饮商业产业化、餐饮商业数字化的时代进阶，餐饮行业的商业行为需要始终保持对市场需求的敏锐度,在坚守初心的本愿下,更需要具备时代的远见与前瞻。

餐饮行业既要保有传统饮食文化的内涵,传承匠心的精神,同时还需要不断创新符合新时代餐饮消费市场需求的新型餐饮商业模型,才能将餐饮商业的价值继续发扬光大。

第二章
餐饮创业的思维格局

餐饮行业是社会经济的基础行业之一,也是社会民生活动应用最频繁的行业,与其他行业的商业经济关联比较广泛,能影响一系列社会经济产业结构的变动。

餐饮创业的思维格局体现在对餐饮创业行为本身的认知和态度,也有对餐饮事业所持有的远见和胸怀。餐饮创业与其他行业创业一样,需要创始者具备事业的大局观和战略观,并同时具备对传统世俗人事的理解性、包容性和客观性。

一、餐饮创业，一人先行

> 餐饮创业一开始是一个人的事情，然后才是一群人的事情。

《西游记》中，唐僧启程的目标简单而明确：一路西行，取得真经。

他一个人带着坚定的信仰开启了朝圣之旅，在行进的途中，先后接纳了孙悟空、白龙马、猪八戒和沙僧几名徒弟。几名徒弟原本都有各自的功名、各自的安乐，但因为种种原因，偏居一隅，再无建树，直到遇见了唐僧。

在跟随唐僧西行的途中，各徒弟禀性难移，起初之时更是诸多摩擦，互不妥协，不时还会产生异心，甚至脱离团队，分道扬镳。然而，无论在何种糟糕的境况之下，也无论所发生的事情孰对孰错，惟有唐僧始终坚守初心，对自己西行取经的信念充满着无比的虔诚和笃定。

在行进途中，唐僧的个人魅力以及坚定不移的目标信念渐渐获得了徒弟们的信任和尊敬，使得师徒一行精诚团结，携手相扶行走十四年，历经十万八千里，遭遇九九八十一难后终于到达西天取得真经，师徒一众也皆修成正果，荣列仙班。

餐饮商业项目的创建者好比唐僧，因为有了伟大的理想才能吸纳同频的追随者。创建者的餐饮梦想是什么，就能吸引同等的能量，若只想开一个小店，吸引而来的追随者一般只具备开小店的能量，想要建立餐饮连锁品牌，就能吸引到具备建设连锁品牌能量的伙伴。

餐饮商业经营在行进的过程中谁都可以放弃和离开，但只有创始人不能放弃，谁都可以退出，只有创始人不可以退出。

餐饮商业经营项目不会因为追随者的离开而坍塌，但一定会因为创始人的斗志低沉和信仰消散而瓦解。

餐饮商业创业，不需要苟同大多数人的看法，创始人只要尊重客观事实，坚定自己的目标，不忘初心，一个人先走起来，把目标和信念注入到自己的品牌和企业的灵魂之中，变成可以复制和执行的价值观念与行动理念，并将这些理念始终贯穿于人、事、时间和场景之中，让旁观者清晰地感知到创始者的思维格局及方向，不管遇到什么样的艰难险阻，依然坚持进取，就能在行进的过程中不断吸引同频者的到来。

餐饮创业，就是一个人先行，先行的是不一样的信念，以及对餐饮经营与发展独到的真知灼见。

一个人先行，不代表始终自负而盲目地坚持个人主义，不能刻板地走入一言堂的我执误区。

在建设成立核心团队后，应该将核心成员优秀的见解渐渐演变成一群人的共同价值观，大家才能同心同德，精诚合作。此时的创始人便应该扮演起精神领袖的角色，在领导层面支撑起理想的风帆，在专属的领域内多多相信专业人才。

二、餐饮创业，高屋建瓴

"高屋建瓴"出自《史记·高祖本纪》，意思是把瓶子里的水从房顶上往下倾倒的情形，寓意居高临下，不可阻挡。

> 餐饮创业，高屋建瓴，理应文化先行。

餐饮品牌的创立，首先应该站在品牌文化的高度进行思想和理念的建设，以达成全员的共同认知以及高度同频，进而统一行动，统一步伐，真正做到思想指挥行动，想法决定干法。

> 创立餐饮品牌文化分为两个主要阶段：文化建立和文化建设。

文化建立，是对餐饮品牌文化的初期定位，包括使命、责任、价值观、经营理念等。

文化建设，是对餐饮品牌文化的长期应用，还包括对文化理念的不断维护和升级等。

餐饮品牌的文化建立，主要围绕两个基础进行：创始人的个性化信仰及对餐饮行业特性的价值观。

餐饮品牌创始人的个性化信仰，是指创始人通过人生阅历、经验智慧对社会观、世界观等的主观认知，这些都是建立餐饮品牌文化的重要元素，基于这些元素建立的品牌文化符合"餐饮创业，一人先行"的价值理念。

餐饮品牌创始人明确地提出对餐饮品牌的价值诉求，才能被其他人作为参考，从而吸引来志同道合的追随者。餐饮品牌创始人的个人价值观演变成餐饮品牌的文化价值理念，是餐饮品牌文化建立的基础之一。

餐饮品牌文化的建立，还需要客观地考虑和分析餐饮行业的特性，并将具有行业特性的价值理念作为依据，客观地依照餐饮品牌的实际运营诉求、发展愿景进行餐饮品牌文化的建设。

创始人主观的价值理念，加上行业特性的客观理念，最终形成餐饮品牌创立初期的个性化文化体系。

在餐饮品牌运作的过程中再进行不断的优化和升级，慢慢形成一套适合于餐饮商业市场经济的具有餐饮品牌标志性的文化价值系统。

餐饮品牌文化的建设也可以比作餐饮商业的企业文化，建立企业文化的通用结构一般由企业愿景、企业使命、企业价值观、出品理念、服务理念、经营理念等主要元素构成，餐饮企业还可以根据自身的经营类型并结合经营特点制定出更具有个性化的企业文化，从而在同行中脱颖而出。

（一）企业愿景

企业的愿景是宏观的战略思考，具有前瞻性、远见性，是远大的，也应该伟大的，在商业逻辑层面也是存在客观可行性的。

企业愿景的建立和建设，需要充分考虑创始人的个人信仰、企业成员的综合资源以及实力和能力等，并与餐饮商业主体经营的可行性策略相匹配，尽可能地把餐饮事业的未来格局放大，并要求符合达成的逻辑。

> 示例1：致力于成为全国传统川菜的文化标杆。
> 示例2：打造珠三角不改良湘菜连锁头部品牌。
> 示例3：五年百店连锁，十年百城千店。

（二）企业使命

企业使命是企业存在的价值，是企业存在于行业、社会中的具体意义，这个意义应该是积极的、健康的、具有可塑性的，并且需要具体和明确的。

如果说企业愿景是企业战略的价值思考，那么企业使命就是企业在餐饮商业市场中的行为指引，需要持续地付诸行动并加以不断强化和证明。

企业使命，是企业赖以生存和发展的根基，没有积极的社会经济价值的贡献，就不可能被市场所接纳和认可。在餐饮商业市场经济的法则中，不会让没有积极价值、缺乏使命感的餐饮商业项目长期存在，因为那会是对社会公共经济资源的一种浪费。

> 示例1：做老百姓都喜欢的家常川菜。
> 示例2：专为都市白领提供健康午餐。
> 示例3：传承川菜技法，推广巴蜀文化。

（三）企业价值观

企业价值观是为企业全体成员工作和成长树立的正确行为指引，可以是抽象的，也可以是具体的。

企业价值观还可以是实际的行动纲领，能让全体成员达成统一的思维意识和认知并能参照其纲领、精神共同付诸实际行动。

企业价值观一定是积极的、乐观的和开阔的，可以适用于企业中不同职位、年龄、经验、学识的成员。企业价值观就是要将企业愿景、企业使命等转化为更加明确的执行心法。

> 示例1：没有完美的个人，只有完美的团队。
> 示例2：品牌有了价值，产品才有价格。
> 示例3：树立行业标杆，打造名优品牌。

（四）出品理念

出品理念，是针对出品部门，包括厨房、水吧、明档等部门或岗位制定的工作指导方针以及操作指引，是对部门和个人职业精神的赋能。出品理念源于传统餐饮烹饪德艺的基础，具有由内而外的延展性，通过出品理念向外界展示内部的出品精神、素养以及职业操守。

> 示例1：亲朋挚友能吃的菜才能给顾客吃。
> 示例2：严格出品，精益求精。
> 示例3：认认真真做人，仔仔细细做菜。

（五）服务理念

服务理念，也是一种工作心态和形态的方法论，不仅指导服务岗位的员工进行有序、高效的顾客服务，同时也是指导其他岗位员工进入服务岗位时向顾客提供相关服务的操作指引。

餐饮经营服务理念的取向一般主要针对外部顾客或者非顾客以外的其他人群进入餐厅时提供的服务指引，该指引也可以作为内部的服务指导。

> 示例1：微笑礼貌，热情周到。
> 示例2：及客所需，超前服务。
> 示例3：进门皆是客，服务无差别。

企业文化的建立应该符合企业本身在市场中的价值特点。文化标语或口号的提炼应以易听、易懂、易记、易说、易传为基本原则。企业文化的建设则是长期性的，应该根据企业发展的不同阶段而进行适时的升级和优化。

新员工入职首先要解决的是思想和心态问题，因为之前的工作经历会产生先入为主的惯性认知，为了让新进员工能尽快融入新的工作中来以及尽早达到工作岗位的绩效，就需要先认知、理解、支持和尊重新企业的文化，才能与同事之间达成工作的默契，才能更加有效地开展岗位工作。

工作就像谈恋爱，不了解恋爱的对象、不尊重恋爱的对象，就不能谈好一场恋爱，甚至不可能建立恋爱的关系。企业文化就是员工与工作谈恋爱的基础认知。

高屋建瓴，企业文化的贯穿应该由上而下，从创始人、中高层管理员、基层管理员，一直落至岗位的基层工作人员。上行下效，高层怎么做，基层就怎么干。

> 企业文化不是纯粹的口号，也不是形同虚设的摆饰。

每一位餐饮工作人员都应该将企业文化牢记于心，每位成员都要能背、能说、能写、能用，在餐饮商业运营的日常工作中，年会、季会、月会、周会、例会等都应该对企业文化进行不断的释义宣导和记忆巩固，让企业文化深入到每一位成员的血液里，只有达成共同的思想认知才能让团队更有凝聚力、向心力和战斗力。

通过企业文化的有力塑造可以在同行中形成一股强大的力量，让企业更具市场竞争力和抵御风险的能力。

三、餐饮创业，利人达己

餐饮行业是一个以人为本的行业，餐饮商业经营的对象不是物品，物品只是人与人之间的媒介和桥梁。餐饮商业经营是由一群人向另一群人提供饮食消费生理和心理需求的、一种特别具有人情味的商业服务形态。

人，会因为个性、认知、观念、心境等的不同而表现出来不同的意识形态，因此，餐饮商业的经营机制或规程都应该基于人性的需求进行建设，违背人性需求的经营管理体系都是行不通且不长久的。

以人为本，就是要做到如何先利于他人，应该时刻为对方着想，为对方提供便利以及为对方的消费价值考量。先利于内部成员，满足内部成员的价值追求，而后才能一致利于外部消费者。利人的行为前，首先要具备利他的思维和利他的胸怀。

《易传·乾文言》："利者，义之和也。"只有利他人，才能彼此互利。

《论语·雍也》："己欲立而立人，己欲达而达人。"推己及人，自己要想实现梦想，首先要让跟随者实现梦想，当跟随者都实现梦想的时候，自己的梦想自然也就实现了。

餐饮商业经营中，老板赚钱了，员工没有赚到钱，员工就会离开，就不会再有人愿意来为老板赚钱。老板想要赚到钱，就要树立让员工都赚到钱的利他思维，当员工都能赚到钱的时候，老板自然就能赚到更多的钱。

> 以人为本，己所欲而施予人。

餐饮商业经营活动，不仅要考虑如何利于员工、利于顾客，还需要考虑如何利于所接触到的其他人或者组织，包括供应商、服务商、加盟商以及各类型的合作伙伴等，成就他人方能成就自己。

（一）利于内部成员

加入餐饮行业的成员普遍性的需求一般有：工资报酬、技能学习、职业成长、合伙发展等。这些需求还会随着时光的推移、年龄的增长、知识经验的提升以及跟随企业的发展而发生变化，餐饮组织者应该不断地把团队成员加以需求层面的分类，针对不同的需求提供不同的满足条件和机会。

许多从事餐饮工作的普通成员，并没有把餐饮工作当作长久的事业去看待和经营，这类普通成员大多只当餐饮工作是个人生存和发展的跳板，是进入社会时期的生活过渡。

这类成员一般比较保守，习惯按部就班的工作，缺乏创造能力和创新活力，工作思维比较单纯，也比较注重眼前的实际利益。准时、足额地领取到应得的工作收入就能得到满足。

餐饮管理者应该充分尊重这类员工的生存价值观和真实诉求并尽量保证满足他们。

对于那些积极上进的成员，不仅要给予他们应得的工作报酬，同时还需要为他们提供更高级别的知识赋能。

这类成员许多都可以成为餐饮企业未来发展的中坚力量，需要不断满足和刺激他们的求知欲，让他们在工作的过程中慢慢地发现自己的不足，然后加以雕琢、加以辅导，让他们的知识成长没有停止的边际，一段时间地磨练后，可以给予他们更高级别的工作，让他们在实践中去领悟和成长，进而增强他们的成就感，增进他们对团队、组织的认同感和归属感。

对于那些有理想、有抱负的专业或职业人才，他们需要的不仅有稳定的收入，还期望通过自己的付出和努力创造更高的人生价值，他们有一套自己的逻辑思维，有自己的价值主张，一般为餐饮商业运营体系中的中高级人才，他们对自己要求严格，同时对餐饮老板的胸怀、格局等也要求比自己更高。他们需要餐饮企业有一套符合企业自身生长逻辑的宏观战略以及广阔的蓝图布局。

这类成员比较清晰自己在餐饮企业中的价值和分量，大多也具备奉献精神，他们更愿意陪同企业一起发展，愿意与企业共担风险。对待这类成员，餐饮企业组织者需要对他们进行充分的授权和授信，在企业有能力的时候，尽可能让他们优先成为餐饮企业、经营门店的股东或者为他们提供内部创业的机会以实现他们独立的人生价值。

（二）利于外部顾客

餐饮商业经营活动首要的对象是消费的顾客，如何利于顾客，需要深刻的研究并意识到顾客的不便及需求，然后及时、高效，甚至超出预期的照顾到顾客的不便以及满足到顾客的需求。

到餐厅用餐的顾客大致分两类情形：一是临时而来的新顾客；二是长期光顾的老顾客。

临时而来的新顾客，大多对餐厅没有什么了解，用餐的目的相对简单，一般也没有什么特别的要求，因为要求和期望不高，所以这类顾客也很容易就能得到满足，一旦对餐厅产生了明显的认可或得到了超出预期的满足感，就很容易成为餐厅的忠实粉丝。

对于新顾客，餐厅工作人员应该想办法快速地消除他们的陌生感以及不信任的消费顾虑，主动拉近与顾客之间的距离，热情地向顾客介绍餐厅的文化、特色等，诚意地向顾客征询用餐的需求并为他们提供更合适的用餐建议。

长期光顾的老顾客，他们通常对餐厅各方各面的经营情况都比较熟悉，也比较能够理解和尊重餐厅的各种规则。

老顾客更在意是否能得到餐厅特有的尊重，或者有在某些方面被特殊照顾的心理需求。

对于老顾客，餐厅工作人员应该给予相应的特殊关照，这本是无可厚非的事情。有的餐厅经营壮大了，往往忽略了老顾客的心理需求，常常忘记了餐厅的生意兴隆都是老顾客们一路的关照。对于这些老顾客能够给予的便利应该尽量给予，并时刻维护和顾及他们的精神需求，切忌不能因为与他们太过熟悉而忽视了他们的真实感受和与餐厅的客观关系。

（三）利于其他人

其他人，指的是和餐饮商业经营的各种具有短期或者长期关系的人员或组织团体，其中包括餐饮商业经营的各类供应商、服务商、邻里、同行等。

传统的餐饮商业经营，不重视供应商或合作商，有的合作多年也叫不出供应商的名字，特别在沿海一带的城市中，餐饮单位常常以业务项目做称谓与供应商进行沟通，比如送菜的叫菜佬，送肉的叫肉佬等。

利于人，首先要懂得尊重于人，从内心出发真诚的尊重他人，才能心甘情愿地做出利于他人的行为。

尊重于人，就是对供应商、服务商们主动热心地提供便利和相关的保障，把他们也当作内部成员或者外部顾客一般加以厚待，当他们感受到这份尊重时，才能为餐饮商业的经营活动提供更加优质的服务和贡献。

利，并非单纯的物质给予、金钱收入或者效益利润，而是更为宽泛的尊重、喜爱、信任、鼓励、帮扶、协作、陪同、认可等一切与美好相关的物质或精神各方面的正能量财富。

四、餐饮创业，见路不走

我国从农耕时代到工业时代的发展经历了很长的时间，而如今早已步入了互联网信息时代。

仅仅用了几十年的时间，我国就超越了大部分发达国家几百年才达到的水平，当初我国许多主要的工业技术和科技技术都是从模仿发达国家的技术开始，一步一步刻苦钻研，最后研制出更尖端的技术而青出于蓝，胜于蓝。

我国社会中的餐饮商业经营管理知识和规范在很长一段时期里都受到了其他发达国家的启蒙和影响。

20 世纪 80、90 年代，餐饮人奠定了社会餐饮行业商业经营形态的基础模型，常规的传统派有接地气的民间家常菜和出身贵族的官府菜两大主要类型。

传统派系的家常菜或官府菜，在现代餐饮商业市场中慢慢淡化出了人们的视线，取而代之的是新派的江湖菜。

新派的江湖菜，没有具体的格式，可以任意地演变，是在社会发展过程中根据餐饮消费市场需求演绎、变化出来更加符合市场消费经济的餐饮新模型，新派江湖菜模式是餐饮商业体系中最大的流派。

我国进入信息化时代后，新派江湖菜迅速崛起，成就了一大批高效的餐饮商业经营模式，同时也造就了一大批餐饮商业模式的模仿者。模仿，成了餐饮商业项目创立与发展最便捷、最高效、最廉价的生长之法。

模仿可以让不懂餐饮、不熟悉餐饮商业经营的餐饮创业者快速地掌握经营要领，成功率相对比较高，建造成本和投资风险也相对较低。

有些餐饮创业者，第一家店会选择加盟优质的餐饮商业品牌，通过品牌方的教导和日常实操，从中收获餐饮商业经营的宝贵经验，然后再通过对加盟品牌的模仿和优化创立出自己的餐饮商业品牌。

有些餐饮商业创业或餐饮商业投资则直接复制时下比较热火的餐饮商业品牌。在大众相互抄袭模仿的情势下，逐渐将餐饮商业市场形成严重的同质化竞争状态。

抄袭或模仿对于商业本能而言并无不可，但对于社会餐饮商业资源和社会文明度来看就显得不太雅观，这种现象也是社会经济缺乏创新活力和创新能力的体现，于行业的良性发展起到了一定的消极作用。

> 见路不走，是对模仿和抄袭的最佳辩证，大概的意思是说，不要看着别人走过的路然后跟着走。

在餐饮商业市场中，有许多模仿成功的餐饮品牌，好像也同样生意兴隆，经营得风生水起，这让许多人眼红，进而争相模仿。有种说法叫作"幸存者效应"，意思是人们只看到了极少数的模仿成功者，却并没有看到大部分的模仿失败者，因为模仿失败了，所以并不被人们所发现而已。

模仿的真正意义在于学习和提高，而不是全盘复制的拿来即用，否则的话，我国的工业能力、科技能力也只能甘于附庸，谈何超越？

看着别人的路走得很好，换一个人，换一个时空却很难走得通，正所谓"画龙画虎难画骨"，模仿到的大多都是表面形状，一个餐饮品牌真正成功的不是表面功夫，不是单纯的形象系统、出品系统或者服务系统，而是深层次的基因序列、企业文化和精神灵魂，这些则是永远无法通过模仿得到的。

餐饮初创者去模仿高品质的品牌是最佳的成长途径之一，但模仿者应该是学生，模仿的目的应该在于寻找创新和超越之法。

见路不走，意味着不去照搬抄袭，应该透过被模仿者的表象看到其内在的优良本质，然后找到成功路径的规律，并在遵循规律、尊重规则的前提下，勇敢地走出属于自己的路。

见路不走，是顺应餐饮市场发展需求而打造自身餐饮品牌差异化竞争力的思维方法，从而让自己的餐饮品牌成为细分领域的佼佼者，这才是餐饮商业模仿行为最高效的举措。

餐饮商业品牌的原创者还需要正确地看待其他模仿者，模仿者其实是在给原创者制造"虹吸效应"，模仿者越多，原创品牌的知名度和市场价值就可能越大。

创新，不是单纯地模仿、抄袭，而是在原创的基础上加以优化，提炼出"点"的差异，放大成"面"的不同，进而形成风格差异的餐饮商业"体"。

见路不走，是一种智慧、是一种觉悟、是一种高级的修为，更是一种创始者强势基因背后的自信与笃定。

餐饮商业品牌如果缺失了自信的基础，始终在另一个原创品牌的光环之下，始终都无法突破自身的实力瓶颈，也永远走不出高昂的步伐。

餐饮商业市场中，需要更多的创新者，需要更多的创新品牌。当一个社会行业模仿成风时，经济内卷化的弊端就会凸显出来，整个社会经济都会陷入内斗和内耗状态，社会经济的进步和文明又从何而来呢？

五、餐饮创业，先立不败

餐饮创业，大家都期望着旗开得胜，一炮而红，还有一部分餐饮品牌创始者更期望快速地复制、成长，实现连锁。

近十年来，我国社会商业飞速发展、迭代迅猛，各行各业的人士开始对餐饮行业趋之若鹜，前赴后继，大部分餐饮投资人和创业者都比较看重餐饮行业的现金流模式和低门槛的准入条件，也有许多餐饮投资人或创业者认为，无论社会各行业怎么变化、怎么不景气，但人总是要吃饭的，餐饮行业则是一个永不过时，永不落幕的朝阳行业。

进入餐饮行业后，才知道什么是理想很丰满，现实很骨感，餐饮创业者们常常被日常琐碎的事务搅得身心俱疲，看似简单的餐饮行业却在实际的运营过程中被颠覆了最初的认知，许多其他行业的佼佼者斗志昂扬地杀入餐饮市场，常常也是铩羽而归后对此讳莫如深。

为什么那么多跨行业的成功人士投身餐饮事业后却都难以圆满，甚至狼狈不堪？大致有以下几方面的原因：首先，对餐饮行业的文化底蕴过于轻视；其次，对餐饮商业的认知存在逻辑上的误判；再次，对自己曾经成功的经验和社会资源太过自信；最后，对自己的团队期望过高等。

那些跨行业以"降维"心智投身餐饮商业的投资人或创业者，其失败的本质原因是没有足够重视餐饮行业的特殊属性。在某个行业的成就不代表跨行业后也能取得同样的成就，而对自身综合实力太过自信也是导致餐饮投资失利的普遍性原因之一，许多餐饮投资人单纯地认为有足够的资金，朋友也很多，就不怕餐厅经营没有生意。这样的商业思维显得非常错误和肤浅。

许多餐厅开业前三两个月，常常会有许多朋友光临惠顾，但随着时间的推移，来光顾的朋友会越来越少，朋友消费的频次和消费金额也会逐渐下降，这令许多餐饮创始人百思不得其解，渐渐迷失了经营方向或丧失了经营信心，那是因为创始人对餐饮商业的规则根本没有弄明白。

社会餐饮，顾名思义是针对社会广大群众提供餐饮消费的社会商业经济形式。也就是说，社会餐饮经营活动所面对的消费者绝大部分都是陌生的，社会餐饮不属于朋友消费经济的范畴。

餐饮投资创业太想要成功是情理之事，无可厚非，但如果只注重成功，只看见既得利益，反而容易走入经营的误区，我们说餐饮行业是以人为本的行业，如果只注重经济利益，则蒙蔽了以人为本的行业特性，自然容易发生失败的情形。

餐饮商业创业的成功之法，不是胜利之法，不是盈利之法，而是不败之法，是价值之法。餐饮商业的胜利之法就是要先立于不败之地，先要生存下去，活得越长久才有机会获得最后的胜利，获得最好的价值。

餐饮商业经营的对手有两个：一是自身，二是同行。突破自身，客观看待自身的能力，才能找到战胜自己的法门；熟悉同行，打造差异化经营，是战胜同行的法门。

餐饮经营立于不败，便是尽可能地延长经营的生命长度并且有能力继续去经营。餐饮行业及餐饮消费者从客观角度更倾向于尊重长期存在的餐厅，人们的普遍意识认为能够长期存在的餐厅一定有其可取之处，通常情形下餐厅存活时间越长就越容易被信任，也越值得被购买。

> 如何让餐饮商业经营从一开始就尽可能地立于不败之地？

首先，要尊重行业的经济属性，从理性的层面明白餐厅的消费顾客要向陌生群体培养。然后，要测算好餐厅经营的生死线，即最低生存保障需要多少营业收入来支撑并努力去达成。最后，要考量战略亏损期是多长？如何在战略亏损期到来前提前达成收支的平衡。

需要注意的是，许多餐饮创业者会从餐厅正式营业的第一天就开始核算经营效益或投资回报，这样的计算办法看似正确，实则是在增加餐厅失败的可能性。

一家新餐厅的投资期需要滞后在餐厅开业后的 1—3 个月内，这段时间是餐厅经营的种子期、市场经营的培养期、投资建设的完善期，大概率下是不会有明显的利润产生，一旦在这个阶段核算经营效益，很容易导致经营信心的丧失。

> 《孙子兵法》：兵法不是战法，而是不战之法；不是战胜之法，而是不败之法。

餐饮商业经营不只是为了获取好的价格，而是为了塑造好的价值；餐饮经营不是只追求利润，而应该多追求效益；餐饮经营不是如何实现快速地赚钱，而应该想办法长久地活着，再循序渐进的寻求活得更好才能赚得更多。

六、餐饮创业，不看网红

餐饮行业是一个特别磨炼心性的行业，无论是多厉害的人物，也不管你多有财富、地位、个性，一旦踏入餐饮行业，都会被餐饮行业的特性慢慢打磨得圆滑，谨小慎微。

餐饮行业是一个慢热的行业，一切想要个性化快速发展的思想和行为都是在拔苗助长，许多优秀的餐饮人都是十年如一日的在行业里经营着人生，不疾不徐，稳稳地成长与发展。经营餐饮事业，要如同文火煲粥一般才能熬出好味道、好营养、好价值。

互联网信息时代的到来，让餐饮从业者在获取行业知识和应用工具时变得非常容易，也让许多餐饮经营者对行业应有的敬畏变得漠视而淡然。在网络信息资讯的知识洪流中，大众的心智遭受到了前所未有的冲击，常常陷入自我纠结与自我否定的恐慌之中，也让许多人的自我意志和自我辨识能力淹没在信息的洪流中，从而立场不稳、摇摆不定，逐渐变得心浮气躁、急功近利。

当人们长期处于与网络资讯的单向交流时，这些资讯就形成了巨大的黑洞，吞噬着人们的主观判断力和正确的甄别能力。大多数时候，人们根本不明白这些资讯背后的真实轨迹，因为"幸存者效应"的原理让很多人只看到了那些阶段性成功的餐饮案例，就主观而狭隘地断定那些模式和成果是可以借鉴和学习的，从而肤浅地参照与效仿。

餐饮行业第一代网红鼻祖"雕爷牛腩"于 2013 年第一家店开业，短短几年经营状况全线下滑，截至 2020 年下半年，八家店只剩下一家店。当初雕爷牛腩运用互联网营销思维红极一时，赚得名利双收，但好久不长，最终各种负面消息的传播让餐饮人士有了更多关于互联网商业思维的深刻反思。

餐饮互联网商业模式的出现，伴随着互联网专属名词也在餐饮行业内逐渐被普及与应用，基于互联网商业的经营思维，餐饮行业的互联网模式也开始追求速度、效率、单品、爆款、流量、营销、杠杆、壁垒、资本、溢价等新的经营思维和意识形态。

这些新兴的餐饮互联网商业模式及思维，在互联网的信息洪流冲击下出现了一大批忠实的粉丝，餐饮同行间的交流往往也都伴随着这些新兴的商业名词。彼时，许多餐饮经营者一度都以为单品经营模式就是餐饮新经济的未来趋势，以为餐饮的单品爆款就是餐饮商业未来细分市场的绝佳路径。

> 餐饮行业经营中，没有真正的极致单品，只有整张菜单中相对的优势单品、王者单品。

许多受互联网思维影响，进而应用互联网营销策略走单品爆款路线的餐饮品牌，最后大多有两个结果，一种结果是无疾而终，匆匆落幕；另一种结果是船小好掉头，发现苗头不对幡然醒悟，立即调整策略增加产品，以求生存。

基于餐饮行业的社会性属性，以及以人为本的经营本质，单品爆款的正确理解应该是在餐饮经营众多的产品中提炼出一款或多款单品作为明星产品或核心产品，并极力打造该类产品的市场竞争差异化，通过该类单品优势的全力打造，集合所有资源以点突破，快速获得消费市场的认可，进而引导消费者进行更多的附加购买，以此带动整体经营产品的销售，同时也应尽可能地满足消费群体其不同的消费需求，从而得到一站式的解决。

我国的农耕时代、工业时代都在教人务实，信息时代却把人培养浮躁了，各种时代的进阶是社会经济文明发展的必然进程，没有对错之分，接下来将会是数字化时代。在数字化时代下，餐饮商业的经营形态即将更加多元、活跃，也会更加稳重、严谨。

中国速度，让时代的进阶来得太快，我们是时代迅猛更迭的见证者，也是亲身的参与者，当大家还沉浸在信息时代的洪流中晕头转向时，却又要面临数字化时代的来临，很多餐饮经营者都意识到很难跟上时代的节奏感，此刻，那是不是就应该回头去重新认知餐饮商业的本质呢？不管社会时代如何更迭，餐饮商业的经营本质却从来不曾改变。

互联网的商业经营思维模式下，餐饮行业诞生出了一批又一批的网红餐饮品牌，这些网红餐饮品牌大多使用修饰出的噱头及厚重的营销投入进行立体造势快速扩大影响力，并通过招商加盟的快拓模式迅速抢占市场份额，但最后大多却在迅速的恢弘中又迅速凋零。

这些网红餐饮品牌大多走的都是单品路线或小品类路线，很容易因为极简的经营模式和技术模式而获得投资者与加盟者的青睐，但在品牌门店长期的经营过程中渐渐就会凸显出收入结构和盈利结构的短板，其长效的发展能力很快就会出现瓶颈障碍。

一个餐饮单品品牌或品类品牌的异军突起，很快就会有许多同质化的模仿品牌诞生，借着互联网商业经济下的流量思维及资本杠杆的驱动力，时常打造一个全新的餐饮品牌只需要 1—3 个月，而要实现从 0 到 100 家门店的规模也可能只需要一年半载，这种现象的餐饮品牌被称之为"快餐品牌"，能暂时快速地填饱肚子，但终究缺乏营养和可持续性的价值供给。

人们常常只看到了许多优质餐饮连锁品牌的辉煌场景，殊不知其背后是更多同类品牌消亡后仅剩的极少数幸存品牌。

违背生长规律的成长需要付出额外更多的代价作为补偿，餐饮品牌的发展越快，需求辅助的各种资源和条件就越多，一旦品牌自身的能力配不上发展的速度，同时又找不到代为补偿的资源和条件时，就会加速餐饮品牌的消亡。

拥有庞大的餐饮连锁品牌门店数量时，看似庞大的现金流，却不代表可自由支配的现金就多，也不代表现金流中的利润就越丰厚，这些现金流很可能只是为众多餐饮品牌门店的经营管理和营销推广等担负着代偿的责任，甚至有的餐饮品牌持有者将现金流有恃无恐地进行挥霍，实际早已是金玉其外，败絮其中。

餐饮经营的现金流是一把双刃剑，人们往往只看到了现金的流入，却没有意识到还有现金的流出，当现金的流入不足以补偿现金的流出时，真正的危机就来了。

餐饮创业者需要真切地认知到那些网红品牌，知名品牌背后的商业本质和生长逻辑，清醒地感知到那些看似赚钱的餐饮品牌不一定真的值钱，门店个体庞大，门店数量庞大也不代表盈利能力就很强大。

赚钱和值钱的餐饮品牌往往会具备以下特质：

> 1. 大多直营，绝不轻易加盟；
> 2. 开店有度，不求快速增长；
> 3. 持续追求单店的盈利突破；
> 4. 中高层管理者都比较稳定；
> 5. 注重门店日常的运营管理；
> 6. 看重美誉度，而非知名度；
> 7. 比较成熟的企业文化体系；
> 8. 没有过度的营销宣传推广，等等。

以上这些特质，很难通过餐饮品牌的快速发展而建设完善，反而会因为急切地追求门店数量而忽视了门店的生存质量和经营基础。餐饮品牌成长的保障性功能严重缺失时，就会导致餐饮品牌的运营体系头重脚轻，快速成长也伴随着快速消亡。

餐饮行业是一个长期经营，长效收益的商业行业，可以通过对餐饮商业品牌长期的市场沉淀，深耕细作、稳步成长，或可厚积薄发，一跃成为业内佼佼者。

七、餐饮创业，小店大牌

在现代社会商业经济背景下，应该具备"格大局小"的餐饮品牌创业思维。

餐饮品牌创业的大格局不应该是触不可及的空中楼阁，应该是具有前瞻性、逻辑性、可能性、系统性的远景规划，是可以通过技术运营方法实现的落地战略。而从餐饮品牌单店的经营管理层面来看，凡事从小处着手，力求精益求精，也是一种大格局、大思维。

餐饮商业品牌创业规划的发展目标可以很大，远大而明确的目标可以上行下效影响到组织内部不断产生积极的原动力，并能依此提升所有参与者的心智、胸怀和眼界等高度。

因为有了远大而明确的品牌战略目标，才能更加认真、务实，更加富有责任感和使命感地去行动，也才能更加规范、严谨地去实施餐饮品牌店日常的经营与管理。只为解决一日三餐温饱问题或者单纯想要实现个体老板梦想的餐饮创业思维，不会在意如何去塑造品牌的价值，也不会懂得如何运用资源杠杆的力量。

"格大局小"的意义在于，餐饮品牌创业的发展规划可以很宏观，开盘起局的门店可以很微小，并且在微小的门店里，还能够处理好每一个细微之处，不以善小而不为。伟大餐饮品牌创业梦想的实现，往往都是在完善每一处细节后积沙成塔的硕果。

餐饮商业创业中，有的人喜欢追求大店，觉得有排场、有面子，或者因为有足够的资本作为支撑，根本看不上小店式的经营。

> "格大局小"的创业思维还在于"小店大牌"。

依照品牌餐饮单店的投资预算，一家几百平方米的大店，整体投资很容易就达到上百万元，而百万元资金可以建设出几家甚至上十家几十平方米的小店。几百平方米的餐饮品牌大店和几十平方米的餐饮品牌小店各自的盈亏情况大概率下同样各占一半。

一家几百平方米餐饮品牌大店的生存结果是有或者没有的可定性结果，而同一餐饮品牌下多个连锁小店的生存概率则是还存活有多少的不确定性结果，但多个餐饮品牌连锁小店却会以有效经营门店数量的保有率获得更多的品牌生长机会和更强大的品牌投资回报能力。

从餐饮商业实际经营的本质来看，大店仅能代表相对大的投资和相对大的经营面积，不代表一定就有相对大的投资回报。小店仅代表相对更小的投资和相对更小的经营面积，但也不代表只能收获相对更小的投资回报。

投资百万的大店不一定就比投资几万元的小店更能赚钱。

几十平方米的小店，月盈利三五万元，很正常。

几百平方米的大店，月亏损三五万元，也很正常。

未来，餐饮行业的商业细分将越来越专注，餐饮商业经营的类型也将越来越简单，因为小店模式更利于餐饮品牌连锁的生存与发展。

船小好调头，船大难转弯。

餐饮品牌的小店模型在于小的经营体量，小的经营投资，亦如同小草一般更具备生命力，更容易快速生长，也更容易遍地开花。

深圳市三津餐饮管理有限公司，成立于2014年12月。旗下餐饮品牌三津汤包的创始人方增满、李朋、余和节三位先生都来自素有"中国面点师之乡"的安徽省安庆市。

公司创立初期只有一家仅十平方米左右的小店，截至 2022 年上半年，三津公司已发展成为三津集团，旗下连锁门店已达 4000 余家，每天为超 300 万消费者提供早餐服务。

三津集团秉承"成为世界包点第一品牌"的愿景，于 2021 年启动"三津品牌创业扶持计划"，先后在广东省、湖南省、江西省、福建省等地相继开展了品牌创业指导交流的活动，获得了大批餐饮小微创业者的拥戴和支持，为"小包子大梦想"的全国性战略落地打开了一片利好市场。

三津集团从一家小包子铺到几千家门店，如今更以每年千店的速度继续成长，这就是"小店大牌"的创业思维格局，更体现了"微小之处见真章"的实干创业精神，充分说明了小体量是大局面的基础，经营好小体量的餐饮单店，也能以点建面形成一个餐饮商业大局面。

> "小店大牌"的小，还在于低调，在于"高看低开"。

"高看低开"的意思是，餐饮创业的眼光放长远一点，站在更高的维度去看待经营的时效和成效，不要急功近利，不要沾沾自喜，时机不到更不要高调行事。

许多餐饮创业老板在筹建完新店后迫不及待地想要"昭告天下"，第一时间就积极谋划举办各类促销活动，目的是想吸引更多消费者光顾餐厅造成开门红火的喜庆局面，并期望餐厅落地生花、一炮而红，经营从此就能风生水起。

一家餐饮新店落地经营初期，会因为团队磨合时间不足而出现菜品、服务、后勤、设备等整体协作不顺的情形，而餐厅迫不及待地高调促销吸引着大量消费者到来时，势必导致顾客整体满意度低下的不良情形发生。迫不及待地高调开业还存在食材、物料的采定不准，营销成本过高、员工储备过多、工作压力巨大、经营数据不准等一系列问题的发生，有的问题还会造成严重的后遗症。

一家餐饮新店落地，通常会按照内部测试、对外试业、正式营业等步骤循序渐进地开展经营，有的餐饮新店落地营业数月后才启动宣传并举办开业仪式，目的是要更加低调、沉稳的先追求整体的经营服务品质，以期达成更高的顾客体验满意度。

格局大一点，眼光放得长远一点，不必要在意眼前的面子和利益，自然就不会在意一时半会儿的荣光。

创立餐饮大品牌，并非一定要开大店，也不一定要大投资，更不需要大张旗鼓。

从小店开始，积极进取、刻苦钻研、踏实经营，一点一滴地进行品质积累，以追求顾客满意度为宗旨，不断完善单店的成本结构和盈利结构，待到时机成熟，再进行门店的复制和扩张，就可以成就大局面、大品牌。

第三章
餐饮商业的立项箴言

　　餐饮商业立项，立的是符合时下市场经济状态下站得住脚的逻辑思维，立的是餐饮商业项目生存的可能性，立的是餐饮商业项目可发展的前瞻性。
　　餐饮商业立项规划应该符合"商道"的规律并建立好长效的规则。
　　凡事预则立，不预则废。立项，也为了让餐饮项目所有的参与者都能共同拥有相同的理念和行动目标，并能始终围绕着这些主线紧密团结一致、同心同德、彼此协作、相互守望。

一、餐饮商业立项之"道"

餐饮商业立项之"道",即见初心,既是战略定位,又是餐饮商业生长之根本。道为万物之源,是宇宙法则、是自然规律、是人心所向、是人性所持。

餐饮的商业之道不仅在于餐饮从业者对餐饮行业前世今生的整体认知和理解,还在于餐饮创始人、餐饮从业人员对餐饮事业参与的起心动念。

餐饮行业,是最具传统属性的社会行业,是人类社会活动和文明进步不可分割的重要组成部分,永远脱离不了自然法则宏观大道的范畴。

餐饮行业在自然大道之下,还存在属于餐饮行业特性的门道,这个门道是餐饮行业本身具足的商业规律和经营法则。

顺应餐饮行业之道,遵守餐饮商业法则,才能掌握餐饮商业的生长之道,才可能让餐饮经营的商业价值长盛不衰。

有的餐饮商业创始人在创立餐饮品牌时的初衷,并非因为热爱餐饮行业,有的人因为长年从事餐饮行业形成了职业固化而无法脱离餐饮行业,有的人因为看到餐饮行业的现金流而充满期待,还有一部分餐饮创业者是为了立项去融资、圈钱,有的餐饮商业创立者甚至只为了立项便于集资代偿。

集资代偿,是指餐饮项目创立者因为个人债务问题急需外部资金摆脱目前困境而创立一个餐饮项目,以便于寻找合伙人进行资金的吸纳,然后将该类资金用作私人债务的代偿,这种情形并非个别存在,有的是迫不得已,有的却是有的放矢,这样的行为明显违背了餐饮立项之道,其结局往往不得善终。

餐饮商业立项之道,还在于坚定餐饮商业经营的原则以及坚守餐饮商业经营的底线。

餐饮商业经营的是民生事业,是经营生命健康、饮食安全的社会基础行业,敬畏于食品安全、杜绝浪费、信奉伦理道德精神,是餐饮商业经营的基本准则,也是餐饮商业立项的安身立命之本。

> 餐饮行业是良心行业，违背良心道德行事，绝非长久之道。

餐饮商业经营的是人心和人性，餐饮商业之道自然也就在于以人为本。

二、餐饮商业立项之"天"

餐饮商业立项之"道"，在于从心智层面和行为层面敬畏规律、遵守规则，而餐饮商业立项之"天"，则更注重顺应时势、把握时机，对餐饮行业的发展趋势进行客观的预判，提前做好准备并谋机而动。

2003年"非典"时期，国内社会餐饮商业的管理水平整体都还比较低，人们却突然对餐饮经营食肆的食品安全以及食品用具的卫生要求达到了从未有过的新高度。

深圳胜记餐饮集团审时度势，快速反应并率先升级了一系列的食品安全卫生管控举措，包括推出"现场高温烫碗"的消毒设备，在顾客入座后，工作人员按顾客人数，当面将消毒设备内的碗筷、餐具等送至顾客餐桌，顾客亲见整个操作过程，手摸碗筷还滚烫炙手，如此举措即刻赢得了顾客的信任，在餐饮行业整体惨淡经营之际，"胜记"则逆势生长，迅速抢占顾客消费心理，快速建立起了品牌市场美誉度和消费信任度。

2020年全球新冠肺炎疫情发生，餐饮行业的惨烈状况仿佛还近在昨日，2019年大年三十下午，全国几乎同时关停了所有的餐饮经营场所。

突如其来的疫情变故让整个餐饮商业的生态失去了平衡，让人猝不及防、无所适从。当时许多餐饮商业经营主乐观地期盼春节假期之内能重新开展经营，便静静守候等待、静观其变。

直至年初五、初六的时候，有放假的餐饮企业计划如何结束年假重新开业之际，才发现乐观的期盼可能遥遥无望，餐饮商家们因为看不到希望而沮丧彷徨、不知所措，不知道该如何应对这样突变的局面，而糟糕的局面才刚刚开始。

在那段刻骨铭心的特殊时期中，同行之间互通消息，彼此鼓劲，但因为大部分餐饮经营主从未遭遇如此巨挫，基本都持消极观望状态，大多无计可施。少数的餐饮经营单位则审时度势，快速做出了预判，符合时宜地做出了相关的拯救举措，积极应对局势的发展。

有的餐饮单位及时调整员工休假的补偿机制，稳定人心、静观其变；有的餐饮单位快刀斩乱麻，直接关停经营食肆，将各种经营损失降至最低；有的餐饮单位，快速将餐厅改成食材销售点，将春节库存的食材降价售卖，最大程度减少损失。

此次疫情下，也让一批优秀的餐饮企业再次脱颖而出，适时推出线上销售、团体配餐、技术教育、职业培训、净菜到家、预制菜等服务业务，顺应时势地进行及时改革，从而实现了逆势的增长。

餐饮商业立项之"天"，是天时，是根据时局动态把握餐饮市场未来发展的规律和市场消费的新需求，并提前做好趋势来临前的经营准备，同时积极调整经营策略，顺势而为，占尽先机。

餐饮行业平淡生息之际，宜静心观照，创新求变，餐饮行业发生整体变革之时，应迅速做出时局走向的预判，早一步改革应对，快速抓住市场先机，在险境中脱颖而出。

所谓时势造英雄，餐饮行业长期处于疲软状态或者发生重大危机之时，正是少部分餐饮商业模式发展的恰当时机。

三、餐饮商业立项之"地"

餐饮商业立项之"地"，是地理区域，是餐饮商业经营的商圈，是餐饮商业经营条件的沃土，是当地饮食习性、风土人情下餐饮消费经济的基因。

一方水土养一方人，于餐饮行业而言，每一个地方都有其最原始的消费基础及消费形态，掌握这些餐饮消费的基因密码和消费信息，才可能开展良好的餐饮经营活动。

社会主流餐饮商业经营的是基础的民生事业，"接地气"是经营的重要元素，但并非一定是价格便宜亲民才叫作"接地气"。

餐饮商业经营的"接地气"，是指符合周围消费需求的餐饮商业类型和餐饮经营形式。在品质消费区域开展低档次餐饮经营活动或者在低端消费区域开展高档次的餐饮经营活动，都不符合"接地气"的经营形态。

餐饮商业经营"接地气"，就是消费区域、消费人群、消费需求、消费能力与餐饮经营类型的高度匹配。

近些年，因为城市整体规划，封闭的社区纷纷解除围墙开放生活便利通道，由此吸引到各行各业都积极地开展社区化经营活动，餐饮社区化经营现象也越来越凸显，在一个小范围区域内有越来越多的餐饮食肆可供消费者选择，这也促成了餐饮商业经营区域范围越来越窄，人们也对生活式餐饮消费的需求渐渐不再舍近求远，大部分消费者都开始秉持就近消费的原则。

> 社区生活式餐饮消费，是餐饮消费市场的前瞻方向，社区式餐饮经营类型日趋成为生活式餐饮消费的主流形式。

大众生活式餐饮消费群体在选择餐饮食肆时，通常都会着重考虑消费性价比及行程便捷性，特别是在大、中都市中，周围三五千米内依旧是生活式餐饮消费的首选区间，距离甚至还会更短。

社区概念的餐饮经营活动，就是打造"接地气"的餐饮经营形式，找到了餐饮经营与餐饮消费之间的供需契合点。

餐饮商业经营之"地"与"接地气"，还在于餐饮商业创立者的个人认知，应当放下个性化的主观判断，尊重客观事实的餐饮消费依据，才能充分把握"接地气"的市场消费需求而立足于市场之地。

四、餐饮商业立项之"将"

"将"是餐饮商业经营活动中定盘的星,"将"为将领之才,是领军的人物,是餐饮商业活动带兵打仗的将军和精神灵魂的领袖。

小米科技创始人雷军曾说过他用80%的精力都在寻找高人、能人、将才。因为只有找到合适的人才,才能做出正确的事情,得到最好的结果。

餐饮商业经营的基层本质在于销售制作的产品,整体的产品中首先是餐厅的菜式出品,而让菜式出品更具有被购买的价值能力则是餐饮商业的服务行为,同时,餐饮商业的服务也是餐饮商业销售的价值产品之一。

一流的团队可以销售好二流的产品,二流的团队却很难销售好一流的产品。

餐饮商业经营管理的执行团队组建,主要取决于将领之才的职业能力和人格魅力。这两项最基本也是最高级的能力,一能让团队成员信服,二能让组织成员折服,两者相加便是德艺双才,可以让团队成员尊重其品行,又敬畏其能力,才能充分地调动和发挥团队的综合实战能力。

餐饮商业中将领之才一定基于餐饮商业创立者的格局和胸怀,所谓同频共振,什么样的创立者吸引什么样的将领之才。创立者的眼界够辽阔,心胸够宽广,才能容纳有理想、有抱负的将才。创立者的格局和胸怀应该是真诚而富有使命感的担当,而不是对人才进行战术思维的短暂"利用"。

餐饮商业的创立和日常的运营管理,需要真正的将才去执行完成,而不是餐饮商业的创立者,从餐饮商业治理的逻辑层面来看,即便是创立者自身很优秀,也不适合去担负将领的职能。

将领之才还能吸引更多志同道合的同伴和下属,最终将餐饮商业运营管理团队打造成高效优质的生力军。餐饮商业创立者要做的就是如何找到适合餐饮商业的将领之才，然后再由他们去组建核心的执行团队。

餐饮行业已经进入"一将难求"的真实局面，真正在餐饮行业沉淀下来，又有所建树的将才更是凤毛麟角，新时代社会经济体制下，餐饮行业对于将才的要求会越来越高，反观，餐饮商业中职业化的专业将才则一定会越来越少。

现代餐饮企业选择将才的第一要素应该是忠诚，然后才是能力。能力可以在工作的实践当中去培养和成长，而忠诚则是进入企业之前个人自带的基因，很难在短期之内通过塑造而得到。

> 缺乏能力的忠诚尚可培养，缺乏忠诚的能力则可止也。

将才是把双刃剑，餐饮商业创立者不仅要学会甄别将才、珍惜将才，更要懂得培养和善用将才。

将才更应该懂得感恩上司和企业，忠诚于职业操守、忠诚于品格信仰并与企业共同成长。

五、餐饮商业立项之"法"

"法"是法治，是餐饮商业活动治理所建立的规则和秩序，是餐饮商业经营运作的机制，也是餐饮日常经营管理中的各种制度、规范、流程、标准、要求等。

社会餐饮商业项目初创时，大概率会是几位志同道合、情趣相投的亲朋好友一起组建创立，这种基于情感和信任的基础，能让餐饮商业项目在前途未卜的客观前提下更加精诚团结，而不计暂时的个人得失。

有利即有弊，当彼此之间保持着情感关系，互相顾及对方的感受而不愿意以规则运行时，常常会导致餐饮商业经营严重的不良后果，这种不良的后果发生前，大多会出现两种情形：一种是彼此顾及大家的情面，对经营发展不敢贸然前进，甘于友情的维系，无形中制约了餐饮商业的客观发展决策；另一种更为严重的情形是，因为彼此之间太过于熟悉，而容易忽略各自岗位职能的权威性和特殊性，常常因为角色的错位而导致整体运营管理严重的内耗。

所以，法治的餐饮商业运行机制就显得尤为重要。人治，只能治理事情；法治，才能治理事业。

餐饮商业合伙创业的模式下，在没有开始行动之前，首先要建立好合作的规则并签订相关合伙协议，将各自的责任、权利、义务、利益等权属范围白纸黑字地列明清楚，约定彼此之间的层级隶属关系，并签字认可，彼此之间应该始终信奉餐饮商业法治运行的必要性、重要性和严肃性。

餐饮商业创立初期，在合伙人之间先行建立起运行的机制和规则，彼此之间恪守这些承诺的前提下，才能让其他的成员承认更多机制、规则的权威性，并能起到上行下效的执行规范。

餐饮商业立项之"法"，还在于将日常经营管理活动中各项事务的运作规则进行及时的规范性组织和建设，这些规则的规范性建立是为了杜绝同类问题和错误的反复发生，避免和减少重复错误导致不必要的内部损耗，让团队的成员将有限的时间和精力尽可能地用在餐饮商业经营的成长和事业发展的道路上。

餐饮商业的法治运行，需要决策者时刻保持清醒、敬畏的职业心智，在工作中不断将那些已发生的常规性问题进行总结和完善，并制定出易于学习、传播和执行的文本制度，并加以日常督导和宣扬，最终达成餐饮商业活动进入高效的法治运行态势。

餐饮商业立项之"道、天、地、将、法"，总结起来可以用一段话进行概括，即：餐饮商业项目创立之初应该敬畏餐饮行业发展的客观规律，敏锐地捕捉餐饮消费市场的时局趋势，然后找到具备餐饮商业项目生长和发展的沃土。同时，联合一群志同道合的伙伴建立良好的合作机制，并一起通过法治制度的建设，让餐饮商业经营长治久安，基业稳固。

第四章
餐饮商业的价值维度

世间万事万物都有其存在的客观性，以及存在的具体意义和价值，社会餐饮的商业主体存在于相关联的各行业阶层中，决定了自身在市场经济中的变现能力和溢价能力。

价值决定价格。社会餐饮商业品牌的直接价值体现在经营收入和利润层面，这些价值的来源是餐饮品牌被消费者乐于购买的综合服务能力，以及为顾客消费附加需求提供的良好解决方案。

一、分配才更有价值

许多餐饮品牌创建者因为设定了宏大的愿景规划，往往在还没有实现的时候，就认为此刻的餐饮品牌已经具备了非常巨大的潜在价值，并把这份还未得到的虚无价值定义在了当下，并紧紧抓在自己的手里。

餐饮品牌宏大的愿景价值实现，绝对不是品牌创建者个人能独立达成的，越伟大的目标越需要更多志同道合的同行者一起去完成，只有当餐饮品牌未来的价值和同行者有直接的利益关联时，才可能激发他们的斗志和潜力，进而积极地经营好当下，共同去实现这个愿景价值。

> 《道德经》："有即是无，无即是有。"

餐饮品牌未来的价值认知：未来还未到来，也即是空无的。这个空无的未来，就是品牌创立者们的愿景，通俗的说法就是品牌创立者们画的一张饼，大家愿不愿意努力地去制作出这张真饼，完全取决于这张饼制作出来后参与者们能不能分得到、吃得到。

如果参与者们明确感知到即便非常努力地做出了这张饼，但很可能分不到、吃不到的时候，就没有人愿意努力去制作这张饼，品牌创立者也就永远无法达成愿景，无法将自己画的这张饼变成一张实际的真饼。

把未来可能的价值分配给当下的参与者，就是把未来的责任、使命赋予给了参与者，让参与者与创立者都成为品牌的创建者，当大家拥有了共同的志向和目标时，才能同心同德努力地一起奋斗，大家才可能最终一起品尝到胜利的果实。

餐饮品牌的创建者，通常都会优先考虑自己的利益最大化，这当然无可厚非，自己的主要投资，当然自己应该得到更多的利益。但问题在于这个投资回报、投资收益将从何而来？因何而来？因谁而来？

时代在进阶，社会经济飞速发展，已经过了工作只为生存、工作只为温饱的时代，打工时代已经渐行渐远，合作时代真正已然来临。

餐饮品牌创建者和参与者的关系已经产生了质的变化，双方不再是单纯的雇佣关系，餐饮品牌创建者需要有更高的格局和智慧团结一切成员成为合作关系。

餐饮商业投资人投入资本，是大股东；餐饮从业者付出劳动，是小股东；各自应该围绕着共同的理想和目标在同一舞台上扮演不同的角色以及发挥不同的作用。

任何个人的能力、精力有限；认知、智慧有限；资源、实力有限。只有团结一切成员并最大程度地开发出集体的可用资源，同时建立好共同的价值观和价值分享机制，才能齐聚共力，发挥出最大的商业能力。

以零为始。可以理解为，初创的餐饮品牌从务实的角度来看只有商业经济价格，而不具备商业经济价值。

经济价格就是实际的原始投资成本价格，还未实现正面的经济价值回报时，很难得到商业经济价值，甚至可能在经营一段时期后变成了负面的经济价格或价值。

本来还没有价值的东西，大可不必把个人对品牌的价值需求和价值占有欲拔高而固守空无。当创建者对品牌未来的价值占有欲比较低时，才能打开心扉、敞开胸怀，才能客观地看清品牌存在的真正意义和价值，进而拥抱更多、更强大的资源共同来为品牌赋予能量，届时，品牌创建者才能刚正不阿地处理好内外部组织关系，平衡好企业成员的效益分配机制而因此获得真正的商业价值。

餐饮商业品牌的参与者可以追求商业效益的获得，但创建者更应该去追求品牌价值的获得。

有的餐饮品牌创建者，在经营不善的情形下，才想着去分配品牌的价值，这已经错失了最佳时机而导致不知如何实施分配，就好比餐厅做营销一样，生意好的时候，舍不得花成本搞营销，生意差的时候花了成本搞营销又不会有太大效果，进而陷入一种左右为难、茫然无措的状态。

餐饮商业品牌创立的时候，不愿意分配价值；餐饮商业经营良好的时候，不舍得分配价值；餐饮商业经营不好的时候，没办法分配价值。价值永远分配不出去的餐饮商业品牌，顶多能赚一段时间的价格，但赚不了长久的价值，更不会有溢价的价值。

任何社会商业经济的投资行为，在经营的过程中都应该讲求价值分配的平衡，而不应该出现价值分配的倾斜。即便一时获得了丰厚的价值回报，长久之后也会因此付出巨大的代价。

> 价值不是越分越少，而是越分越多。
> 股份不是越分越小，而是越分越大。
> 看看华为！

提前分配餐饮商业品牌未来的价值，可以优先分配餐饮商业品牌未来的股份，也不妨大胆一些、大方一些。当餐饮商业品牌的价值被参与者一起越做越大时，创建者原来持有 100% 的股份可能不比只持有 51% 的股份价值更大。

二、赋予员工的价值

企业最大的财富是员工，员工自我价值的实现是餐饮企业整体价值体现中最重要的组成部分。

> 蒙牛集团董事长牛根生："只要我的团队还在，就能东山再起。"

员工就是餐饮企业生长发展的生命之泉，水能载舟，亦能覆舟。餐饮老板是餐饮企业价值的引路人，是餐饮企业经济建设平台的搭建者，真正将餐饮企业商业化经济价值创造出来的并非餐饮老板，而是全体成员的共同努力，缺失了员工价值基础的餐饮企业势必会失去或降低餐饮企业的商业价值。

餐饮老板认为员工应该值什么价就是什么价，传统餐饮老板的个性化特别明显，一言堂的主观判断往往亲自送走许多优秀的员工。

某餐饮企业老板对一个特殊岗位的员工评价用了"垃圾"二字来形容，并对该员工的晋升、奖励等一概不予认可，总觉得该员工不值得被培养，不值得被委以重任，也不相信该员工具备某些优秀的品质。

餐饮行业有句管理老话："没有不合格的员工，只有不称职的领导。"员工当初加入餐饮企业，证明在最初的时候应该具备了为企业效力的能力，那之后是什么原因导致这名员工被视作"垃圾"的呢？清醒和理智的餐饮老板首先想到的应该是管理出了什么问题，而不是武断地通过某些个别现象就直接将员工拉入黑名单。

作为餐饮管理者，应该时常将员工的工作成效进行分类并定性，但没有任何资格对一名员工的人格进行定性。餐饮管理职位赋予管理者的权力，首先应该是一种责任，权力越大，责任越大。

餐饮管理者，最大的责任不是为餐厅赚钱，而是如何挖掘、开发、培养下属的综合能力，并将下属的个人能力更加积极、高效的发挥出来，同时保障下属能获得与其能力贡献所匹配的收益。

员工在加入餐饮企业前，本身已经具备了个人存在于社会的基础价值，当选择进入餐饮企业后，个人的基础价值需要融入到餐饮商业的活动中，并将自带的基础价值转化成餐饮工作的职业价值，这些价值首先体现在岗位上并形成一种职业的能力，通过职业能力的展现，最终收获个人的利益。

> 餐饮管理者，就是要想办法将员工的基础价值如何转换成可以实现经济能力的价值。

餐饮企业管理中，划分出了不同类型、不同功能、不同层级的团队，各团队的能力和价值体现有所不同。

餐饮企业管理者应该具备，针对不同的团队都能让他们贡献出相应价值的管理能力，并将各个团队的能力和价值体现有益地结合起来，形成强大的内部价值贡献体系，最终将这些能力和价值转换成有效的市场经济收益，最后再将这些收益合理地分配给为此贡献的团队和个人。

满足不同员工的不同需求，就是在开发他们的基础价值，当他们的需求得以满足时，个人的价值能力就能被更加充分地激发和展现出来。

（一）鱼，满足员工基本的生存需求

> 鱼，是果腹的粮食，是生存所依赖的物质条件。

工资就是"鱼"，是员工生存需求最基础的保障，工资不兑现、不按时发放，员工就失去了基本的生存能力，当基本的生存能力都不能满足的情形下，员工不可能有良好的心态做好本职工作。

我国的流动人口数量非常庞大，每个城市都有外来人员，特别在一线城市，工薪一族大多都是异乡人，他们在工作的城市几乎没有家庭后勤保障作为支撑，并且，很多人还要负担老家的各种开支费用。年轻一点的员工，也有许多的社交费用计划等着工资去实现，所以对于这类员工，餐饮企业准时、足额地向员工发放工资或其他生活福利就能满足他们的需求。

（二）愉，满足员工愉快的心理需求

> 愉，是轻松、愉快，没有压力的心理状态。

员工在得到基本生存满足的条件下,企业还需要给员工营造安全、舒适的生活环境与良好的工作氛围,让他们在愉快的工作结束后还能得到良好的休息,才能以更加饱满的精神状态投入到第二天的工作中。

舒适的生活环境,是员工品德、品格修炼的最佳场所,良好的生活环境包括工作餐的品质、用餐的环境、住宿的环境、宿舍的安全以及宿舍的配套等。

良好的工作氛围,首先要求管理者能理解员工、尊重员工,把每一位员工都当成亲人、朋友、伙伴、学生一般对待,先认可而后包容,再加以感化与教导。

优秀的餐饮企业,会制定每日班前会的详细规程,通常会按照"三明治法则"管理的技巧展开班会。首先对大家的辛劳付出予以肯定和赞扬,再对当班的提升点和改善点进行点评,然后讲解及分配当班的重点工作事务,最后进行具体的激励和表彰,在班会结束前,再加上一些互动娱乐的小游戏,以此激发员工出岗时的热情和活力。

(三)欲,激发员工挑战自我的需求

> 欲,是欲望,是员工成长的内在驱动力,是真正的价值追求,具有比较明确的目的性。餐饮企业中,这种欲望主要体现在自我挑战和自我实现的动力来源。

欲望,需要管理,不是莽夫般的蛮干来实现,自我学习和提升是满足欲望前的必经之路。

欲望是员工通过外部情景的刺激,激发内在的斗志后,以期望达成超过自身能力目标的心愿而产生积极行动前的心理活动状态。

餐饮企业需要打造学习型的团队,不仅要时常开展各种学习活动,更要对学习及进步的思想进行持续的激励和赋能。

学习很重要，但学习的方法更重要。作为管理者的一项重点工作就是如何有效地激励员工自动自发地进行学习与成长的欲望。

策划多种类型的个人与个人之间的学习比拼，开展团队与团队之间的组合竞赛，设计各种优秀的单项表彰并按期开展等，都是非常必要的激励手段。对优胜者进行表扬和奖励，对失败者进行鼓励和辅导，久而久之，在比、学、赶、超的浓厚氛围下，员工将逐渐养成自我成长的动力和欲望。

（四）渔，满足员工能力成长的需求

> 渔，是钓鱼的方法，也是工作的技能。

一名优秀的餐饮管理者，首先应该是一名合格的教练员，能够及时、有效地向同事或下属传授更多的知识和经验，以及各种工具的使用技巧和方法，还能积极、正面地影响和改善同事的工作心态和职业素养。

每位员工个人能力的成长加起来就是餐饮企业综合能力的成长。

当大多数员工都能带着良好的心态，善于运用工具、方法和技巧从事岗位工作的时候，当大多数基层员工都能具备良好的教练能力的时候，餐饮企业的综合能力将是最强大的时候。

传统餐饮企业的经营管理，亟需解放餐饮基础工作的劳动力，就是要将岗位体力劳动的模式积极转向岗位脑力劳动的模式，让低级别的工作方式成长为更高级别的工作方式，达成了级别的成长，员工与企业的社会经济价值都能得到更高级别的回报。

（五）誉，满足员工人生价值的需求。

> 誉，包括名誉、荣誉、声誉，也包括身份感、象征性、代表性以及各种美好的头衔和称谓。

誉，是精神层面的需求，是自我价值实现的彰显。

员工个人的价值追求及满足分为物质层面和精神层面。

物质层面，是常规性的自我获得，是员工根据自己的职业分工不同，通过岗位职责要求付出劳动、技能、智慧后所收获到同等的物质回报。

精神层面，是超过岗位要求或超越大部分同伴做出了额外的、超于常规的、具有标志性意义的贡献后，由他人或外部给予的价值激励。

精神层面的价值回报就是"誉"。

"誉"，在餐饮行业的管理中，大致也可以分为两种获得方式。一种是员工自身能力突破后并主动自愿的贡献出这部分能力，按既定的规程正常获得。

另一种获得则刚好相反，餐饮管理者由于需要激发出可塑员工的能力和价值贡献时，往往会因材施教，通过主动赋予员工超出预期的价值收获，让员工有所触动，进而按照该类价值获得的路径主动成长，然后再名副其实地去获得。这种反向激励的方式需要管理者具备足够的责任与担当，同时也能体现出管理者的胸怀和格局。

当餐饮企业大部分的员工都能获得优秀的荣誉时，那种由心而发的归属感和荣誉感将大大激发团队的整体业务能力以及促进更加和谐的工作关系，进而提升餐饮企业的整体品质后获得强大的市场价值。

三、尊重顾客的价值

传统的餐饮商业经营形式基本上都是以"坐商"为主，流摊小贩例外。坐商的特质为圈地经营、画地为牢、等客上门、被动销售等形态。现代餐饮商业经营已经逐渐打破这一常规，常常通过各种形式的互联网络，逐渐向着"行商"的商业经营路径转变。

目前，餐饮行商的经营形式主要是被互联网平台的影响而被动演进的，普遍性的经营成效比较低，主要原因还在于餐饮经营者缺乏自主创新的思维、缺乏主动获客的能力以及缺乏敢于突破实践的行动。

餐饮行商，就是要主动打破固定经营场所、固定经营形式的边界，主动向外部多渠道、多维度地传播餐饮经营信息以及主动挖掘更多的餐饮消费需求，并向消费者提供对应的餐饮需求解决方案，这也是顾客消费价值体现的形式之一。

餐饮商业售卖的不仅仅是菜品，还包括更多的销售附加，这些销售附加是真正对菜品销售起到催化作用的关键。正餐餐饮商业的消费动态一般需要持续比较长的时间，以至于顾客与餐饮工作人员之间也需要较长的时间进行互动，因此，顾客在餐厅消费的附加需求也会较简餐类的餐饮需求要更多一些，其消费价值的体现更接近最真实的心理需求。

餐饮商业菜品被顾客购买最重要的原因之一是性价比。性，是产品的性质、属性、品质等；价，是菜品的价格、价钱、价值等。性和价之间的比对，一定是性高于价，才有了被购买的价值。性，还在于更多的菜品附加价值，这些也能提高菜品的性价比，比如，菜品的质量、菜品的摆盘、菜品的器具、菜品的文化、菜品的荣誉、菜品的销量等。

餐饮消费者购买菜品或购买消费服务前的心理价格大于实际消费的价格时，性价比就是正向的，反之则会觉得不值得被购买。

餐饮消费性价比的比对一般分为两种类型：

一是内比，餐厅的菜品价格及菜品消费附加的综合价值与消费者心理预期的比对。

二是外比，将消费餐厅与其他同类型餐厅消费的价值进行综合的比对。

从内比的角度，以顾客消费预期为 50 元为基准：

> 实际支付等同 50 元时，无性价比。
> 实际支付高于 50 元时，低性价比。
> 实际支付低于 50 元时，高性价比。

如果把价格作为消费价值的唯一度量标准，那么等价购买到菜品或服务时，只有获得感，没有价值感；用价格购买到等值的菜品或服务之余，还能获得超出预期以外的增值感受时，不仅有获得感，还有意外的惊喜，这样才会觉得有价值感，才会觉得有性价比。

良好的用餐环境、诚挚热情的服务、干净卫生的用具、洁净清新的洗手间、愉悦的背景音乐等，都是菜品等价消费时的附加价值，因此，餐饮商业行为表面上来看销售的是菜品，实际上销售的应该是餐饮经营体系的综合价值。

现代餐饮消费经济，早已经过了因为吃而吃的生存需求，主流餐厅中，消费群体追求的更多的是消费的心理需求、社交需求、精神需求和价值需求。

如果餐厅直接从第一种需求提升到了价值需求，那么顾客就没有不来消费的主观理由。每家餐厅都应该具备餐饮经营的价值观：不给顾客拒绝再次到店消费的任何理由！

餐饮经营过程中，餐厅也在消费自身。消费自身的社会信任、消费自身的荣誉、消费自身的优势，如果不断消费自身，又没有创造同等或更高的价值时，那么，当自身的信任、荣誉、优势等价值存量被消费完毕后，就再也没有能力去满足顾客的各种需求，餐厅的经营有效性也就丧失了。所以，餐厅应该在经营的过程中不断维护、优化以及主动提升自身的价值系统，餐厅自身价值体系的提升也必须是以围绕顾客满意度为前提的思维意识形态。

顾客就是餐饮商业经营的衣食父母，顾客就是餐饮工作人员日常生活中衣食住行的买单人，不尊重生活的买单人，顾客又凭什么继续为你的生活买单呢？

有的餐饮经营者会根据自己的个性，对菜式进行更换，或者出于管理个性问题对厨师团队进行更换，表面看这些事情似乎都与顾客没有直接的关系，或者餐饮经营者的出发点也是为了能够更加高价值地为顾客提供服务，但往往却适得其反。

餐饮经营管理者个性化地更换产品、更换厨师，可能是对顾客最大的不尊重。一家餐厅在一年内更换两次以上菜单或者更换两次以上厨师团队所面临的结局将是非常不容乐见的。

"店大欺客",是顾客对餐厅经营诟病最强烈的抗议表达。许多餐厅在还是小树苗的时候,极尽所能地讨好顾客,一旦取得顾客的信任,经营稳定后,就再也提不起当初的热忱,开始渐渐怠慢顾客,忽视顾客的存在感,也不再积极地为顾客提供及时的需求满足,甚至开始担心老顾客的光临,认为老顾客总有这样那样的要求,让人反感,进而避之不及。忘记初心的经营,终究走不长远,老顾客的稳定,是新顾客最有效的影响力关联。老顾客渐行渐远,新顾客也会越来越少。

尊重顾客、尊重顾客的购买需求、购买价值,就是尊重餐厅的生存,就是尊重餐厅的发展。餐厅应该不断地给顾客消费的新鲜感和刺激感,这些给予不是改变餐厅的主营方向,也不是改变餐厅的菜品体系,而是对餐厅的菜品或服务进行多维度的提升或优化,首先是保持,然后才是成长和突破。

餐饮消费顾客对于餐厅的价值回馈,主要体现在自我消费频次的增加和转介绍(带新顾客)消费的概率。有的老顾客习惯性光顾一家餐厅,但却很少带朋友一起光顾,从餐饮营商的角度来看,很有可能只是因为老顾客念旧或秉持一些情怀,但餐厅的经营管理品质是不被老顾客所乐于认可的。

餐饮经营中对顾客可持续产生的价值需要做长远的考量,并且需要认真的思考顾客背后的资源及价值链。

餐厅一位顾客有多少价值?或者应该值什么价?

公示说明(仅供参考)

第一种核算办法:

餐厅人均消费 =50 元 / 餐 ×4 餐 / 月 =200 元 / 月;一年 =12 个月 ×200 元 =2400 元 / 人 / 年;

一位老顾客每次消费时的平均人数为 3 人 =2400 元 / 人 ×3 人 =7200 元 / 年。

如果餐厅经营 3 年,那么每一位顾客个人为餐厅贡献的消费能力相当于 7200 元 ×3 年 =21600 元。

第二种核算办法：

餐厅人均消费 =50 元 / 餐 ×4 餐 / 月 =200 元 / 月；一年 =12 个月 ×200 元 =2400 元 / 人 / 年；

一位顾客的有效转化人数为 6 人 =2400 元 ×6 人 =14400 元 / 年。

如果餐厅经营 3 年，那么每一位老顾客产生的消费贡献相当于 14400 元 ×3 年 =43200 元。

以上两种核算办法，都未计入新顾客的复合型转化率。复合型转化率可在原来的基础之上乘以 6 倍也是合理的算法。

以上的算法是否合理不是特别重要，重要的是餐饮经营者应该重视这样的方法论，以及充分尊重顾客的需求，注重顾客消费价值的保障。

获得一位忠实的顾客需要三周以上的持续培养时间，或者需要三次以上较高满意度的消费体验，而得罪一位老顾客的时间却只需要几秒钟，甚至一个眼神、一个动作就足够了。

餐饮商业经营者以及餐厅的每位成员都应该，也必须要清楚每一个顾客对于餐厅的价值贡献到底有多大，才能时刻保持一颗敬畏之心，时时以人为本、以客为尊，始终以顾客的需求及顾客满意度为工作的轴心。

四、提高合作的价值

在社会餐饮商业的表现形式中，绝大部分的人都在有意识或无意识的状态下以为，餐厅是属于完全独立的自主经营个体。这种观念于以前、现在和未来都可能会在大众的认知思维中占据主导地位。

社会餐饮从商业经营功能的层面来看，其实并非独立的经营个体。对于餐饮单店经营，还包括各类供应商、服务商、投资商、市场监督管理部门等餐饮经营的直接合作或间接伙伴。对于餐饮品牌连锁经营而言，还包括了品牌方的行政管理部门或其他合伙人、投资人、加盟商等。

所以，社会餐饮经营从实质的功能角度来看，并非完全独立的经营个体，还存在多维度的合作经营关联。

餐饮经营中，第一圈层的合作关系是内部成员；第二圈层的合作关系是外部的合作伙伴，外部的合作伙伴不仅可以成为餐饮经营的第一手消费资源，同时也是联合向外部消费者共同提供综合经营服务的事业搭档。

让餐饮商业主体的供应商、服务商等成为餐厅商业经营不可分割的组成部分，就需要为供应商、服务商们提供合作的根本意义和价值，并且应该持续加以巩固和强化这层关联。

向餐饮供应商、服务商提供应有的尊重，如同对待内部的员工一般，让他们从内心出发不把餐饮经营主体当作对立面的存在，而愿意将餐厅比作唇亡齿寒的命运共同体。尊重餐饮供应商、服务商不仅能体现出餐厅作为服务行业的职业素养，也能有效地将供应商、合作商直接有效地转化为餐厅的消费资源，同时还能促使他们成为餐厅对外树立良好口碑宣传的最佳推介人，最终让他们自动自愿地为餐厅考虑、供应以及服务的效率和质量，为餐厅的经营提供更加高效的后勤保障。

而从基础的商业合作层面进行换位思考，首先应该站在供应商、服务商的角度，了解他们切实的合作需求并予以理解和尊重，同时尽量满足他们的这些需求。一般情形下，餐饮供应商和服务商比较注重的合作质量包括：及时结算货款、及时验收物品、不乱克扣减款等。

餐饮经营者在树立品牌知名度、美誉度时，也需要考虑未来供应商、合作商的合作价值，这是一种前瞻性的战略思维格局。

在餐饮供应商、合作商选择餐饮主体进行合作时，不仅需要考虑餐饮主体是否足够尊重自己和及时结算的问题，还会考虑餐饮经营主体能给自己带来什么样的名誉价值。能与一家知名度高、美誉度高的餐饮主体合作，无形中也会让他们的资质更加有含金量，也能为自身吸引来更多优质的合作客商。

与餐饮供应商、服务商合作期间，还可以通过各种内部活动的方式主动邀请他们参加，让他们看到餐饮经营者真诚对待他们的诚意，进而不断加深彼此的了解和默契，最终达成良好的协作关系，共同为顾客提供高效率、高质量的服务。比如，员工内部聚餐、月度表彰活动、户外拓展活动、优秀员工旅游、开展参访学习等都可以邀请相关的供应商、服务商参加，要像培养自己的核心队伍一般看待他们，而他们是不用餐饮企业付出工资福利待遇的编外核心力量。

与供应商、合作商订立共赢的合作规则，并将一切合作的要求和规程进行公示，是确保大家保持一致行动，彼此尊重，有效开展联营的基础，餐饮经营者需要尽最大的能力杜绝一切人为个性化的合作操作。

餐饮经营者与餐饮供应商、服务商之间形成良好的合作关系，就是要让他们成为合作体系内的方案解决者，但在现实的餐饮经营活动中，许多餐饮经营者却让他们成了诸多问题的制造者，这就违背了商业合作的本质，他们本应该是餐饮商业经营活动中，其他辅助领域中的专业团队，其一致对外提供最佳的餐饮服务解决方案才是正确的合作价值观。

五、树立行业的价值

每一个行业都值得被尊重，社会餐饮商业中的每一家餐厅都应该积极努力地去获取尊重。这种尊重应该是从餐厅内部开始慢慢延展至外，实至名归的口碑。

受外界尊重的前提是餐厅直接关联的内部员工，供应商层面都受到了餐厅的尊重，然后由员工、供应商慢慢传导给顾客，让顾客在感受到餐厅内部良好的氛围后从心里认可和尊重餐厅，而餐厅被尊重的更高格局是受到同行的尊重，应该更加积极的在同行中树立起正面的商业形象和商业价值。

很早以前餐饮经营是闭门造车、同行死对头的固执观念让餐饮行业的发展停滞不前，近十多年，餐饮行业因为非餐饮人员的加入以及行业协会的茁壮成长，让行业之间的交流越来越频繁，也让餐饮人的心胸越来越宽广。

第一代的餐饮（烹饪）行业协会保留了传统"排资论辈"的风格，新一代的行业协会则在保留传统尊师重教的风格基础上打开了更宽阔的思维认知格局，实实在在地增进了行业的责任感和使命感。

传统菜式在餐饮商业经营中占据的总体份额越来越少，从饮食文化精髓的传承和弘扬层面来看，是不乐观的。因此，餐饮商业中许多的菜系品牌与行业协会一起积极树立着行业的榜样，以此保留一些优良的传统菜式和烹饪技法。

很多人都在研究抖音为什么会这么火，其中一个重要的原因是抖音所承载的责任感和使命感。抖音的使命中有一项是收集和保存人类优质的文化内容资料，让后人也能看到和更多地传承先辈们的精彩文化。

抖音里出现了一大批传统文化的传承人，不乏许多传统烹饪大师的出现，他们将快要失传的经典菜式和文化逐一讲解，精心演绎，为餐饮行业的文化留存、弘扬及传播贡献着一份份真挚的热诚。

国家层面对于传统饮食文化的重视度也非常高，"非物质文化遗产""中华老字号""中华餐饮名店"等各种名誉、荣誉毫不吝啬地赋予给了行业中许多优秀企业。中华文化的伟大复兴正在如火如荼地进行，中华民族的每一位成员都有这份历史的责任，而餐饮行业的文化复兴又应该体现在哪些具体的层面？

餐饮商业单位获得同行的尊重，首先应该从自身的文化和价值开始塑造。文化与价值由内及外散发出的魅力才可以吸引到同行的考察、观摩和学习，比如：创新的经营模式、传统的经典菜肴、自创的口碑菜式、高素质的服务展现、奇特的装修风格等。餐厅内在的优秀表现能够获得同行的尊重，而对于餐饮行业的主动奉献和担当则更受同行敬重，比如，组织同行间的交流互动、组织建立菜式的烹饪标准、组织开展行业的发展研究等。

餐饮商业单位践行行业的责任，还在于始终坚守餐饮行业最底层的食品安全管控责任，积极杜绝任何食品安全事故的发生，这不仅仅是对餐饮商业单位自身价值的有力维护，更是对餐饮同行应尽的一份责任。

被同行尊重、观摩、学习是一种行业责任，不被同行诟病，不给同行添麻烦也是一种行业责任。

> 餐饮企业利于行业时，行业自然就会在适当的时候优先利于餐饮企业。

六、打造社会的价值

餐饮商业属于应用场景广泛的社会大众商业，餐饮行业的经营流水巨大，是地方财政税收的一项重要来源。同时，因为餐饮经营活动的人群受众面广，具有一定程度的社会影响力。

地区餐饮商业经营的现状如何，也反映出该地区市民的整体收入水平和生活幸福感，而塑造社会或地区知名的餐饮商业品牌以及打造餐饮商业品牌的社会性价值，也是我国民族文化复兴，国际品牌发展战略的重要举措之一。

为社会创造价值是餐饮企业家高规格的思维格局，这种思维已经超脱于餐饮行业，而立足于更加广阔的社会产业链之中。

餐饮行业与其他行业有专业技能和特性的分别，但同为社会商业的重要组成部分。餐饮行业作为基础的民生行业，能够更加直接、更加全面地带动相关产业链的发展，进而为社会各行各业带来更加积极的经济价值贡献。

为社会创造价值是任何行业都应该秉持的一项社会责任。第一产业、第二产业、第三产业的互相融合，更是将社会责任实践升华到了地理经济战略的层面。

例如贵州凯缘春酒业有限公司，致力成为中国蓝莓红酒的领跑者，旗下同名的果酒品牌凯缘春在创立初期便与"中国蓝莓酒之乡"的凯里市麻江县蓝莓种植基地达成战略联动并大力投资兴建蓝莓酒生产工厂，不仅解决了部分蓝莓果实的销量问题，也带动了当地部分的劳务稳定。2021年，凯缘春蓝莓红酒与一些餐饮食肆达成战略合作，积极促成与第三产业的商业合作，实实在在地践行着高度的社会责任。

反观，餐饮品牌在发展到一定阶段的时候，同样应该朝向第二产业、第一产业进行社会责任的实践，积极带动地方产业的发展。

促进就业，促进创业，是餐饮行业较好的社会价值体现。大众创业、万众创新的国家经济振兴大潮中，优质的餐饮连锁品牌发展迅速，提供了一大批的就业岗位，也带动了许多社会边缘价值劳动力的再创业机会。

江门市卤百香饮食文化发展有限公司旗下知名的本土小微型餐饮连锁品牌"卤百香"在品牌初创时，创始人邱智勇提出了"打造小微型餐饮创业扶持品牌"的战略定位作为一项重大的社会实践责任，并针对70、80后的社会人群制定了更多的创业帮扶机制，积极促进和改善他们的生活以及提升他们在社会中的经济价值贡献。

餐饮企业在塑造社会价值方面还比较着重关注和践行社会公德的教育，组织相关的社会公益活动，不仅能有效地团结企业成员，还能塑造出积极向上的企业文化氛围，同时也能让企业成员的个人素养得到良好的提升。

绿色环保行、社区饮食健康咨询、青春活力献血、美食关爱敬老等社会公益活动不仅让成员的付出得到积极正向的价值体现，还能培养出成员更高的社会责任感以及创造更加良好的社会和谐风尚。

当国家大力扶持的三农产业出现产能过剩、产品滞销的问题时，一些具有社会担当的餐饮企业积极想办法解决相关农副产品的销售问题，有的餐饮企业在餐厅显眼位置布置了农产品的展厅，有的餐饮企业通过农产品原材料进行新菜式的研发或推出时令的菜式等。

餐饮行业受惠于社会，自然应当反哺于社会，积极践行社会一分子的责任和使命。

七、培养自信的价值

餐饮企业的商业能量越大,需要担负的社会责任也越大;担负的社会责任越大,成长的能力也越强。餐饮企业越是成长,社会格局就会越高,最终立足于餐饮商业的价值基础而又超然于餐饮行业的局限之外。

正向的价值循环是价值体系之间的互相叠加与良性促进,餐饮行业的发展源自人民大众的消费基础,餐饮企业理应心怀感恩之心于人民大众。放大思维格局于行业、于社会时,便学会了感恩于行业、感恩于社会,餐饮企业自然会受到社会的拥护与馈赠。

当餐饮企业受到社会各界的认可和关照时,餐饮品牌就会成为知名品牌,就会成为行业的标杆,成为地区的标志,甚至成为国家的经济栋梁。

餐饮以文化为承载,融合了中华几千年的历史人文文明,渐渐走向了全世界。全世界越来越多的餐饮人、非餐饮人都在将中华饮食文化积极地推广弘扬,让全世界认识中华美食,认知中华饮食文化。

中华民族越来越自信,中华民族的品牌越来越自信。作为餐饮人,应该对自己的餐饮品牌也越来越自信,这是新时代伟大民族赋予餐饮人的强大力量。

餐饮企业实现了品牌化的经营和成长,餐饮企业即受惠于品牌的能量,也受惠于国家经济政策给予品牌的指引,更受惠于国家在国际地位提升下品牌自信的契机。

趁着这个大好的新时代、新机遇,餐饮人一定要积极树立起对自己品牌的自信,这个自信可以大胆地去放眼到全世界。

品牌自信,不是夸张或者违心的杜撰标榜,而是需要先树立品牌存在于行业、社会中的独特地位和价值。品牌自信应该是一项核心的商业竞争力。

从小处来看,餐饮企业主们不妨扪心自问两个简单的问题:

> 员工乐意身着工作服上下班吗？
> 员工会以身着工作服为一种荣耀吗？

如果大部分员工都愿意时刻身着工作服，那么餐饮企业、餐饮品牌已经开始自信了，如果大部分员工不愿意，证明餐饮企业没有具备行业或者社会的正面价值，自然也就没有员工会对餐饮品牌产生自信。

餐饮企业的品牌自信建立起来后，进而会在餐饮组织成员中逐渐树立起品牌自觉。

当餐饮工作人员身着工作服出行的时候，时刻都代表着餐饮品牌的形象，自然就会去维护品牌的声誉。当餐饮工作人员越维护品牌的声誉时，品牌的声誉就越好，大家也就跟着越加自信，越自信就越维护品牌的名誉，最终形成个人品牌与企业品牌的良性叠加，相互生长。

每个人在不同的时期都背负着不同的标签或烙印，这些标签或烙印可能是个人的、组织的、家族的，也可能是行业的，甚至是民族的，这些标签或烙印是作为人所在环境的具体价值体现。人若没有自信是凄凉的，家庭、组织、企业等没有自信一定是缺乏价值的。

> 树立品牌自信，应当从塑造人格开始。

以人为本，首先以员工的价值体现为基础，以顾客的价值为核心，再以行业的价值为前瞻，进而以社会的价值为担当，企业必会获得由衷的自信，从而尽心维护好品牌，品牌自然因为自信而变得更加强大。

自信的极端是自负。自信还需要谨慎，自信还需要谦虚，自信是正确认知自己的价值、能力并能清晰的感知到应该有所为，有所不为，这样的自信才是真实的，自信与自负之间需要懂得自知。

不骄不躁，安守本分，遵循事物发展的规律，也是一种自信的表现。

第五章
餐饮创业的生态周期

人有生老病死,年有春夏秋冬,世间万事万物特性不同,但都具有生命的时限,都有一套独特的生息规则,都有属于自身的生长周期。

餐饮商业主体一样具有生命,也具有生长的周期性。餐饮商业从业者深谙餐饮商业体生长周期性的规律,就可以做到纵观全局、未雨绸缪、提前规划,将餐饮商业体的生命绽放得更加绚烂,更加长久。

一、餐饮商业品牌的生命个性

餐饮业是一种广义的社会商业经济形态，是人为缔造的社会经济进步的驱动工具，很少有人将餐厅或餐饮企业比作是一个有机的，具有智慧的生命体。

创建一家餐厅，创立一个餐饮品牌，可以比作父母孕育一个小孩的整个诞生与成长的过程。大人想要小孩需要先备孕、待产、诞生再到小孩的成长都必须用心地照料与呵护，不可有半点松懈和懒惰。

养护一个初生的婴孩，需要家长为孩子提供必需的生命营养，提供孩子遮身蔽体的衣物，随时注意孩子的成长健康，并且需要随时提防外力的侵害等。

当孩子逐渐成长时，需要家长和社会给孩子输送知识和能量，并为孩子提供精神上的引导，在孩子成长的过程中，还需要不断地培养孩子的品格和德行。

一个孩子正常情况下会度过幼儿园、小学、初中、高中、大学等的成长与教育过程，当孩子学业有成后再进入社会工作，为社会贡献知识和能量，已尽此生为人的责任与使命。

当孩子长大后谈婚论嫁、组建家庭，将继承家族继续生养下一代，人类如此延续而生生不息。

父母会给自己的孩子取个名字犹如餐饮创业者给自己的餐饮项目取一个"品牌"名称一般。

一个初创的餐饮品牌，就是一个刚诞生的婴儿，创造者需要赋予餐饮品牌必需的生命营养，并且精心呵护它的成长，不可懈怠、懒惰。当品牌成长到一定的时候需要持续学习，不断补充职业知识和社会养分才能茁壮成长，当成长到一定的时候，就有了品牌自己的主观思想和智慧，进而为了责任和使命繁衍出更多的子品牌或分店并不断地发展壮大，最终将个体企业建设成集团家族。

人生七十古来稀，活到百岁更是难能可贵，理应受到社会各界以及国家的尊重厚待。餐饮品牌也有百年老字号，自然也会受到社会各界，甚至国家的守护。

有生命的餐饮品牌，自然也会经历酸甜苦辣以及生老病死，如何让餐饮品牌突破生死的界限，在众多的同类中实现生命长度的延展而成为百年品牌，这是每一位餐饮品牌缔造者都应该具备的远大抱负。人类，会放弃或不考虑族人的百年生息吗？

没有被精心守护的个体，不可能迎来百年寿辰；没有被用心经营的餐饮品牌，不可能基业长青。缺乏这些基本的认知，就不要轻易谈餐饮品牌的创立，那是对餐饮品牌的误解和不尊重，也是一种对社会公共资源不负责任的表现。

> 创立餐饮品牌，从起心动念那一刻开始，就已经注定了最终的结局。

餐饮品牌的生命诞生与成长应该是本自具足的，但餐饮品牌往往成了主创者的内心投设，被人为长期的强加了太多缔造者的主观意识，而往往忽视了去尊重餐饮品牌这个生命个体的独特属性。一个孩子的未来一定需要有自己的个性和主张，充满着自己的智慧和文化，而不是一味地受困于父母的基因制约。一个孩子可以继承父母优良的基因传承，但也应该顺应时代的发展，完成属于自己的社会价值体系，才可能一代比一代更强大。

餐饮创新品牌可以有个性，但餐饮品牌缔造者在培育餐饮品牌的过程中最好保留好自己的个性，否则，餐饮品牌就成了缔造者的个人品牌，从而丧失了建设更具有广泛意义的组织品牌或社会品牌的独立价值。

人们常常喜欢拿那些非常知名的餐饮品牌创始人的个性作为自身品牌发展的价值参考，也有的人认为中式企业文化大多都是老板文化，这些是事实，也是约定俗成的共识，但并非一定是好事。品牌发展到一定的时期，就好比小孩到了成年时期，需要有自己的个性色彩，否则就失去了自己生命的价值和意义，如果个人或餐饮品牌成了完全的复刻，那整个人类文明、社会经济就不可能取得长足的进步。

大部分的人也不能走父母走过的路，因为那不是自己的路。大部分的餐饮品牌不能去走知名品牌走过的路，因为那不是自己的路。见路不一定必须去走，人类进步需要每个人走出属于自己的那条路，去走适合时代发展趋势，社会文明进步的新路。

商业餐饮品牌的创业成功率极低，大多数的餐饮品牌创业者一般都会经历三次以上的创业历程后，才可能收获到一个相对优质的餐饮品牌，而用九死一生来形容餐饮品牌的艰难创业程度似乎一点也不为过。

社会中那些风光无两的餐饮品牌，是为数不多的成功个案，而其成功和光鲜亮丽的背后，都曾付出过惨痛的代价，也是在众多同类餐饮品牌竞争中活下来的幸存者，但当下的荣光，并不代表能够长久的辉煌。

人们通常只会看到幸存的餐饮品牌，或者只看到了内心渴望想要看的餐饮品牌，而忽视了那背后大多数失败的餐饮品牌。人们能看到的餐饮品牌都是以当下的结果呈现在人们的面前，眼见不一定为实，人们也很难通过表象看透幸存品牌背后的事实真相。

俗话说：失败乃成功之母。这句话的意思不是说一定要亲自经历了失败后才可能获得成功，而是要将别人失败的案例作为反面教材去分析、去感悟，并从中思辨到失败的经验和教训，让自己避免出现同样的失败。当尽可能规避了更多失败的因素和条件后，成功的概率自然就会更大一些。

> 学习成功的案例其实可能更难以成功。

餐饮创业失败的概率仍然高居不下，绝大多数人第一次从事餐饮创业基本都以失败告终，这个失败的界定是以餐饮品牌生命终止，以不再有机会和意志重新崛起而盖棺定论。

行业中，许多职业餐饮人创业失败后，总结出了一些经验，再回到优秀的餐饮企业中继续深造历练，等到时机成熟，会选择再次创业，这个时候的成功概率相对要大一些。

第一次餐饮创业，要么为了学习经验，要么只是为了养家糊口，较小的目标也比较容易实现，也更容易获得满足感和幸福感，但更大的期望基本都很难实现。

第二次餐饮创业，主要通过第一次创业的实践经验来改善创业的基础基因，以此获得更多志同道合的同仁和社会资源相助，无论第二次创业如何定义成功，大多都不会是餐饮创业者的理想结果。

第三次餐饮创业，创业心智才算基本成熟，这一次重点是发挥综合资源的优势，进而创立出高品质且良性成长的餐饮品牌。

如果连续创业是跳跃性的创业，比如跨行业创业，也很难成功。一个泳池学不会游泳，换一个泳池同样不会游泳。连续创业，应该在同一赛道或者类同赛道中连续深耕，才有可能厚积薄发，获得较好的成就。

开始餐饮创业，不应该急于寻找商铺，也不要急于寻找对标参照的餐饮品牌，而是先深度思考、权衡，确定自己的想法和目标，通过深入研究定性后再进行创业能力的可行性论证与比对，否则，在自己的主观意识中没有形成餐饮品牌的基础诉求前，就对标外部成熟的餐饮品牌，很可能受到成熟餐饮品牌的严重干扰，丢失即将创立品牌的特性和差异，最终很可能在不经意中创立出一个不伦不类的餐饮品牌。

有了创立餐饮品牌的具体想法后，应该先找到行业内的同仁或专家，反复探讨新品牌独立调性的可行性，但也忌讳今天找这个专家，明天又找另一个专家进行咨询学习，因为每位专家都有专注的侧重点，每一位专家也有自己的认知边界，每一位专家都有品牌成长的个性思路，创始人想采众家之所长，往往最终把自己搞得云里雾里而不明究竟，寻找所谓的高人指导更忌讳的是"高效能士"的错误认知，即不可寻找非专业的名人大家进行咨询或参访。

传统餐饮从业者的知识文化水平普遍不高，对于现代餐饮企业经营管理的知识相对比较匮乏。而餐饮行业中专家级别的人才大多都在一个相对固化的细分领域里贡献能力，导致了餐饮从业者们大多缺乏足够且真正有效而全面性的餐饮实践知识学习的机遇。

许多知名餐饮企业的中高层管理者在餐饮企业里一呼百应，受人尊重有加，沉浸于职业十年如一日，如果一旦离开原单位的沃土，入职新公司的生存率却极低，普遍的餐饮从业者或专家对餐饮新环境的自主适应能力及创新能力也都有比较明显的局限性。

许多餐饮创业者以为制定一套完整的品牌VI系统就是餐饮品牌的"全案"，甚至有的人以为注册了商标就属于品牌了。

商标只是商业标识，区别于其他同类经营的文字或符号，要让这个符号成为品牌还需要将主题经营进行持续的打造，并在一定时间的社会商业实践中享有一定的知名度和美誉度后，才能称之为品牌。最粗浅的理解就是具有一定品质的商业招牌，才能称之为品牌，品牌的发展递进是名牌，即具有品质的知名品牌。

餐饮创业和餐饮品牌创业的定义大有不同，前者可能只是从事一门单纯的生意，定义在餐饮行业内的营生，以追求现实的利润为目的。后者从事的则是更为专业和职业的社会经济产业体系构建，身处餐饮行业但价值不局限在餐饮行业之内，不仅注重品牌的本体价值，也注重品牌在市场中的溢价能力。只有充分地认知到两者之间的差距，才能有的放矢，行之有方，行之有效。

因为餐饮创业的成功率非常低，所以进行餐饮创业时，建议低调进行。许多餐饮品牌创业者，还没有实现门店落地，就四处鼓吹自己的理想和计划，对于创业的斗志常常豪言壮语，誓要志在必得，并积极调动身边一切可用的资源，这样看起来是在合理地整合和运用资源，实际上可能是在浪费资源。每个人的社会资源到了一定的阶段都可能是消耗品，用一次则少一次，有的资源一辈子只能用一次。

餐饮初次创业者不宜在还没有创立的时候就想着拉投资、拉合伙、拉加盟，这是极不负责的做法。

有的创业者自认为掌握了大量的客户资源，或者联通了各种商会、协会、老乡会、兴趣会等消费资源，一开始经营就广而告之，想要一炮而红，其实大部分为你点赞和鼓劲的所谓资源关系大多都是表面行为，那些能为你事业添砖加瓦的口头承诺基本上更是冠冕堂皇的交际应付，切勿当了真，误了事。

正所谓"事以密成"，越伟大的理想，越需要低调开展和沉静地应对。越是高调刻意地表现，越是证明能力和资源的局限。

初创餐饮品牌，需要由心地沉浸其中，一步一个脚印地练好基本功，夯实好基础，品牌所需要的社会资源只会因为你的优秀品质被吸引而来，当自身有了价值才有了被投资、被购买的价值。

社会商业中，越高质量的资源越加理性，他们不会因为情感的交集而感性的与餐饮初创品牌达成某种合作或利益关联。

餐饮品牌创业，应遵循行业的客观规则，尊重餐饮消费市场的生长规律，用心经营和维护好陌生人的生意交往，在餐饮创业经营的心理预期中不能依靠熟人经济做经营，而是想办法将陌生顾客变成熟人顾客，然后再成为顾客朋友。但即便成为了顾客朋友，也丝毫不可草率服务，粗放对待，应该始终秉持理性的认知：顾客成为朋友之前首先是满意的消费体验。餐饮经营者永远不要漠视先是顾客后是朋友的这个轨迹，有的餐饮经营者常常以为与顾客已经成了朋友，而渐渐淡化了应该有的职业礼貌和尊重，当某天顾客朋友不再光顾，又变回了陌生人时，自己却还茫然不知。

餐饮品牌创业，首先对餐饮行业要有全面的认知，然后懂得餐饮品牌的生命周期，并具有对餐饮商业行为的自性认知，踏踏实实的进行经营实践，做好品牌经营那些最基础的小事情，最终通过品牌的实力和自信吸引更多的社会能量和资源为品牌持续赋能。

二、创业筹备期，做好前置规划

餐饮商业创始人一般都会有一套自己的餐饮商业逻辑，与一些跨界的餐饮投资人一样，大多认为有丰厚的创业资金，优质的商业模式，优良的餐饮商铺、优秀的技术团队等就可以放心进军餐饮行业，有这样想法的人大多最后都沉没在了餐饮行业。

从餐饮企业工作离职的餐饮创业者，大多对餐饮商业主体各经营管理的职能板块比较清楚，但对于各职能板块中独立的运作机制和管理系统很难掌握其精髓，即便是知名餐饮企业出身的高级管理者，对餐饮商业新项目的建造及运营还是比较欠缺系统性的实践经验，但却往往不自知就涉足到了餐饮商业创业的行列，大部分也是铩羽而归。

餐饮商业创业，需要做好落地前的前置规划及相关事务的准备，包括对创业心态的调整以及社会角色转换的正确认知。从餐饮商业体的创立到餐饮运营体系的搭建，都应该遵循更高级别的系统化建造规程。

（一）制定项目的方案

制订的项目方案，可以称作餐饮项目的商业计划书或餐饮项目说明书，通过最直接、简单的文字表述把对新创餐饮项目的整体计划讲清楚。

制定项目方案非常重要，而立项的过程也很重要。

许多餐饮商业创始人往往会省略立项这一步骤，认为计划不如变化快，只要把想法装在脑袋里就行，觉得边做边看，边做边调整才是最灵活、最有效的办法，无须花费大量的精力去用文字编写下来。也有的人认为，即便写下来，又能给谁去看呢？还不如边尝试边修正更实际一些。这是餐饮创业的战略性懒惰，且通常冠以"实干""务实"的战术性积极作为战略懒惰的借口而冠冕堂皇。

把项目方案写下来，当需要进行调整和修订时，才有了改进和提升的基础，为什么很多餐饮品牌在成长的过程中走了很多弯路后，还会回到最初的原点？就是因为缺乏参照、缺乏基础、缺乏警示和提纲，自然走着走着就在不自觉中偏离了最初的轨道。

在编写项目方案的过程中，会让创始人进入深度思考的状态，更加巩固和清晰自己的目标，进而展开能力范围之内可行性的自我论证，让项目的生长逻辑更强，可执行的方案更加落地等。

拟写项目方案不在于夸夸其谈，也不在于文字多少，更不在于制作的页面多么精美，重要的是把商业逻辑讲明白，把落地的可行性说清楚。

餐饮商业创始人首先要理清楚几个关键的基础问题：目的是什么？打算怎么做？需要什么条件？具备什么条件？缺什么条件？怎么补充条件？什么时候进行？怎么进行？成本结构是什么样？盈利结构是什么样？等等。商业计划就是盈利计划，逻辑通了才有了可能性。

而对于一些餐饮商业品牌项目的立项可以按以下 10 项基本规程进行框架式的梳理：

1. 项目简介

简明扼要说明品牌项目的商业框架、运营构思以及品牌项目的市场立足点与经济价值能力。

2. 市场分析

对行业或产业的市场、政策等背景进行数据化的展示，并对品牌项目在市场的未来趋势进行剖析及研判。

3. 品牌文化

对品牌项目的愿景、价值观、理念以及品牌项目的核心价值体现进行概括性的表述与说明。

4. 竞品对标

分析可参照的对标项目或品牌，对比优劣势、机会点等，指出与竞品之间对标的差异化价值。

5. 市场价值

说明品牌项目在消费市场中存在的价值和意义，以及对消费需求的关键解决方案。

6. 运营定位

说明单店运营的基础定位，如顾客定位、经营定位、服务定位、商圈定位等。

7. 产品介绍

列明核心产品的卖点,并对产品进行分类,包括:主营分类、核心产品、配套产品、辅助产品等。

8. 投资分析

重点说明单店的投资预算、成本构成、效益构成、利润率以及投资回报周期等。

9. 战略规划

未来五年的发展规划,可以分成 3-5 个发展阶段,并说明每个阶段的节点及目标。

10. 核心团队

由行业内专业或资深的人员组成,对于关键岗位以外的人才或资源需求,可以以顾问的身份列入团队。

优质的项目方案,对外可以作为项目的简介说明,以此吸引投资人、合伙人等;对内可以作为团队内训、达成思想共识的学习资料。看得懂、能理解、逻辑清晰、能落地的项目方案才是好方案,否则就成了创意文案。

项目方案制订的路径可以分为:项目背景、商业定位、发展规划等三个主要维度去展开。项目的落地执行再往实践的方面深度延展将发展规划部分分解为具体的实施计划,并按年度、季度、月度进行统筹并制订出具体落地的实施方案。

项目方案的制订,如果是基于餐饮商业的个体创业,自己给自己看的,可以简练一些,就当作个备忘录。如果是餐饮商业品牌的合作创业,需要给合伙人或投资人看的,可以丰富一下板块和内容,再进行基础的美化处理,会体现得更加严谨和规范。

(二)确定主要负责人

许多餐饮商业创始人习惯花大量的时间、精力在整体的团队组建方面,从店长、主管、厨师长等管理、技术人员到收银员、采购员、服务员、保洁员等基层岗位人员无不亲自甄选、面试，这种看似积极负责的行为，是不恰当的，也是非常低效的工作方式。

餐饮商业创始人应该将主要的时间和精力用在建立组织架构以及寻找和确定主要负责人的人选，然后由主要负责人根据组织架构的人事设置去寻找和配置相关的岗位人员。

以餐饮商业单店为例，如果组织架构中有店长一职，而店长之下的其他人员大多都是创始人自己确定的人选，那么店长在之后的工作中极有可能被权力架空，导致无法进行日常经营管理工作的有效开展。

餐饮创始人将店长确定后再由店长自行或店长与创始人共同确定其他岗位人员，其他岗位人员与创始人的关系就能保持一定的距离感，可以相对有效地规避个别人员利用与创始人的私人交情在工作中影响到店长的管理成效。

无论从实际出发还是形式上的表现，其他人员都属于通过店长被选用的，自然就确立了先来后到、长幼尊卑的秩序，能有效树立起店长的权威，而创始人界定好与团队成员之间的层级隶属关系后，对餐厅未来的成长与发展也能起到更加规范性的铺垫作用。

有的创始人担心店长树立了权威后会影响到自己的权威，还会担心一旦店长离职还可能导致其他人一起离开。有的创始人还会狭隘地认为，自己花钱辛辛苦苦创建的餐厅让一个"外人"来主持局面是一件很没有面子的事情或者因为猜忌多疑的性格也不愿意将自己的资本商业交给"外人"来打理。

餐饮商业的创始人类似这些担心还很多，从人性角度来看实属正常，但这类个体式餐饮管理的思维在新餐饮商业时代中已经难以立足。创始人应该对主要负责人给予充分的信任才能团结更多的成员，创始人需要站在投资人的角度，承担起精神领袖的担当才能让大家更加紧密地团结在一起，更加有秩序、有力量地向前发展。

餐饮商业创始人应该根据岗位的职能、职责管理好自己的直接属下即可，不应该狭隘地认为餐厅是私人财产，对任何事务都插手干涉进行越权管理，不仅会架空其他管理职权，还会导致一系列的管理漏洞出现。

（三）制定主营的菜单

餐厅创业落地执行的第一件具体工作是制定菜单，没有其他任何事情比确定菜单更重要，更具有优先权。

大部分的餐饮创始人确定菜单时，往往会习惯性按照自己个人想法和喜好去评判菜品的商用价值，从人性角度来看貌似合情合理，但从餐饮商业经营的层面来看，则不可苟同。

社会餐饮商业主体创立的目的不是给创始人做食堂，并非只需要满足创始人的个人喜好即可。社会餐饮要面对的绝大部分消费群体是外部的陌生顾客，菜单的制定应该摒弃个人喜欢而注重消费群体的真实需求，以市场为导向，以消费者为中心，最终解决的是顾客实际用餐需求。

一家新餐厅菜品的确定需要从两个基础层面进行充分的考量：市场消费需求和厨师的技能功底。

市场消费需求，是餐厅落地经营的沃土，满足餐厅周围有效经营范围内大众人群的消费观念、消费水平、消费习惯等才能让餐厅得以生存。

厨师的技能功底，是考查厨师的技能优势，将厨师的拿手菜优先纳入菜单的采用范围，充分发挥厨师的职业价值可以为餐厅的经营竞争添加一道保障。

一家餐厅的落地筹备，从人员招聘、装修设计、设备用具、工作流程、物料采买等工作，都应该围绕着以餐厅的菜单为中心进行展开。

三、创业生存期，低调开展经营

餐厅的筹建工作完结后即将开展营业活动，创始人和团队都会非常期待这一刻的到来，大家希望新店开业能热热闹闹、欢乐喜庆，这也符合我国传统的商业习俗。择良辰吉日，锣鼓喧天，大放福利，期望餐厅一炮而红，图的就是一个好彩头。

所谓一炮而红，并非特指餐厅开业当天即能门庭若市、顾客盈门，甚至大排长队。也并非一定要选择开市营业的第一天就大搞仪式，引人注目。能够让每一位顾客都能期待而来，满意而去，才应该称之为一炮而红。

前期筹备已确立了餐饮项目的整体规划，即已掌握了大方向的生长主干走向，但还需要在实践的过程中不断地进行优化，精心地修枝剪蔓，以实际经营出发持续地完善餐饮项目的前期规划。

许多餐饮创始人在新店进入试业期间会变得越来越迷糊，越来越不自信，因为市场的消费反馈通常对于新店的点评都比较尖锐，赞赏的固然很多，但提出批评意见和不同建议的也不在少数，餐饮创始人如果没有足够的自信或底气，就很容易陷入"到底应该坚持既定的方案还是根据顾客的意见进行改正"的两难心境。如果改正，就打乱了既定计划，如果不改正，是否因此得罪了顾客？

一家新餐厅开业之初，应该先做好运营时间节点的规划，包括把正常开展营业的前1—3个月定为餐厅的创业投资期或战略亏损期，并提前做好心理准备和资金准备。该期间不能按照正式的投资回报去核算盈亏，因为这段时期的经营数据并非正常状态下的营业数据，比如，人员不稳定而形成的流动工资结算，大量测试产品的物料费用，设备用具的调整更换，装修维修的额外支出，招待免单赠送的费用等，都将是非正常营业的经营数据，同时，还会因为对财务管理科目设计的不合理或核算方式的不正确而导致营业数据的异常等。

餐饮行业是一个慢热的行业，没有几个月的经营基础和市场磨合作为成长的萌芽期，就不可能有开花结果的收获期，如果经营业绩在极短的时间内异常火爆，很有可能也会造成快速的衰败，而创始人需要重点规划的是长期合理的成长计划，一步一步地去实现良性的增长，这个过程是培养和呵护的过程，以保护种子刚发出的小芽。萌芽状态下的餐饮经营并非收获的最佳时机。

在战略亏损期内，菜单不宜花过高的成本进行精良制作，因为试营业期过后，菜单基本上都会重新规划和印制，包括宣传物料等可以按最低订单量制作，这类物料的品质稍微差一点基本上不会对经营产生影响，前期可以采用临时菜单的形式进行经营，既能满足营业的功能，也能有时间进行优化和调整，还有理由向顾客做好相关的解释工作，尽量满足顾客的点菜体验及综合满意度。

应该充分利用试营业期或战略亏损期这段时间对餐厅的经营功能进行优化和完善，把需要重点跟进的工作先进行分类，然后逐一进行完善，当然也应该尽可能缩短亏损期，提前实现经营常态化。

（一）人员配置

特别是高调开业的餐厅，因为配备了足够的人手，当经营峰值快速回落后，势必会造成人员积压，这将是一项重大的管理成本之一，且具有非有效性，经营者需要根据餐厅经营的实际需求进行人员编制的优化。

（二）岗位职能

餐饮商业的日常经营管理活动，属于比较突出交叉作业的商业形态，各个岗位职能的设计是否合理，还需要考虑其他关联岗位的操作规程，并再次确认各岗位的责任、权利、义务等是否存在内耗和低效协作的问题。

（三）流程规范

先从餐厅整体的运作框架（架构）进行梳理，然后再对各个部门的独立规程以及部门与部门间的衔接等规程进行梳理，最后对单岗以及单岗与单岗间的衔接规程进行梳理。同时还应该对各个班次的工作规程进行项目式的梳理及规范改善。

（四）产品标准

通过内部对产品的采购、验收、保存、粗加工、切配、烹饪等出品系统规程以及菜品的色、香、味、形、器、意、养等菜品标准进行梳理；对外部顾客的反馈意见进行总结，积极调整产品的组成结构以及重新核算产品的成本、售价、利润等；最后形成标准化的出品菜谱及制作标准。

（五）安全隐患

通过一段时间的经营实践，需要对餐厅设备、设施、环境以及日常操作流程、规程方面的安全隐患进行细致的排查和整改。对顾客的用餐体验及顾客服务可能存在的不良隐患进行梳理和优化。对食材的保管，食品用具、工具等的卫生及安全进行整改和优化。

（六）采买渠道

对食材、物料的日常订购方式以及采买渠道（关系）进行跟踪和整改，确保供应方的各项资质，供应的时效性以及验收的规范标准等进行综合梳理，以确保食材、物料的长期或短期供应均能满足餐厅的各项经营需求及采购标准要求。

（七）顾客意见

配备专用的顾客意见记录本，认真聆听并客观记录顾客的意见或建议，然后加以综合分析，兼听则明。遇到个别顾客个性化的意见可以保留调整的机会，但对于持续高比例、普遍性出现的意见或建议应予高度重视并进行及时的调整。

以上工作不仅在试营业期内认真地对待和调整，在之后的日常经营管理活动中也应该进行持续关注和维护。

> 餐饮创业的生存期内，应该低调经营，不争不抢。

有句传统俗语："强龙不压地头蛇。"存在商业利益的市场竞争机制中，并非都是善意的良性竞争，所以餐饮新店落地更应该保持低调的姿态，避免因为高调造成一些不必要的麻烦，应该低调的为餐厅的生存争取尽可能多的支持与便利，将各种不利于生存的隐患消除于无形之中。商业竞争存在各种复杂的利益动机，不可不低调防范，谨慎经营。

在刚创业不久，各个上级主管部门都会进行各项经营资质的审核及验收，许多经验不足的餐饮创业者会带着主观的抵触心理对待或者存在敷衍应对的行为，这是非常不恰当的。

遇到上级主管部门的检验，应该视为一次学习和成长的大好机会，平时要想找到他们都很难，更没有合适的理由去结交他们，所以当他们主动出现的时候，一定要把握好这个机会，对他们的意见、建议要虚心接受和采纳，最好能拿着纸和笔认真记录下检查人员提出的各种整改要求，并真诚表示感谢他们对餐厅的指导意见，方便的话请他们留下联系方式，以求往后的日子多向他们请教学习，起码让他们感受到真诚的尊重，因为你的尊重也会得到对方尊重。

根据需要切实、认真地做好各项整改事项，以"利他"的心态，积极配合、协助他们完成所辖区域内的管理工作，如果本餐厅整改事项完成得比其他的餐厅更好，那么相对之下，他们就比较容易对餐厅的日常经营起到更多的帮助作用。

对于周围的客商、邻居，也应该处理好相关的人际关系，他们可能是对手，也可能是朋友，更可能是餐厅第一批或往后长久的忠实消费者。新开一家餐厅应该主动对周围的居住人群、办公人群、流动人群等进行摸底考察，并针对性地制定出引流的策略，以让周围步行能达到餐厅的有限区间内的更多人了解餐厅。

通常情形下，人们日常的行走路线都是比较固定的，每天上班、下班、运动、采买、散步等，都有一定规律的行动路径，餐厅背面100米处楼栋里的居民，很有可能一个月都不会经过餐厅，就是因为他们的行动路线固化后没有路过餐厅的必要。

开始经营期间，做好相应的宣传资料或者优惠券，优先发给周围的邻居，第一可以让大家了解餐厅，第二可以借机了解周围的客情，第三可以争取更多的消费机会，第四可以抵消大家的某些抵触或漠视情绪等。如果新餐厅经营一段时间后，周围的人群大多都不了解餐厅，那么餐厅的经营一定是不积极的，也很可能是失败的。

所以，新餐厅经营的第一项技能就是如何让周围更多的人能有第一次进入餐厅的机会，这个机会不是由顾客自由选择决定的，而应该由餐厅主动策划吸引而至的。

新餐厅经营可以通过传单、社群（圈）、社区海报、外卖平台、商户联动、交友软件、各类附近平台等多维度联动地展示和推广，可以快速打开餐厅周围有效的曝光率。餐厅的曝光率是增加客流的基础策略，也是必须的战术行为。

有的餐厅会将有效客群定位在 3—5 千米左右，其实大可不必。人群聚集相对比较集中的区间 1 千米左右的潜在消费群体已经是非常庞大的数量。餐厅经营者可以调整认知思维，先将餐厅有效的消费群体暂时设定在一个尽可能小的内圈，这样更便利于推广，然后一步一步再向外圈拓展。能将内圈的顾客服务好，就已经是一件很不容易的事情，舍近求远是餐饮经营思维的惯性弊病。

餐厅的创业生存期，以生存为优先追求，低调经营，稳步拓展，积极修炼好内功、夯实好基础，诚心实意的以人为本，利于员工、利于邻里、利于顾客，才是生存之道，不应该唯利是图、急功近利，应该想办法活得更长久一些才有机会真正实现长效的价值收益。

四、创业稳定期，夯实品牌基础

餐厅创业的生存期度过后，经营状况逐渐稳定，主要体现为：员工稳定、出品稳定、服务稳定、管理稳定、原料采买稳定以及各项安全稳定、社会关系稳定、顾客满意度稳定等。

其中经营业绩的稳定主要表现在阶段性经营成果具有持续的增长性，各方面经营数据对比显示也能趋于常态化，没有特别明显的高低起伏。

经营业绩稳定的增长不是追求短暂的突破，而应该追求阶段性的增长率，比如每个月的环比增长率。

餐厅经营进入稳定期后，将逐渐展现出品牌的自信，这个时候也最容易产生管理惰性。正所谓"一富遮百丑"，经营业绩的良好表现，往往容易让人放松警惕，管理者们常常会习惯性地忽略许多小问题。

因为太多的感情因素，餐厅管理者们大多不愿意进行比较严格的人事管理，认为每一位企业成员都对餐厅今日的业绩有功劳，不便于严苛要求，即便没有什么功劳的，也有相当的苦劳。于是，管理者们大多约定俗成地充当着好好先生，不愿意因为自己制造出可能出现的不良氛围，而许多不良的经营管理状况也都刻意的低调处理，大家都开始安于现状，不愿意打破这份难得的舒适和宁静，享受着努力奋斗后经营业绩带来的满足感和成就感。

餐厅经营前期为了更好地保障生存及创造力，一般不会设置太多死板的管理教条，经营形态更多以人性化、个性化的弹性管理机能为主。

餐厅经营生存期内会暴露出诸如服务、效率、卫生、安全、品质等方面的问题，顾客大多会予以理解，但时间一长，特别是餐厅经营进入稳定期后，这些问题如果还没有得到良好的解决时，顾客就很容易产生失望的情绪，对餐厅的信任和美誉造成一定的负面影响。同时，那些在生存期内遗留下的小问题，如果不及时予以纠正和规范，员工就会逐渐养成了习惯，再想彻底的纠正就比较难了。

大部分餐饮连锁品牌的第一家老店，在之后的发展和改革进程中最难以实现升级，就是因为在餐饮经营的稳定期内没有及时地将个性化管理升级为理性化管理，没有及时将人治体系升级为法治体系。

> 餐厅在经营稳定期内，可以从以下几方面进行系统性的梳理、优化和整改。

（一）制度文化的优化

餐饮商业制度文化的优化主要体现在餐饮经营和管理的应用知识层面，是餐饮商业品牌在实际经营过程中，根据内部优势、市场需求、团队技能、资源配置、发展计划等具体条件下提炼出在市场竞争中最佳的运营指导方针。

创业早期建立的餐饮商业制度文化作为以后更新的基础，是升级改革参考的依据和支撑点。所以，餐饮商业品牌的制度、文化本身应该具有生态功能，不应该长期的死板套用或始终一成不变。

比如，餐厅在生存期内制定的出品理念是：五分钟出菜，追求卓越效率。在经营的稳定期内，出品的效率已经得到了有效的保证，顾客也随之提高了对餐厅出品的要求，那么出品理念应该随之升级，如：保持出品效率，提升出品质量等。

餐饮商业制度文化的优化，是不断将老制度进行修订或者重塑的过程，逐渐建立一个更高要求级别的制度文化。制度文化建立的目的不是限制经营，而应该是助于经营，便于管理，且更具人性化，更符合员工、顾客以及品牌共同成长的利益。

当然，餐饮商业制度文化的建立与优化，并非没有章法的朝令夕改或者浮于表面，应该在实事求是的原则基础上进行实施，并且需要尽可能考虑到应用的长效性进而追求实事求效。

餐饮商业制度文化是指引正确工作的向导，也是高效管理的统一准绳，是规避个性化管理弊端的参照依据。

新的制度文化出台时，需要对旧制度文化内容进行统一的整理、归纳，包括电脑内的文档。将旧制度文化统一进行处理，保证旧制度文化内容不再出现在任何工作场所内，同时做好新旧制度文化的解释及宣导工作，积极提升新制度文化的应用实效。

（二）薪酬体系的优化

餐饮品牌创业的生存期间，各级岗位的薪资待遇一般会设计得比较固定，绝大部分成员的弹性收入也比较小。相对固定的薪酬机制比较符合初创成员的心理需求，因为餐厅创始时大多数成员对于餐厅未来的发展并不抱有长久的期待，更看重切实的工资待遇应得，并不寄期望于未来所谓的分红、奖金及绩效奖励等务虚承诺。

当餐厅发展有了积极的一面，餐厅的成员对于付出的成果回报就会有不同的理解和诉求，当成员主动提出加工资或者要求更多福利待遇时，餐厅创始人往往也会因人而异进行个性化的处理，这就容易导致利益分配不均，从而埋下内部斗争的种子。所以，当餐厅经营稳定趋势到来时，就应该主动调整薪酬体系方案。

> 薪酬体系方案的升级一般会从两个具体的方面进行改革，一是薪酬等级，二是绩效考核。

1. 工资等级

可以将各岗位的工资划分出多个等级，许多餐饮企业会将员工工资等级划分为6—8个级别。

根据岗位职能不同设置不同的等级成长规则，包括同岗位级别之间的工资差，比如：服务员岗位每个等级的工资差为100元，领班岗位每个等级的工资差为200元等，可以依此类推。

设置新的工资等级，需要综合考虑之前各岗位的工资水平并进行合理的规划和平衡。

如果设置8个等级，可以将现有的岗位工资调整或套用至新的工资等级的第3至第5这样的中间等级，在实际工作中各岗位的等级就有了可升级或降级的空间。

工资等级设置的目的，是将各岗位成员的工作职能贡献区分出不同的层次，让不同的工作职能贡献享受不同的工资等级待遇，以此促进并提升各岗位成员的学习成长力和上进心。

工资等级的考核周期，可以根据工资等级的差额大小或餐饮企业的具体管理需求，按月度、季度、半年或年为周期实施考核。

工资等级考核的内容应该围绕各岗位日常的工作事务进行展开，其中基础员工岗位和基础管理岗位的考核内容可以根据出勤情况、被投诉情况、执行能力、学习能力、教练能力、创新能力、管理能力、员工满意度等方面进行设计。

也有的餐饮企业对各岗位工资等级的调整具有一定的个性化色彩，可能会参考工龄时长进行调整，也可能设置出具有特定因素的调整机制，但无论使用何种机制，一定是主要建立在集体平衡制约的基础上，从而避免考核者的权力滥用而导致管理机能失衡，为经营带来不可小觑的人力效益损失。

2. 绩效考核

餐厅经营是现场高度协作、交叉作业和系统化成效运作的商业活动，任何个人或岗位出现不良状况时，都可能导致整体经营服务体系的崩塌而致其他岗位的职能贡献前功尽废。

餐厅经营的绩效考核，是餐饮工资等级考核机制的加强补充，可以进行个别部门的特别考核，也可以进行统一的全员绩效考核。

全员绩效考核是全体成员共同参与的餐厅实际经营管理业绩考核的效益分减机制。

全员绩效考核的激励目的，是促使全员无一例外的投身于餐厅经营中来，为顾客服务及顾客满意度而团结一致、齐聚共力，让每一位员工都能切实地感受到主人翁的责任。同时，也能起到让员工互相监督工作绩效，自然淘汰非优员工的作用。

全员绩效考核的激励办法，是餐厅根据一定周期的经营成效，提取出相应比例的效益，按既定的分配机制向各岗位进行绩效奖励的一种激励策略。

1）岗位奖金系数设置：根据岗位职能贡献的大小，设定不同的奖金系数，如：服务员为1，领班为2。
2）总系数 = 各岗位人数 × 岗位对应系数的总和。
3）奖金基数 = 总奖金 / 总系数。
4）岗位奖金 = 奖金基数 × 岗位系数。

如果需要做全员绩效奖金的加权处理，还可以考虑对岗位工资等级考核的结果进行加权平衡，比如当月工资等级被降级的，那么绩效奖金也随之有所减少。如果当月工资等级不变的，那么绩效奖金也保持不变。如果当月工资等级升级的，那么绩效奖金则可以额外增加。

许多传统的餐饮老板认为全员绩效实际上就是拿自己应得的利益去做分配，内心深处并不主张，甚至反对，这是人之常情，本无可厚非。

餐饮商业行为的一项重要本质就是进行利益的分配，餐饮经营者所要关注的不是利益是否分配的问题，而是利益应该如何分配的问题，并且应该把利益分配看作是经营业绩成长的重要激励手段。

利益分配背后真正的目的是更高效地创造利益，最终形成经营效益的良性增长，而餐饮老板所收获的就不仅仅是经营效益的更多利润，还有诸如名声、口碑、连锁成长、资本青睐、品牌溢价等多维度的利益。

特别是餐饮连锁品牌的第一个单店，绝非创始人实现利润收益的最佳时候，而是让全员都能优先实现最大利益收益的时候，以此奠定品牌连锁发展最坚实的团队和口碑基础。

（三）职业成长的规划

餐饮商业经营的架构由人组成，只有每个人都在成长，企业功能才会成长，企业发展才会成长。

许多餐饮商业品牌临近发展需要时，才发现人才储备不够、人才能力不济、人才机能不健全等，从而错过难得的发展机会。

员工职业成长规划，是餐饮企业人才危机管理和发展机制中一项绝对重要的前瞻性举措。

当餐厅业绩稳定增长，员工对未来的期望也会越来越高，同时对于品牌的发展也会越来越期待。学习型的团队是企业良性成长的根基，合理地规划员工职业成长通道，不仅是对员工负责，也是对企业的发展负责。

无论餐厅是否需要发展或扩大经营规模，都应该为员工的成长负责。餐厅不需要发展的，可以为员工的技能成长进行培养；餐厅如果需要发展的，可以为员工的职业生涯进行规划。

最直接、最简单的办法就是组织一次有目的的全员成长动员会，让全体员工认真思考并写下在餐厅或餐饮行业的发展愿望，包括技能的成长、薪资的需求、职位的升迁等，然后由组织者汇总意见后，通过客观地检视和分析，结合到餐厅的愿景规划，制定出属于本餐厅或品牌发展匹配的职业成长规划。

> 在餐饮事业职业规划中，可以参考以下成长模型：

1. 按技能成长规划
如，财务技能成长通道，出品技能成长通道，仓储技能成长通道等。

2. 按职能成长规划
如，前厅成长通道，后厨成长通道，管理成长通道，讲师成长通道等。

3. 按部门成长规划
如，出品部成长通道，采购部成长通道、人力资源部成长通道等。

4. 按职位成长规划
如：主管，经理，店长，区域经理，副总经理，副总裁，合伙人等。

> 制定出员工的职业成长模型后，应该从员工加入餐厅时就需要进行该制度文化的宣导。

餐饮从业者刚加入餐厅时，大多不会考虑和企业一起成长，许多人仅仅是将餐饮工作作为一个步入社会的踏板，但如果餐饮企业给员工提供了可能成长的空间和具体的计划时，就更容易激发员工的斗志和追求，员工也就更愿意调整心态与企业共同成长。

既然制定了员工职业成长的模型和规划，还需要结合餐饮商业品牌的发展规划，对员工进行针对性的成长教育和培养，企业内部培训体系的建立健全就显得至关重要，企业不能只给员工画出未来的样子，更需要手把手的教导员工如何有效地去实现这些未来的目标。

员工的成长规划应该从员工入职的第一天就正式启动。首先，是职业心态的教导和培训，让员工从之前的工作、学习、生活经历中转变思维，跳出原来的认知框架，以归零的心态，全新的接纳新的工作岗位。然后，再进行企业文化和制度的学习，让员工充分掌握公司的各项管理要求以及与自身利益息息相关的管理制度。跟着，再进行员工岗位技能的培训，岗位技能培训分岗前和在岗培训。对优秀的员工还可以升级进行管理类的培训等。

有条件的餐厅和餐饮企业，还可以聘请外部培训老师授课辅导或者外出考察学习、交流等，每次成长学习活动结束都应该要求参学者提交学习心得的总结，最好再组织学习心得总结的比赛活动，并进行相应的鼓励和奖励，由此营造出更好的组织学习氛围，将职业成长的机能和学习的成果进行深化，实实在在地让全体成员产生出更高的职业修炼成果。

（四）服务体系的巩固

餐饮行业被笼统地归纳为服务行业，可见餐饮行业的属性之一本身就是提供服务，良好的服务能为餐厅的菜品、经营的效益、品牌的名声等提供增值加分。

服务体系是为经营体系价值的强力赋能，在前期的创业生存期间，服务不到位是行业客观存在的正常情况，管理者和消费者一般都会表示理解，业绩趋于稳定时，就必须提升整体的服务水平，以巩固顾客对于消费需求的同步升级。

服务体系的升级是对顾客价值的充分尊重和具体体现，不是泛泛而谈地空喊口号。服务体系升级也是对餐厅品牌美誉度的强化，是对员工整体素养提升的一项不可或缺的举措。

"服务"也属于餐厅经营的一道核心产品，也应该具备生态的功能，需要以感同身受的客观心态和思维去预见顾客的需求，并及时地向顾客提供需求满足的条件，再好的服务体系也需要由人去实施完成，这样才有了人情味。

餐厅经营稳定期内，应该及时对内部的整个运营体系进行升级和巩固，同时对餐厅的外部形象也要进行维护和升级。稳定期内，一切的管理资源相对充足，更利于改变和提升，如果错过这一机会点，当餐厅经营业绩出现抛物线下行时再想要升级管理将增加多倍的难度。

餐厅经营稳定期也是餐厅管理的效能期，积极、及时地提升管理效能是为餐厅经营业绩提供持续增长的保障，应该从重点关注餐厅的经营状况转向重点关注餐厅的各项管理。

五、创业发展期，把握时势机遇

餐饮创业发展的机遇期，可以看到餐厅经营业绩持续呈现走高的营收曲线，这个时候，顾客的消费满意度始终保持良好，没有明显的顾客投诉意见，团队成员较长时期以来也都处于稳定且保持积极的状态，与此同时，在正常经营管理的状态下，餐厅的经营业绩在短期内预计不会出现到达峰值而逆转向下的趋向。

界定这个关键的发展机遇期，需要具备非常敏锐的行业走势分析及判断能力，以及对餐饮商业实体生命周期的全面认知，这个时期应该把握好发展的利好趋势，顺势而为，为员工的未来，为品牌的愿景，插上腾飞的翅膀。

> 餐厅进入发展的机遇期，还会出现许多利好讯息。

不太熟悉的朋友，包括一些顾客，会陆陆续续有意无意地询问是否可以合伙，是否可以加盟。

身边熟悉的朋友，会时不时地表达出希望一起合作开店的想法。

一些餐饮同行可能会发来讯息，表示有门店需要内部处理，咨询有没有接手的意向。

餐厅同期创业的同事,也会在正式或非正式的场合提出扩大经营规模的提议等。

在这个时期,面对利好讯息,不同的餐厅创始人会有截然不同的态度,这些讯息也会为餐厅创始人造成许多困扰,甚至因此而迷失方向。

有的餐厅创始人,始终保持小富即安的心态。面对发展的机遇,却带有负面的情绪,认为辛辛苦苦得来的安乐成果,还未享受舒服,不愿意走出舒适圈再去勤苦前进。

也有的餐厅创始人觉得真正的时机还未到,或因为内心不够强大,心里不够踏实、不够自信,认为不具备发展的各种能力或基础而消极否认发展的可行性。

机遇来临时,团队成员也是有明确感知的,同时也会心生更高的抱负和期望,如果餐厅创始人在此期间主观的错误放弃发展机会,就会导致团队里的有志之士失望消极,失去个人对餐厅未来的发展期待,从而开始淡化自身的职能贡献,甚至慢慢离去,而餐厅的经营状况也可能很快就到达峰值,然后走向难以扭转的颓势,走向餐厅的老年化生命机能。

有的餐厅创始人,则刚好相反,持有一种急功近利的态度。当受到经营利好,发展利好信息带来的喜悦冲击,会渐渐表现出激进的自信而产生自负心态,对出现的各种"利好"讯息视若即得财富,蒙蔽了分辨真假信息的智慧,每天都乐于发展性的谈判、考察等,对于内部日常的经营管理事务开始变得漫不经心,个人心境变得浮躁和激昂,许多人会以能开设新店为荣耀,补偿内心伟大理想未得的心理缺失,面子思想开始作祟,不能客观地进行市场发展分析,而往往出现决策性误判,导致投资失败的结局。

餐厅经营进入发展机遇期,智慧的餐厅创始人会持有一种不骄不躁、冷静分析、审时度势的态度。他们在诸多"利好"讯息中,稳若泰山,即便内心已经心潮澎湃,但始终保持着理性的客观判断能力,不停地进行讯息的筛选,与餐厅的核心团队积极谋划发展的计划,找到最利于发展的途径和方案,坚定支持餐厅成员的判断能力,而不是信奉创始人的主观判断能力，从而最大限度地调动及发挥成员的策划能力，将外部的主动"利好"讯息都转化为餐厅成员们的参考讯息。

团队参与探讨和制订的发展计划会让成员更有归属感，也将更富有责任感和使命感，当进入发展的实质阶段时，成员的主观能动性才能更加积极有效地调动和发挥，缔造经营新店的成功率才会更高。

发展期的出现，是考验餐厅创始人的判断能力、决策决断能力、组织统筹能力的关键时刻，要么错失良机，要么投资误判，要么再创辉煌。

餐厅新店的成立，是对餐厅第一家创业店经营模型和盈利模型的生态检验，是证明餐厅第一家创业店是否可以进行有效复制的直观体现，同时也是对餐厅第一家创业店经营模式的生态优化和升级。

通常情况下，餐饮的第一家创业店可以定性为功能店、测试店、体验店等，而第二家店则可以定性为形象店、标准店，所以一般第二家店比第一家店的未来成长价值会更大。

第二家店如果能够成功，才可能进行继续的开发和复制，第二家店如果不成功就需要花费巨大的代价进行餐厅经营模式的整体修正。传统餐饮商业经营中，大部分的餐饮品牌都过不了第二家店的坎，而创始人的决策误判是失败或无法继续发展的主导诱因。

第二家店作为战略性质的决策，需要慎重又慎重，不能因为单纯地想开店而开店，不能因为需要扩大品牌的规模而开店，也不能因为追求面子而开店，而应该根据合伙人认同、团队能力、市场背景、行业趋势等信息进行客观理性的分析和判断。

第二家店应该追求餐厅经营的质量长度，而不是追求餐厅门店的数量宽度，这个店正常存在的时间长短，是对该餐饮品牌生存能力的最佳证明。而真正理性又有价值的投资合伙人，追求的一般不止一家门店，而在于之后更多的分店，因此，第二家的投资合伙人可以设定为品牌的联合创始人，因为他们的助力，主动承担发展的风险，才可能吸引后续更多的事业合伙人，所以，对于第二家店投资伙伴的选择就显得至关重要。

餐厅发展，起势合人。合的是眼缘、合的是脾性、合的是价值理念，关乎于餐厅未来的发展不可以马虎大意,不可将就随性。

第二家店的合伙落地,就好比成年人寻找婚姻对象,找对了就能繁衍后代,并且家庭和睦。一旦找错了,就会陷入日常纷争,甚至导致家庭破裂。

餐厅发展有机会跨入第三家店时,证明餐厅品牌的经营能力和盈利模式已经得到了有力的事实证明。

但第三家店又是一道坎。止步于三家店的餐饮品牌还算不上是真正意义上的连锁品牌,因为诸多品牌连锁因素和条件还没有完全形成。

社会商业市场中,大众对于品牌的认知还处于比较初级的阶段,对于品牌的界定不应该以数量单位作为唯一的评判标准,而应该从品牌的知名度、美誉度、信用度、生长时长以及对行业、地区、社会的正面价值和贡献等多维度进行参评。

有的社会餐饮商业品牌在一两年就能开出几百上千家门店,而后又急速地没落,这样的餐饮商业品牌可能是赚钱的餐饮商业项目,但因为缺乏对餐饮文化本质的尊重和追求,所以就算不上优质的餐饮商业品牌。

社会大众对品牌连锁发展的成长逻辑普遍性认为是从0到1,从1到100的连锁成长概念,而许多优秀餐饮连锁品牌的成长却是从0到1,从1到3,从3到100的成长规律。

"3"就像是一个魔法数字。三生万物。

餐饮单店的创始,从无到有,品牌创始人一个人两只眼、两个耳朵、两只手、两条腿,能两边照顾两边跑,经营管理两家店基本上已是上限。

> 三家店是一个品牌成形的基础标志,也是餐饮商业实体发展的里程界碑。

一旦达到三家店就应该引进正规的管理机制,依靠管理体制的完整性和权威性进行经营，进入企业法治管理层面，摒弃人为的管理个性，打造餐饮企业的生态管理机能。

三家店时，需要积极改善管理成本，并且重点打造供应链价值，找到有效的边际效益，降低边际成本。

> 餐饮商业的发展，应该从管理功能调整开始。

三家店已经形成初级连锁经营的局面，日常事务应该尽可能达到统筹管理的原则，形成公司化管理机制，强化财务统一、采购统一、运营统一等初级连锁管理功能。

有的餐饮商业品牌，两三家店时就启动了完善的公司化职能管理，这时并不是最佳时机，需要沉淀一定的时间，从初级阶段开始连锁管理，然后再慢慢进阶步入中级连锁管理。

三家店，如果不实现公司统筹管理的原则，就难以提升品牌连锁的价值和效益，而实现公司统筹管理原则，各项行政成本和人力成本又容易造成餐饮企业的成本负重。同时，因为公司管理机制的启动，公司管理人员就会形成职能化，就会为经营门店提出许多的规范和要求，进而容易形成管理与经营的对立面，严重的还容易发生内耗，从而导致门店经营者的消极经营心态，这时候的连锁管理反而是在制约经营的进攻性。

餐饮企业管理中需要理性的重视成本和费用这两个概念，一般能产生直接经济效益的为成本，不能直接产生经济效益的为费用。

管理支出如果是成本项，就应该产生直接的经济效益，如果管理支出成了费用项，那就很容易造成公司整体利润的降低。所以，餐饮商业的初期连锁管理，需要尽可能规避费用高压的问题。

餐饮商业连锁管理中，财务、采购、运营等职能管理可以设置成职位，形成初级管理状态，并不需要一定强化成部门。

餐饮商业初级财务管理，重在对各店收银体系的监督管理，各项经营数据的统计与分析，收支账务的处理等。

餐饮商业初级采购管理，重在对物资的统一采购与配送，合理库存的建议，把控采购标准及降低综合采购标准。

餐饮商业初级运营管理，是对各门店的人事事务、经营情况、营销策划、出品质量、服务质量的统筹等。

餐饮商业初级连锁管理中，运营管理的职能可大可小，既可担当副总经理的角色，也可以专属管理餐厅门店的日常经营活动，运营管理的职能可根据不同的经营形态进行权衡而定。

初级的餐饮连锁管理，核心的关键点是需要找到管理关系的平衡。现代餐饮商业连锁管理同时兼具服务功能，被管理的对象同时也是被服务的对象，管理门店的同时也服务于门店。

餐饮企业必须时刻强调一切管理的出发点都是以人为本，并为经营提供积极的赋能和服务，否则管理就失去了根本的意义和价值。

餐厅从单店发展至初级连锁，需要进行全员心智的重新塑造，不急不躁，以"控制管理成本，提升经营效益"为大前提进行内部升级，稳扎稳打，顺势发展。

六、创业危机期，革新竞争机制

餐饮商业的经营如逆水行舟，不进则退，需要具备可持续的自主升级能力，让餐厅经营效益的高峰期、红利期尽可能地延长，就像人一样，要避免老龄化的过早出现，就要延长青壮年时期身体机能的时长。

但无论餐厅的经营管理如何发力，都会遭遇生命体能的最高峰值，出现经营业绩的最高峰，然后开始进入经营业绩下行，并伴随着各种麻烦、病痛、疑难问题的发生。经营者、管理者往往极尽全力地想要去解决这些麻烦，但都很难从本位上得到生命的延续和成长的突破。

人要塑造健康的体魄，需要长期坚持体能锻炼，不断充实大脑知识，才更有生命力，更具竞争力。

餐饮商业单位也是一样，只有不断强化自身的各项组织机能，积极开展各类成长学习，才能始终保持旺盛的精力和战斗力，才有能力、有活力去向市场竞争。

餐饮品牌成长到一定阶段，生命机能开始慢慢步入老化，竞争力不再如青壮年那么强悍，价值资源也开始逐渐枯竭，此时，餐饮品牌将同时面临两个强大的竞争对手，外部的品牌竞争对手和内部的自我竞争对手。

（一）外部的品牌竞争对手

1. 同质品牌的种间竞争

同质品牌的种间竞争最容易被发现，也最容易辨识到直接的竞争点。

餐饮商业竞争的本质，应该是刺激餐饮商业体各自综合价值的有益成长，以及促进同质品牌间在消费市场中找到各自的价值差异点，并筛选出专属于自己的消费群体和消费市场，这是良性的竞争，非良性的竞争诸如同质价格战，往往伤敌一千自损八百，很不可取。

同质品牌的种间竞争最可怕的是降维竞争，根本就不会给对手任何还手的机会。

一对中年夫妻在社区门口独家经营着一家早餐店，生意一直都挺不错，随着时间的推移，夫妻俩的经营越来越粗心大意，服务的态度也越来越漫不经心，甚至对顾客显示出许多不耐烦。因为只有这一家早餐店，顾客们也都始终隐忍不言。直到有一天，几个年轻人在隔壁新开了一家早餐店，经营的产品基本上相同，在营业的第一天，就直接导致隔壁夫妻早餐店门可罗雀。新的早餐店是某知名品牌，员工明显训练有素，面对顾客始终面带微笑，热情礼貌。三天后，夫妻早餐店直接关门闭店贴上了转兑的告示。

新的早餐店为什么敢于开在夫妻早餐店隔壁进行同质化的种间竞争？

因为新的早餐店看到了夫妻早餐店的服务短板可以作为降维竞争的实现口，而夫妻早餐店在服务这个层面完全无法和训练有素的职业餐饮人对抗，新的早餐店只需应用最初级的经营服务，也能对夫妻早餐店形成不可抗衡的竞争冲击，这就形成了单点降维竞争。

> 降维竞争一般就是找到自身与对方差异化的价值优势，然后对竞争对手形成不可抗力的冲击，这种竞争可以是单一的，也可以是综合的，还体现在经营管理的各个层面。

社会餐饮行业中，如果餐饮商业体具备自我升级的能力，在竞争面前则还有机会一较长短，而不具备自我升级的能力，在遭遇降维竞争时，则很容易消亡在一夜之间。

餐饮商业体不能正面自己的不足或发现自己可提升的方面进行主动的自我升级时，就一定会凸显出商业竞争的短板，只要被对手抓准了这个短板而为此设计出对抗的强大竞争力，那么就会被一击即破，毫无招架之力。

2. 非同质品牌的可替代竞争

非同质品牌的可替代竞争，很难客观地发现竞争差异，也难以分辨出自身的竞争优势点，很容易忽视被竞争的危机，时常陷入温水煮青蛙的境地，导致自身在被动竞争过程中辨不清方向、理不清头绪、焦虑难安、身心俱疲。

比较典型的非同质的可替代竞争，如，重庆老火锅与串串香火锅。两者之间的微妙关联总给经营者带来无限的假想，感觉到确实存在直接的竞争关系，但又分辨不出是否绝对的同质竞争。

两者之间各自的产品不同、营业模式不同、消费场景不同，但同时又属于火锅的大类，各自消费群体的年龄层次和消费能力不同，但同时又有可被转换替代的饮食消费形式。

2015年前后，珠江三角洲地区的重庆老火锅品牌风起云涌，大部分的老火锅店都生意火爆，各品牌火锅店家赚的盆满钵满。2017年左右开始，串串香火锅类品牌大举进军珠江三角洲餐饮市场，重庆老火锅还没有来得及好好享受胜利的成果时，就被可替代的串串香火锅类品牌四面围攻，仿佛就在一夜之间，重庆老火锅店开始大面积的发生业绩下滑。

串串香火锅的经营模式，以及消费水平都有别于重庆老火锅，但消费者对火锅消费的基本需求却得到了同等的满足。

串串香火锅的各项经营成本，如场地租金成本、服务成本、锅底成本等明显更低于重庆老火锅，其消费场景也更加多元化，在可替代的竞争中，消费者不仅可以得到火锅饮食的体验，还能降低火锅饮食的消费水平，直接导致了许多重庆老火锅被非同质化的替代。

与此同时，重庆老火锅可被替代的非同质竞争的潮州牛肉火锅也异军突起，尽管两者之间的口味差异悬殊，但潮州牛肉火锅也能满足许多顾客的火锅消费情结和社交消费的需求，进而分食了重庆老火锅的消费市场。

外部的餐饮商业竞争无论是同质化的种间竞争还是非同质化的可替代竞争，都是消费市场大环境的常态形式，具有竞争不可控的行业属性。

也有一小部分始终保持地方原始风味和特色风貌的重庆老火锅品牌存活于今，而那些在竞争中没落的重庆老火锅品牌大多被异地消费市场严重同质化后早早丧失了有力的竞争点和竞争优势。

火锅品类竞争如是，其他品类竞争亦如是。

（二）内部的自我竞争对手

1. 区域内分店之间的竞争

餐饮品牌内部分店之间的竞争应该是良性的内部竞赛，通过比、学、赶、超的赛马机制，让餐饮品牌自身的综合竞争能力得到持续的改善和提升，能提前形成对外部品牌聚合抗击的竞争实力。

军队内部的红蓝对抗就是同样的道理，先形成内部竞争的形势，锻炼竞争实战的思维和能力，将内部对抗作为经营竞争的常态，让团队时刻保持高度的竞争警惕性，才能具备随时抵御外部竞争的实践行动能力。

餐饮品牌的外部竞争是社会经济商业的殊死搏斗，内部竞争则是向外部商业竞争进行综合实力提升的积极策略和行为，但不可陷入狭隘的窝里斗而导致权力偏向，内部消耗，滋生矛盾，从而削弱品牌向外部竞争的综合能力而导致品牌从内部不攻自破。

2. 自我成长与惰性的竞争

餐饮品牌内部的自我成长与惰性之间的竞争与内部分店之间的竞争并存相连，休戚与共。

单店的内部自我成长与惰性之间的竞争和对抗，是品牌内部各门店之间竞争和对抗的基础形态。

当餐饮品牌单店的各部门、各职员具备了自我成长的思维并付诸实践时，才有可能带动并有机会升级至品牌门店之间的竞争，竞争的升级也是能力升级的体现。

餐饮品牌内部的自我成长能力是餐饮品牌商业竞争下始终保持旺盛战斗力的基础能力，餐饮品牌自动或被动地进入升级竞争时，由于人性、惰性问题以及既得利益权衡等问题，容易导致原本优秀的核心成员反而成了餐饮品牌自我成长路上的抵制者或对抗者。

餐饮品牌内部不断进行自我升级，就是要将一部分成员的固有习惯、惯性思维、常态认知进行改革和升级，以更加适应于外部的市场竞争。

餐饮品牌创业进入成长瓶颈的危险期时，内部的成长与惰性竞争会凸显出许多人性的问题，比如，餐饮管理者大多喜欢任用比自己能力弱的下属等。

个人能力比较强的成员一般也有比较明显的个性，往往容易受到各方面的非议和排挤，如果餐饮决策者们对人才的运用不懂得平衡和制约，企业很快就会陷入死海效应，最后导致留存的大部分成员都是些能力比较普通的成员。许多人认为存留的成员更具有忠诚度，这是对忠诚比较狭隘和偏激的认知，这种所谓的忠诚很可能是一种不思进取、懒惰成性的毛病。

真正的忠诚是始终陪伴企业成长，也能时刻为企业利益着想，常常以大局为重，不计较个人得失，同时不断提升自我能力，甘愿为企业发展积极贡献自己的能力和价值。

> 忠诚不仅需要态度，还需要有能力。

餐饮企业中不乏一些创始的元老，有的利用职务之便为己谋私，或者惰性成瘾，只等坐享其成而不思进取，为了巩固自己的地位和利益而常常忽视了企业发展的必要性，对于刚正不阿的人才及改革行动进行抨击，这样的心态直接导致新鲜血液难以输入，而既有的能力人才也会因此而逐渐流失，这也是餐饮品牌开始没落较为明显的不利信号。

有能力的员工难以留住，新鲜血液又难以输入，餐饮品牌失去了创新能力，缺乏创新能力的餐饮品牌竞争力将越来越弱，经营业绩将逐渐下滑。餐饮创始人开始寻求业绩的突破时，发现再没有可用的人才，也没有可以尝试的新技能，进而整个餐饮品牌陷入局限的能力边界，再难重整雄风。

餐饮创业的危险期，一切制度都成了摆设，管理者们也成了纸老虎，各种糟糕的情况开始凸显。

经营业绩下滑，员工的激情和斗志逐渐消退，开始消极应付管理，责任心渐渐越来越差。

厨房的浪费开始越来越严重，出品的品质越来越不稳定，水龙头阀门开始损坏泄漏。

仓库内物品过期的越来越多，库房内异味越来越重，老鼠、蟑螂开始滋生。

收银台的杂物越来越多，电脑等电子设备经常发生异常，数据统计也时常出现偏差。

前厅的服务越来越随意，衣服着装也经常不规范，言行举止渐渐无所顾忌，串岗、扎堆、私聊越来越严重。

管理者们每天都在疲于应对琐碎的杂务，心力交瘁，渐渐丧失了成长的原动力，迷失了发展的前瞻性。

餐饮创业的危险期内，创始人开始召开各种大会小会，商量、研究问题的解决之道，但通常都是在说问题、聊问题、分析问题，也可能找到问题的症结所在和问题的解决办法，但最后就不能实质性地解决问题，还不能界定到底谁该对问题的结果负责。

有的会议则成了纯粹的讨论会、辩论会、批斗会，问题常常是议而不决，会议往往是不欢而散，更没有了后续的跟进。当那些问题再次的反复发生，又会进行反复的开会讨论，最终整个团队都陷入了基础问题解决胶着的状态，餐饮商业的实质经营渐渐处于自生自灭的状态。

餐饮创业的危险期内，进行本身的自我修正、改革是一件非常艰难的事情，在无法通过内部解决问题时，许多餐饮创始人会聘请外部的资深管理人员加入团队，也有的会聘请专业顾问为餐厅出谋划策，还有的会邀请培训机构对员工的心态和技能进行辅导，外力的介入是有时效性的，在短时间之内很难解决餐厅的根基问题和惯性问题。

有的餐饮老板更多寄希望于职业经理人，但几乎所有的餐饮老板对职业经理人的要求都存在认知上的偏见，大多希望职业经理人能在极短的时间内解决餐厅的疑难问题，这是非常不负责任和幼稚的想法。餐厅经营多年日积月累的诟病，不可能在极短的时间内清除，更不可能在清除这些诟病的同时重建新的秩序并且要求全体成员都能快速地认可和适应。

> 修建一栋新楼容易，改建一栋危楼难。

也有的餐饮老板则不是诚心邀请职业经理人或餐饮专业顾问，不过是想通过这些"外人"学到更多的职业知识，同时利用这些"外人"为自己的改革铺路，借用"外人"的手剔除原来的暗疮毒瘤，好使得餐饮老板能避其直接责任，不伤及与老员工之间的情面。

餐饮创业的危险期内，能否渡过这个危机，全凭餐饮老板的思维、觉悟、胸怀以及格局，否则再好的内部改革策略和外部的赋能用功都将是徒劳。

餐饮创业的危险期内，需要全体成员高度紧张，齐心协力，将餐饮品牌的各项经营功能、各项管理机制进行重新地梳理和改革，并应该积极打破原来的商业经营格局，将餐饮品牌的转型升级主动立项，重新塑造成符合现时市场经济价值的商业体。

七、创业周期性，改革势在必行

餐饮品牌创业项目的平均生命周期从以前的 3-5 年，到近些年的 1-3

年，而据 2020 年相关统计数据显示：餐饮单店创业的生命周期平均仅为 9 个月。可以看出，餐饮创业项目的生命周期越来越短，即显示出餐饮创业的更迭速度越来越快，品牌创业的成功概率也越来越低，这也体现出目前餐饮创业投资行为越来越浮躁，真正坚持者少，投机者多。

同样都是餐饮创业，有的用 5 年时间走完一个生命周期，有的用 3 年时间走完一个生命周期，有的在 1 年内就走完了整个生命周期。

如果把餐饮创业当成是养家糊口的手段，还是比较容易得到满足的，但不要轻易谈餐饮品牌的创业，餐饮品牌的创业需要具备雄厚的资金、丰富的资源、专业的技能、宽阔的胸怀、坚韧的个性、仁义的品格等，如果没有 3—5 年的战略部署和持续成长，没有做好较长时间的资金亏损准备，就暂时不要谈品牌的创业。

1 年内走完生命周期的餐饮创业，是不完整的餐饮创业经历，从创立期很快就直接跳到了死亡期，中间的生存期、稳定期、发展期等都没有机会经历，就积累不到真实的品牌生长经历，有机会再次进行餐饮创业时，也非常难成功。所以，如果只把餐饮创业当作商业项目看待，失败了就没有必要再次触碰餐饮创业，如果把餐饮创业当作终生职业，就一定要经历一次完整的餐饮品牌生命周期。第一次创业的意义应该是学习经验，成功概率极低，而第二次、第三次才有可能更接近成功，这也是个概率问题。

无论曾经餐饮创业完成整个生命周期花了多长的时间，经历过哪些阶段，都应该重新认知到完整创业历程的各个阶段应该是怎样的，才具有了创业的全局观。

餐饮创业应该做到胸有乾坤、纵观全局、把控规律、未雨绸缪，在下一个周期到来之前就积极做好应对的准备，尽可能延长稳定期和发展期的时长，而一旦不可避免地进入瓶颈期和危险期时，就要想办法破除死亡期的过早出现。

（一）老鹰重生之路

老鹰的整个生命长度一般在 70 年，到了 40 年的时候，鹰的喙将变得又长又弯，几乎可以碰到自己的胸脯；它的爪子开始老化，无法有效地捕捉猎物；它的羽毛长得又浓又厚，翅膀变得十分沉重，飞翔十分吃力，已经无法进行有效的生存运动和自我保护。此时老鹰有两个选择：要么等死，要么经过一个十分痛苦的更新过程，也就是比死亡更痛苦的自我蜕变。

老鹰如果想要重生，获得未来 30 年的生命，它必须飞到一个山顶，在悬崖上筑巢，并停留在那里，不再飞翔。首先用它的喙击打岩石，直到喙完全脱落，然后静静地等待新的喙长出来。老鹰会用新长出的喙把爪子上老化的趾甲一根一根拔掉，鲜血一滴滴洒落。当新的趾甲长出来后，老鹰便用新的趾甲把身上的羽毛一根一根拔掉。

大约 5 个月以后，新的羽毛长出来了，新的喙长出来了，新的爪子长出来了。整个蜕变过程长达 150 天，经历一次炼狱般的磨难之后，在某一个曙光乍现的黎明腾空而起，成为翱翔在天空里崭新的雄鹰，这只老鹰也成了一个真正的王者，新生的老鹰会重新再度过 30 年的光阴。

老鹰的命途和餐饮品牌的生命过程何其相似，进入瓶颈期，要想突破死亡，唯一的办法就是必须经历痛苦的自我重塑，以此获得崭新的二次生命。

（二）改革不破不立

不破不立。不破除原本的秩序、不破除原来的荣耀、不破除原来的桎梏、不破除原来的规则等，就不能重新树立新的秩序、新的系统、新的理念、新的文化、新的价值，就不能符合现下新的市场经济生存与发展需求。

> 破，首先是破除陈旧和固有的思维观念，一切从餐饮创始人的思维观念进化开始，然后再带动决策层等核心人员一起转变思维观念。
>
> 破，要勇于承认失败、勇于面对改变、勇于承诺担当、勇于接受挑战。
>
> 破，就要下定决心从曾经的舒适圈主动踏入未知的恐惧圈。

锐意改革势在必行，转型升级迫在眉睫！

餐饮创始人应积极筹备、组织核心成员开展"转型升级"的专题研讨活动，可以提前准备好关键问题让参会人员提前进行深度思考，比如：

> 1. 目前面临最大的麻烦（困境）是什么？
> 2. 这些麻烦都是怎么形成的？
> 3. 如果继续下去将会变成什么样子？
> 4. 对未来抱有什么样的期望？
> 5. 能为改革做出哪些具体的努力？
> 6. 现有团队具备改变命运的能力吗？
> ……

开展这项活动的意义，不仅在于找到所有问题的高质量答案，还在于正告大家经营现状的糟糕程度，而改革是多么的紧迫。

此时，不是做具体工作事务落地规划的最佳时机，因为要先解决全体成员思维、心态、认知的问题，现场会议不能做决策，也不能做任何决定。会议中，组织者要认真地分辨在这个生死关键时刻，谁在用心，谁还在敷衍；谁在着急，谁还在推诿；谁在思考，谁还在附和等。

> 改革，改的是命，革的也是命。

不适合、不适应改革思维和改革进程的人员终将被调整或淘汰，对餐厅命运感同身受，用心深究根源并拥戴改革的人员终将被重用。

（三）改革研习策略

专题研讨会，只是改革的预热，是为之后的一系列运作做前期的铺垫。其中一个主要目的是让大家承认现在的团队能力已经达到某种边界，很难从内部实现经营的突破，经过思考和探讨让大家都能正面、客观地面对这个事实，并且从心里接受外部资源和能量的可能性介入。

许多餐饮创始人没有经过专题研讨这一步骤，个人独裁式的直接聘请职业经理人或邀请专业顾问空降而至时，团队老成员往往会出现各种臆测心理和抵触情绪，在新的规则和秩序面前常常表现为勉强配合，甚至阳奉阴违，从而导致空降的执行者无法得到全面的支持，最终导致改革的失败，如果三番两次的改革失败，餐饮单位就真的无可救药，剩下的只有关门大吉。

> 职业餐饮商业的企业长治中，应该在企业文化内容里体现"先内部，后外部"的用人原则。

当内部人员的能力达不到公司改革或发展的要求时，就务必启动这一人才外用的机制。

先由主要成员通过团体会议形式，商讨外部引进能力加入的具体策略，如果这是全员达成共识的事情，并且是集体决议的结果，那么外部能力的加入或介入就更容易开展工作，其结果也更尽如人意。

在条件允许的情况下，可以由原来的核心成员一起参与新执行者的遴选和甄别，这样的效果会更好。

无论是旧有内部改革，还是新执行者的新案改革，都应该做到有章有法、有规有矩，行动计划必须清晰且按具体计划步骤实施，餐厅可根据本身的具体情况制定出执行策略，也可参考如下几个基础步骤实施：

1. 制订改革方案

在专题研讨会后达成统一改革意愿，由企业核心成员反复探讨修订改革方案，将最终目标分解成多个执行阶段。宁可在制订计划时多花些时间，达成绝大部分人的绝对共识，也不要在执行的过程中再花时间和精力去辩证，必须要考虑行动执行的效率、效应以及返工的成本等。

2. 明确相关执行人

设立改革升级小组，制订改革方案执行时间表并指定每一项工作的具体负责人，以及事项完成的时间节点和验收标准。创始人出任第一责任人，也需要有具体的责任划分，决策层各自负责一个板块以及明确团队执行的任务。许多改革方案中没有涉及创始人具体的责任和权限时，改革推动很难实效落地。

3. 改革升级宣贯会

要求每位参与制订改革方案的核心成员对自己属下的核心骨干呈阶梯式向下再进行改革宣导，可以是正式的，也可以是非正式的，以高屋建瓴的方式由上而下灌输改革理念及绝对的必要性，最后再组织全体成员进行改革升级宣贯会，以达到全员共通理解并认同。

4. 设定检查考核机制

依照优胜劣汰的丛林法则，在每一阶段结束时，进行执行复盘，找出问题点、表扬点、进步点、提升点、批评点等。对于执行力低下、执行效果不佳、执行心态不好的人员进行帮扶，如果还达不到改革升级需求的，应当采取斩钉截铁地态度决断处理。

以上几项重点步骤中，需要建立顺畅的沟通通道，以及相关的反馈机制，比如：全员签署执行方案，分发宣贯指导的会议决议，行动计划分发至相关责任人，将工作进度表及相关说明文本张贴在各岗位等，最终达成"全员清楚，全员行动，全员监督"的执行理念。

改革升级的最佳时机是餐厅经营良好的时候，有钱、有人、有信心、有斗志，更容易达成理想的效果，而到了危险阶段被动地进行改革升级时，缺乏资金、缺乏人才、缺乏信息、缺乏意志力等，就很难成功。

明确认知到餐饮品牌的几个生命周期，并充分地掌握餐饮品牌的生长规律，才能未雨绸缪，提前布局，通过人才、机制、资源等的前瞻性配置，才是餐饮经营长治久安、基业长青之道。

第六章
餐饮商业的基础定位

  餐饮商业的基础定位，是在餐饮创业起步时制定出的品牌经营管理与发展的一套价值系统，能让全体成员达成共识，以期统一思想认知，统一行动步伐。也更容易使供应商、顾客、合伙人等主动为品牌的商业价值赋能。

  餐饮商业的基础定位，并非长久地一成不变，当餐饮品牌成长到一定的阶段时，需要进行及时的修订和优化，以符合现实及未来的市场经济价值。

一、餐饮品牌的定位价值

很多餐饮品牌策划公司或企业培训机构都推崇品牌定位论以及强调品牌定位的严肃性、权威性及战略性。

我国餐饮的品牌化成长正处于发展中阶段，大部分人对于餐饮品牌定位的认知还比较初级，这其中也包括一些品牌定位论的策划机构或辅导机构。

品牌建设是塑造品牌、演绎品牌、经营品牌、管理品牌、维护品牌、升级品牌等一系列过程，其中升级品牌是推翻（优化）品牌原先定位的一项重要工作，也是品牌成长的必然进程，具有实质性的商业战略意图。

因此，餐饮品牌基础定位的有效期具有阶段性的特质。

现代商业的品牌定位论不能一味地照搬、抄袭，特别是应用在早于国外几千年文化的传统饮食行业里，定位论更应该符合我国的商业情况。

餐饮品牌建造初期的基础定位，是达成团队同心同德，同步前进的指引，而经过一段时期的市场实践检验后，餐饮品牌的基础定位会出现部分或大部分与实际经营情形不相符的状况，这个时候就需要将品牌的基础定位进行及时的修正。而到了餐饮品牌生长周期的尽头时，品牌的基础定位则是一项被重新塑造的重大工程。

餐饮品牌基础定位的升级，有主动升级和被动升级两种截然不同的选择，其结果和效能也大不相同。被动升级是因为避无可避，无力回避，在缺乏良好心态和能力的情形下，最后很可能是救无可救，治无可治。而主动升级则是在餐饮品牌还未病入膏肓，还有得救的时候，前瞻性地主动进行自我修复，这个时候更容易获得对应的资源和能力，也更加容易升级成功。

餐饮品牌的价值输出载体可以体现在某种品类或者某种具体的菜品上，但品类和菜品绝对不是餐饮品牌的全部价值。于餐饮品牌本体而言，可以衍生出很多优质的产品，但很难衍生出优秀的子品牌或副品牌。餐饮行业的产品时代已经逐渐进化，因此，餐饮品牌本体更应该全面塑造市场经济体制之下商业品牌的综合价值，不可以只聚焦在餐饮的菜品品类或单品菜品之上。

餐饮品牌的价值体系建设不是随性而富有个性的假想，价值体系的理念是品牌战略的具体指导方针，具有未来发展的前瞻性和市场价值输出的实用性。

创立餐饮品牌的初衷、愿景以及实效的市场经济价值应该相辅相成，独立建造则缺失了价值的连贯性而难以完整，难以形成品牌在市场竞争中的价值闭环。

建造餐饮品牌要弄明白的第一件事就是"为什么要创立这个餐饮品牌？"即餐饮品牌建立的初心。

餐饮创业的初心有养家糊口的、兴趣使然的、公司内部接待的、投资帮助朋友的、实现老板梦想的、因为职业固化的、传承饮食文化的、打造品牌连锁的、想要被资本收购的、期望上市圈钱的，等等。不同的初心分别代表了餐饮创始人不同的实际需求，素质修养，胸怀格局，资源能力，社会层次等，这些初心将直接影响到餐饮品牌运营落地的各种执行策略和未来的发展规划，以及可获得的社会资源等，最终影响到餐饮品牌存在于行业或社会中的实质价值。

> 不同的餐饮创业资源和餐饮商业体的经营类型有不同的定位策略。

餐饮品牌建设的各个板块定位在不同的经营时期也会有重心的不同，不可千篇一律、一成不变。

品牌定位不清晰，导致的不良现象：管理混乱，责权不分；经营困难，业绩难升；离职率高，老员工少；举棋不定，纠结彷徨；见步走步，执行无序；各自为政，我行我素；内耗严重，损坏较多；顾客投诉，满意度低；失望消极，得过且过。

品牌定位清晰，体现的良好情形：责权清晰，管理轻松；经营稳定，持续盈利；老员工多，离职率低；规划清晰，目标明确；决策有力，执行高效；思想统一，行动一致；成本安全，良性运转；顾客满意，投诉极少；员工热情，充满信心。

> 品牌的基础定位是全员执行各项具体工作的指导方向。

品牌建立的初心既决定了品牌的商业内涵，也决定了组织架构建设的格局，开盘起局基本已经决定了品牌生长与发展的规律以及最终的结局。

> 初心不同，格局不同；格局不同，理念不同；
> 理念不同，架构不同；架构不同，章法不同；
> 章法不同，人才不同；人才不同，价值不同；
> 价值不同，资源不同，资源不同，结局不同。

二、餐饮品牌的识别系统

一个餐饮品牌的商业功能形成需要同时兼具 MI、VI 和 BI 三大组件系统。而现实中，许多人对餐饮商业的品牌认知大多还停留在 VI 系统层面。

MI，是品牌的"理念识别系统"，是品牌价值的整体价值观，包括企业文化、战略愿景、行业的社会价值以及执行的理念等，这些属于品牌的内涵系统，也是品牌开展各项执行策略的指导思想和行动方针。

VI，是品牌的"视觉识别系统"，是对品牌展示的视觉呈现，包括颜色、图案、形状、形象等的具体展示，具有视觉的既视感，以便区别于其他的品牌形象，也具有视觉营销的效果和功能。

BI，是品牌的"行为识别系统"，是品牌理念识别系统执行的具体行为模式。品牌的商业文化理念中追求"健康、绿色、营养"，那么品牌的各种执行行为，比如环境布置、菜品价值、员工动态等就应该演绎、执行出相关的行为形态。

品牌的 VI 设计（视觉识别系统），应该源自品牌的 MI 理念（理念识别系统），然后再通过品牌的 BI（行为识别系统）将品牌的 MI 理念和品牌的 VI 形象充分地演绎出来，这样就形成了品牌的 CIS（企业形象识别系统）。

CIS 是企业各项识别系统整体完善后的综合呈现，其中又包括 CI 的初衷，即战略意图。

CI（战略意图），是品牌创立的初衷以及品牌商业的远景目标，是 CIS 系统整体完善的原动力。

> MI（理念识别）+VI（形象识别）+BI（行为识别）=CIS（企业形象识别）。
>
> MI（心）+VI（脸）+BI（手）=CIS（身）。
>
> 商标≠品牌。
> VI≠品牌。

优质的商标名称是品牌重要的核心价值体现，也是重要的商业经济价值之一，对未来商业经营的生存和发展有着不可估量的作用和意义。

商标的命名需要结合 MI，有了 MI 的商标才具有了灵魂，而不应该是创始人想当然地按自我喜好进行主观式的命名。

商标取名需要避开一些普遍性的陷阱，比如：与经营类型不符，辨识度不高，高度模仿，生僻字，元素过多，字数过长等。

商标定名前需要进行有效注册的筛查，可以自行在国家商标局官方网站上进行查询，也可以下载各种商标查询软件进行模糊查询。如果觉得烦琐或不踏实，可以听取商标注册代理机构的专业意见。

传统餐饮品牌的命名一般以地域名称、风俗名词、民间典故、名人轶事等具有特定地方标签的字眼作为商标名，且一般都以大的菜系作为主营业务的展示，或者突出菜系作为商标的名称附加。

随着餐饮行业的商业市场不断地细分，餐饮商业品牌的命名也越来越精确和聚焦，这类商标名辨识度更高，经营更明确，顾客需求界定也更精准。

菜系的品牌名称，如：西贝莜面村、毛家饭店、缪氏川菜、湘鄂情等。

品类的品牌名称，如：杨国福麻辣烫、木屋烧烤、幸福西饼、三米粥铺、尊宝披萨等。

菜品的品牌名称，如：探炉烤鱼、太二酸菜鱼、阿香米线、永和豆浆等。

商标的命名是品牌战略定位的重要组成部分，需要符合企业的CI。定位是否精准，在运营的过程中很快就会被体现出来。

品牌的战略，就是要清晰、明确地表达品牌创立的宗旨和目标到底是什么，品牌发展的愿景是什么。

品牌的策略，是品牌战略实现的具体规划，并制订出相关行动的计划以及找到满足行动计划的必备条件。

企业的组织架构，是未来完成具体实施计划的人事职能配置，完善而合理的职能人员配置才能完成品牌的战略和策略。

企业的组织架构，可以做顶层的设计，根据适时的发展需要再逐步进行职能人员的补充。

> 战略＝道、心（MI）（理念识别系统）
> 策略＝法、脸（VI）（形象识别系统）
> 架构＝术、手（BI）（行为识别系统）

餐饮品牌的识别系统，是向消费者做出价值辨别的标识，也是全体员工工作的动力、方向和指引。

打造餐饮品牌的综合识别系统，就是要寻求餐饮经营市场竞争的差异化价值，也是市场价值收获的独有资本，还是对餐饮经营成本投入强有力的保障性策略。

三、餐厅经营的菜品体系

餐饮品牌 CIS 系统理念创建完成，进入实质的运营落地规划阶段，首先要确定餐厅经营的菜品。

餐厅整体的装修设计、厨房布局、设备定制、餐具采买、原料渠道、仓储安排、菜牌设计、菜品培训、内部规程、营业动线、顾客服务、消费判断、营销策略、人力配置、经营预估、能耗控制等等，每一项具体的运营工作规划和开展都围绕着菜品进行。菜品的确定是其他一切具体工作开展的中心点，没有确定菜品前，所有其他工作的开展都可能是错误的决定。

餐厅的菜品就好比一棵大树的主干，其他的工作事务就是围绕着主干开枝散叶的枝蔓。主干的存在，其他具体的工作开展就有了基础依据和依附支撑，以主干为中心立体地开展工作，就不会像无头苍蝇一样东撞西碰，可以尽可能地避免许多不必要的建造损失，包括返工、更换、修正等成本损失，以及人力成本、时间成本和机会成本等的隐形损失。

确定菜品之前，先确定菜品的品类规划。许多餐饮创始人对经营品类只有模糊的概念，往往造成不可估量的损失，资金损失还在其次，关键很容易引起系列的不良反应，导致餐厅开业即不顺。

菜品品类的确定，也是餐厅主营业务的确定。

乌江鱼火锅和重庆火锅，通常被归属于大的火锅系列，但背后的烹饪逻辑却完全不同，所使用的成本、原料、规程、技法等却大不相同。

烧烤和卤烤，从经营的形式来看能共通，在行业范畴内很多人也都将它们划分为烧烤类。普通烧烤类的半成品主要是生腌制品，而卤烤的半成品则增加了卤制的系统过程。两者之间的技术要求、制作规程、物料准备、设备配置等各项经营成本也都大不相同。

品类的确定还需要受控于营业执照设定的主营范围。以烧烤和卤烤为例，经营范围中如果没有卤制品的制售就是超范围经营，如果营业执照里有了卤制品的制售，后厨就需要单独规划卤制间。

菜品中有凉菜系列的，需要在营业执照的经营范围内申报凉菜制售，在装修设计时也需要配置独立的凉菜间，否则也属于超范围经营。

明确餐厅的经营范围和菜式品类可以有效预防不必要的行政处罚，也可以有效规避不必要的成本风险。

选择餐厅的主要经营菜品时，应根据餐厅实际期望达成的运营需求并与竞争品牌形成差异化，而不是参照整个行业内的广泛认知进行应用。

（一）菜品的组合模式

菜品组合的呈现方式以及菜单的排序，应该遵循菜系的文化不同、经营的主体类型不同、当地的饮食习性不同而进行设计，比如，有的地方先点汤后点菜，有的地方则是先点菜后点汤。

1. 主营菜品

即餐厅经营主要品类里的核心产品一般不超过个位数，而在各品类里面也可以分出 1—3 个主打菜品，这些选品都可以作为餐厅差异化经营的竞争菜品。

2. 副营菜品

作为主营菜品之外的独立菜品，以丰富菜品的组合搭配，也能满足一部分消费者不同的购买需求，同时尽量保障不会因为菜品太单一而降低了顾客的购买力。

3. 附加菜品

是对主营菜品和副营菜品的长尾补充，也为了完善整个菜品的系列结构，比如，风味小吃、健康主食、餐后甜点、特色茶饮等。

4. 增值食品

是餐厅完整的菜品链之外的点缀补充，可以满足顾客一些额外的需求，以此提升顾客的消费满意度，同时还能促进顾客消费的增值服务内容。这部分食品通常都是以低廉的价格或免费的形式呈现，比如，餐前小食、等位小吃、餐后水果等。

（二）菜品的定价策略

菜品的定价是许多餐饮创业者很容易忽视的关键问题。定价的策略时常决定着餐厅经营的生死，关乎餐厅经营的长线利益以及顾客的购买价值等问题。关于菜品的定价法，在行业里大致分为几类：市场定价法，成本定价法，价值定价法，黄金定价法等。

1. 市场定价法

参考同类同质餐厅单品菜品的价格，综合多家的价格得出平均价格。当然，也需要考虑各家菜品的基础品质和成本等，不能偏差过大。

2. 成本定价法

也称为毛利定价法，例如：菜品成本为12元，毛利率额定为60%。产品售价＝成本／（1-毛利率）。售价=12/（1-0.6）=30元，依此类推，举一反三。

3. 价值定价法

可根据食材的稀缺性，烹饪制作的难易度，菜品本身的文化价值，餐厅的档次等进行个性化的定价，而使用的一种特殊定价法。

4. 黄金定价法

0.618的黄金比例，可作为菜品毛利的额定标准，并按照成本定价法的原则进行定价。这种定价法笼统性比较强，不需要对不同的菜品——进行定价测算，具有一定的惰性，也存在综合毛利应用的偏差，在餐饮行业内运用比较少。

以上的菜品定价法，是便于内部经营核算和控制成本与利润计划的办法，在实际的经营中，还需要综合考虑消费者的购买心理以及餐厅整体的营销策略，从而施行更加弹性和实效的菜品定价。

一本菜单也可以同时使用不同的定价策略，这样更务实，更具有经营的实用性。

通过不同的定价法得出了理论的销售价格，还需要进行价格数额的加强优化，比如，进行尾数定价。当测算的菜品定价为30元，那么可以将菜品定价为28元、29元或者31元、32元。消费心理中对于整数都自带抗拒的心理，如果菜品并无太大的亮点，购买价值一般，可以往低定价，反之，可以往高定价。

不同原料的菜品通过定价法可能测算出同样的销售价格，但最好不要进行同等的定价，应该通过价格的不同，区分出菜品的价值不同。

牛肉和猪肥肠的市场采购成本不同，一般情形下，牛肉的采购价可能会高过猪肥肠。牛肉通过腌制配料后出成率更高，但猪肥肠通过半成品加工后出成率却比较低。按照出品的成本情况来看，猪肥肠的成本就可能高过牛肉，那如果将猪肥肠的定价高过牛肉，可能很多顾客就不会理解。这种情形下，菜品的定价就不能死板套用公式，需要弹性制定，即便猪肥肠的成本高过牛肉，也应当将猪肥肠菜品的定价低于牛肉菜品的价格，这比较符合大众消费者的普遍性认知。价格区分定立是对消费者疑惑最直接的解答。

如果，牛肉定价比肥肠更低，或者两者定价相同，很可能会引起顾客猜忌，甚至无法理解，即便餐厅能解释清楚，也是增加了许多不必要的工作，如果解释不清楚，势必引起顾客的不满意或不信任。

（三）菜单的优化思路

如果觉得餐厅经营的菜品线不够长，品种偏少，可以进行菜品的混合配搭。

在餐饮经营活动中，有一个误区就是习惯性地主张迎合消费者的意见或需求，特别是习惯性地根据顾客意见不断增加菜品以满足不同顾客的购买需求。不仅如此，传统餐饮经营者一旦遭遇经营业绩不佳时，往往首先想到的就是立即调整或新增菜品，长此以往，餐厅的顾客满意度反而会越来越低，日常经营的各项成本也会随之增高，员工的工作负荷也会越来越大。

迎合顾客需求而增加产品，就会逐渐丢失了餐厅的主营个性，以及失去了餐厅的价值主张。餐厅一旦没有了主营个性和价值主张，也就没有了议价、定价的权利，也就不再受消费者尊重，消费者也就找不到在餐厅进行消费的意义和价值。

餐厅应该对现有菜品不断进行精益求精的探索，特别是餐厅主打的核心菜品，需要持续地进行增值改善和多维度的营销增势，将核心菜品打造成具有差异化价值的招牌菜式以此吸引顾客，这样才能成就餐厅经营菜品的价值最大化，将餐厅的菜品与餐厅的品牌强强关联，最终使顾客自然尊重餐厅的整体价值。

当餐厅的核心产品成为明星，产品线短一点，菜品少一点，也就不会被顾客聚焦放大，那么餐厅的产品线及菜品种类就可以最小化，各项经营成本也可以随之最低化。

根据餐厅自身的经营需要，或者一定有必要增加新的菜品时，可以优先考虑单品菜品相互搭配的组合菜品，比如，牛肉面和抄手各半份可以组合成"抄手牛肉面"，烤羊肉串和烤土豆各半份可以组合成"土豆羊肉串"，另外如火锅配菜的拼盘，烧味的双拼、三拼等都是行业中比较常见的组合菜品，不仅增加了菜式的数量，基本也不会增加额外的附加成本和采购成本。

餐厅需要增加菜品，也可以根据现有的食材进行新菜品的研发，这样既可以有效控制原材料采购的品种数量，还可以提升原材料的综合使用率以及提高原材料采购单价的议价权，并且也容易提升菜品的制作效率和质量。研发新菜品的原则，一般不与核心菜品产生直接的冲突，或抢占了核心菜品的价值亮点。

> 餐厅主营的整体菜品绝不能轻易更换。

传统餐饮经营中，如果在门头招牌不更换的条件下，一年之内更换2—3次菜单，就会失去大部分顾客，从而导致餐厅经营的实际价值大打折扣。

餐厅如果长久不更新菜单，也容易导致顾客的消费倦怠，审美疲劳，解决这个问题比较好的一种办法就是"主副式菜单"的应用。

主菜单不能轻易更换，应该长久保持，里面包含的所有菜品都应该是餐厅的精选。副菜单可以经常更换或者更新，这样既可以灵活地掌握并满足顾客的尝新需求，也能最大程度地降低印刷成本，同时还能保持餐厅主营内容始终不变，让老顾客不易流失。

副菜单可以是"新品推荐""季节尝鲜""主厨创新菜"等，把副菜单中营业价值最高的菜品进行保留，并考虑替代主菜单中销售末位的菜品。副菜单或主菜单中被淘汰的菜品资料应该进行保留，纳入餐厅的菜品库，以备未来有机会再次选用。

餐厅从开始经营起，每一道菜品都需要认真制定好菜谱，又名"菜品资料卡""菜品制作标准""菜品SOP"等，并始终保存好这些菜品的资料，最终慢慢就丰富了餐厅的菜品库，在未来的经营中，如果需要进行菜单更新时，可以优先考虑从菜品库中精选推出或者改良推出。

许多传统餐饮老板会热衷于要求厨师经常推出新菜。菜品创新无可厚非，也是餐厅应当具备的基本素质和能力，但很多时候却被理解偏差了。

新品推出的重点还在于前厅服务人员的积极配合与推介，否则再好的新品也没有被购买的良好机会，长此以往，新品总是得不到应有的销售价值，厨师们就会敷衍新品的输出。

餐厅每推出一道新菜，都应该以立项的态度和高规格的经营执行策略进行全面的推广。

许多餐厅的特色菜，其实就是在菜品原来的基础上进行创意性的改良，然后通过全员的通力配合成就的一道明星菜。所以，推陈出新并不一定需要花大量的时间、人力、物力以及财力去做研发。

传统菜和改良菜都可以通过营销手段打造成为餐厅的特色菜。

许多传统餐饮老板在经营业绩不佳时，通常首先会考虑更换厨师，这也是一个很大的误区。

餐饮时代的更迭进程中，菜品能不能卖好，厨师的技术只占部分因素，重点还在于餐厅品牌下包含的如服务、环境、管理、名誉等综合价值的体现。

菜品，是餐厅经营管理活动开展的核心，而菜品不是决定餐厅命脉的绝对因素。菜品定位后，需要其他的定位进行有益的配合，以共同完成餐厅经营的整体价值。

四、餐厅经营的消费群体

餐厅经营的菜品确定后,需要界定清楚什么样的消费群体、什么样的消费需求会选择光临餐厅。

> 餐厅的目标顾客群体是谁?
> 顾客会因为何种需求而来?

(一)餐饮消费者的层次

餐厅消费的目标顾客群体处于社会何种阶层,将决定其消费频次及消费能力。

不同社会阶层的消费群体对于餐厅的硬件、软件配置需求和要求各有不同,只有当餐厅的综合服务价值与顾客的需求高度匹配或者超过消费预期时,顾客消费体验的满意度才能得到有力的保证。

当餐厅实际消费群体的消费需求与餐厅整体经营服务匹配出现较大的误差时,客观上硬件、软件配置较好的餐厅,可能出现较差的经营结果。当餐厅消费群体的消费需求与餐厅的经营服务高度匹配时,客观上硬件、软件配置较差的餐厅,也可以经营的风生水起。

所以,在行业里会看到一些常见的现象,有的餐厅装修一般、环境一般、服务一般、出品一般也能生意兴隆、门庭若市,而邻近各方面硬件、软件条件都更胜一筹的餐厅经营却非常一般。当然,顾客消费需求与餐厅的经营服务匹配度并非导致餐厅经营不善的唯一原因,但一定是导致餐厅经营不善最重要的原因之一。

餐厅本身的商业经济价值不是餐厅创始人主观臆想的自以为是,而是与消费市场实质产生的交易价值。

在餐厅建立的筹备前置期,就应该严肃而认真的分析好餐厅未来主流消费群体的社会阶层和性质以及消费背后的价值主张,并找到这部分人的常态化聚集地，从而为餐厅的经营选址提供客观的参考依据。

确定餐厅的主流消费群体及属性后，需要界定其显性消费背后的潜在消费需求，以及主流消费群体附带消费群体的社会阶层和群体性质。主流消费群体背后的附带消费群体很可能是主流消费群体购买餐饮服务的实际需求者。

以少年儿童餐为主的休闲餐厅，主流消费群体是少年儿童，附带消费群体是为少年儿童买单的中老年人群体，如果商圈内这部分中老年人群体本身的社会阶层不高，消费能力不高，就不能为少年儿童的消费进行高效的购买支付。

都市快餐厅的主流消费群体一般是办公室的白领阶层，他们对午餐的消费是刚需，其基本需求是快捷、方便、实惠、干净、卫生等。但白领下班后一般会回到离工作单位比较远的住宅区使用晚餐，因此，晚餐和周末节假日的用餐需求在办公区的概率就比较低。尽管快餐厅的经营服务与主流消费群体的需求高度匹配，但却因为经营的有效时长不高，极有可能无法满足快餐厅的生存需求。

以麻辣口味为主的中高端重庆火锅店，开在了中高端的社区内。社区内的居住人群大多是社会精英阶层，因此，火锅店将餐厅的硬件装修、菜品档次、服务水平等都与社会精英阶层的消费能力和消费水平进行了高度的匹配，但这里的精英阶层背后的附带消费者是老人和小孩，消费形式常常以家庭为单位出现，那么他们实际潜在的餐饮消费需求更应该以健康、清淡为主。

另外，在麻辣火锅店用餐后，衣物上会残留厚重的火锅味，这是精英阶层比较难以接受的。于此，麻辣火锅店的经营状况可能就不会太乐观，因为主流消费群体以及其附带消费群体的潜在消费需求与餐厅实际的经营服务内容不够高度匹配。

（二）餐饮消费者的需求

社会主流消费群体的餐饮消费需求分为：生理需求、安全需求、社交需求、尊重需求、价值需求五个层面，这五个层面呈阶梯式向上发展。

1. 餐饮消费的生理需求

餐厅类型：作为工作餐的简餐厅、快餐厅、粉面店、自选餐厅、麻辣烫店等。

消费需求：价格合理，相对实惠，不难吃，以能填饱肚子为目的。不怎么挑剔，就算吃得不太满意，一般也不会发表意见或投诉。

2. 餐饮消费的安全需求

餐厅类型：经营时间较长，具有一定的社会公信力，也包括窗明几净、灯火通明的餐厅。

消费需求：吃的安心、放心，追求基本的食物营养，要求餐厅干净、卫生，没有安全隐患，也包括对菜品和服务明码实价的要求等。

3. 餐饮消费的社交需求

餐厅类型：咖啡厅、宴会厅，也包括有包房等私密空间或有经营特色的餐厅等。

消费要求：对餐厅的环境、氛围、档次等有一定的要求，餐饮消费的动机不止于用餐，还具有其他的目的性，能满足情感交流或联谊活动的特定需求等。

4. 餐饮消费的尊重需求

餐厅类型：由消费者习惯性选择的长期消费的餐厅，不分餐厅的类型或档次。

消费需求：对餐厅的情况比较熟悉，能在餐厅消费的过程中得到特殊身份的体现，期待餐厅工作人员能主动问好、热情迎接，也包括期望一些特别的关照等。

5. 餐饮消费的价值需求

餐厅类型：会所、私房菜、食府、高档餐厅等，也包括会员制的餐饮食肆等。

消费需求：对餐厅的整体要求比较高，注重服务细节，追求服务品质，到餐厅消费能体现一种相对的优越感，能够彰显出不同的社会层次和身份价值。

同一消费者在不同的时间、不同的地点、不同的心境下，可以随机切换这五个层面的餐饮消费需求，但通常都以其中一两种餐饮消费需求为主。

比如，社会主流餐饮消费的白领、小资阶层，在工作日的午餐偏向于餐饮消费的生理需求；而晚餐追求休闲、感情的互动，更偏向于餐饮消费的社交需求；周末与家人用餐，比较注重食品、环境的安全性，更偏向于餐饮消费的安全需求。

自新冠肺炎疫情发生以来，各层级的许多消费群体都进入了降维消费的水平，在无奈降维消费的背后其消费的价值追求和需求却没有明显的降低，因为心理真实的需求是很难改变的。

新冠肺炎疫情中，许多餐厅接连倒闭，大多数经营者都认为是大环境所导致的，但其中一个很难被发掘的原因是餐厅接待的顾客比原来消费的顾客层次稍微高了一个层级，进而实际在店消费顾客的需求也较之前的顾客高了一个层级。餐饮顾客的消费降维，实际上所带动的是餐饮整体经营服务水平的提升，如果餐厅还保持曾经的经营服务水准，那就很难再达到如以往一般的经营成效。

餐厅在一个区域内经营多年，当地的主流消费群体可能还在餐厅的有效经营覆盖内，但随着主流消费群体的年龄、社会职能、财富差异、身份地位等的成长或转变，都会改变他们既往的消费需求和消费理念。

所以，餐厅经营到一定年限时，或者时刻都应该具备主动升级整体经营服务水平的心态和形态，无论是产品形式、装修装饰、服务质量等，都需要进行持续的提升和改善，否则，主流消费群体因为需求渐渐不被满足而流失。

餐厅消费的顾客群体决定了餐厅品牌的行业层次，也决定了餐厅品牌的社会价值，同样决定着餐厅员工的行业价值。

餐厅的社会价值应该先由餐厅自身去塑造和演绎，然后再由消费者、行业和社会去增补完整。

高消费的群体和低消费群体所处社会区域都相对比较集中，餐厅经营的客群也更容易精准定位。

中消费群体是社会中最庞大的消费群体，属于社会餐饮的主流消费群体，也是广义的大众消费群体。大众消费群体的个体购买力也相对比较大众化，而购买频次也是最高的。

简而言之，餐厅经营的顾客定位就是主动找到社会层级中最能与餐厅整体经营服务相匹配的消费群体，发现并满足消费者的用餐需求，持续培养和维护消费者的忠诚度，并想办法积极提升顾客在餐厅的消费频次和消费转化率（消费转介率）。

五、餐厅经营的服务机能

> 什么是餐饮经营的服务？

餐厅工作人员向餐厅消费者主动、热情地提供消费或消费相关联的辅助动作，以增加顾客消费的便利性和满意度的一系列规范性的行为可称之为餐饮经营的服务。

餐饮经营的服务也体现在对非准消费者在进入餐厅服务区域内，餐厅员工主动热情提供力所能及的协助，帮助解决其具体需求的行为。

社会餐饮经营活动中，大多以烹饪行业、餐饮行业、饮食行业、酒店行业等名词定义餐饮经营的社会行业属性，较少一部分餐饮经营者能以服务行业自视。

餐饮行业本属于我国社会产业体系的第三产业，现时今日更可强化为服务行业。餐饮经营者对于从事事业的行业属性定性不同，其经营的重心自然不同，而其经营成效也可能大不相同。

> 服务应该以人为本,注重餐厅消费者的人性需求,以及关注消费者因为环境、天气、心情等个性化因素造成的个性化人性需求,并审时度势的主动提供相关的服务协助,以满足消费者在餐饮消费时潜在的人性需求。

某知名的火锅品牌,素来以服务著称,却在第一家店入驻深圳经营之初,即遭遇了前所未有的差评。差评的由来不是因为服务的不好,而是服务过度。

深圳是全国移民比例最高的城市之一,人们对于人性的尊重更多体现在平等与包容。大多在深圳打拼的人或多或少和服务业、餐饮业有一些直接或者间接的关联,甚至很多社会精英都曾经有过餐厅工作的经历,对于享受餐饮服务的需求方面更多体现在感同身受和亲切随和,而不是刻意营造的打扰式服务。

该火锅品牌很快意识到了这一点并迅速做出了服务策略的调整,将无休止地打扰式服务,优化为保持距离的观察式服务,从而与消费者餐饮消费的潜在需求达成了一致而再获好评。

反人性需求的服务规程以及过度的服务行为都将适得其反,容易让消费者心生反感和抗拒。社会中,因为消费者的社会层次、消费理念、消费需求等的不同,而对餐饮经营服务的需求不同。

餐厅打造服务体系时,应该充分考虑餐厅主流消费群体的社会层次和消费需求层次,然后对服务文化进行针对性的提炼和塑造。

餐厅经营的服务文化应该以文字形式和行为形式积极的体现出来,并对全体员工进行常态化的训练和辅导,让餐厅经营的服务文化根植于全体员工的心间并逐渐形成规范性经营服务行为的习惯。

餐饮经营服务文化的形成,需要有具体的服务行为规范进行演绎,否则就是空喊口号。

餐厅经营的服务文化中,文字是行为的指引,是具体行为的心法,行为是文字的体现,守护文字的要义。文字内容提炼应该尽显简明扼要、易懂、易记、易说、易传等特点，讲究头尾押韵，或便于朗朗上口。行为的应用应该谨慎、稳重、不夸张、不轻浮，力求规范、简单、达意。

餐厅经营的服务文化不仅可以给内部成员集体学习和应用，也应该同时考虑对消费者产生的传播力、感染力和影响力。

良好的服务文化需要通过员工的积极传播让消费者不断加深感知，也可以通过标识、标语、物件等静态体现让消费者在潜移默化中得到自然的认同。

有的餐厅天天开会讲要做到服务好，要做到让顾客满意，但如何做才能体现出服务好？如何做才能让顾客满意呢？可能每个人的想法和做法都会有所不同，所以餐厅需要制定具体的服务操作指引，以便实际应用。

> 餐饮经营服务应该由内及外，先做好餐厅内部的服务以及处理好餐厅内部的服务关系。

社会餐饮经营中，许多餐厅只注重外部的服务体系建设及顾客服务的应用，而往往忽略了内部的服务建设。如果餐饮经营服务只是商业化的体现给外部消费者，那么这样的服务可能会缺少真实的情感，也容易缺乏灵魂的感染力。

餐厅应该从内部服务开始训练全员的服务意识、服务思维和服务技巧，以及处理好内部服务的各种规程，积极塑造全员服务的核心精神，将服务文化深入到每位员工的意志之中，将服务行为变成一种优质的个人素养，然后将内部的服务氛围和自信的素质表现至外部的顾客服务之中，这样的服务才有了灵魂。

（一）什么是内部服务

餐饮经营的内部服务，是内部岗位之间或内部部门之间交流与协作时的相互支持，通过内部服务流程和规则的应用，让餐饮经营内部的互动作业成长为餐饮内部的服务体系，以此促进内部经营活动的良性协作，从而提高餐饮经营内部运作的成效。

采购员服务于仓管员，比如，采购员将购买好的优质食材，有序、透明、卫生地摆放在常规的验收区域，方便仓管员进行高效的验收。

切配员服务于厨师，比如，切配员将厨师所需的主料、辅料等按照烹饪顺序依次摆放，就能提高厨师的出品效率。

传菜员服务于服务员，比如，传菜员将菜品装入托盘时的摆位充分考虑服务员接菜的方便性，可提升服务员的工作效率和质量。

餐饮企业的内部服务，还在于上司服务于下属。上司服务于下属主要在于对下属职业技能的辅导和助力、以及对下属生活中情绪的关怀和开解等。

餐饮行业既是服务行业，对团队中职级越高的管理者所要求的服务素养就应该越高。

餐饮商业经营不是形式主义和官僚主义的机构，上司也不能只是单纯的决策者、管理者或指挥者，还应该是更高级别的服务人员。

上司是下属学习的榜样和下属工作的支持后盾，上司应该具备服务好下属的各种权利、资源和能力，一切工作的开展都应该以如何提升和改善下属工作技能和职业心态为己任，以服务的心态向下属提供良好的赋能。

上司越是高素质和高质量地为下属服务，下属才能更好地服务于部下、顾客。

（二）什么是外部服务

外部服务，是餐厅内部成员向消费的服务对象或意外出现的被服务对象提供的一套完整而有标准体系的服务操作行为规范，以满足顾客消费的价值需求以及附加价值需求，进而与被服务对象产生某种良性的关联，以此促进外部顾客的消费满意度及增加消费的黏性。

（三）什么是服务标准

> 服务标准是专为服务岗位的人员制定的一套服务时的操作规范和指引。

这里说的服务，不单只针对服务员。

服务员是一个职业称呼，具有确定性、局限性。服务岗位的人员具有人员的不确定性，也没有人员的局限性，泛指所有到达服务岗位的固定或非固定人员在遇到顾客有被服务需求时，均应该按照该岗位的服务操作规范或指引为顾客提供相关的服务行为。

比如，收银员经过迎宾岗，有顾客需要接待时，也应该依照迎宾岗的服务规则进行顾客的接待服务。同样，厨师经过迎宾岗时，如果顾客有需要，也应该按照迎宾服务规则进行顾客的接待服务。

> 服务，有岗位技能的不同，但不应该有人员的分别。

（四）什么是服务流程

> 服务流程分大服务流程和小服务流程。

大服务流程，是餐厅开展经营的综合服务流程，具有高度的统筹性和统一性，一般是指从顾客进门至消费结束后离开餐厅的整个过程中被分解出不同的服务节点，然后按顺序形成的一整套服务流程。

小服务流程，是餐厅根据经营需要为个别服务科目设计出的不同的服务规程，具有特别性、临时性等特点，比如：开业酬宾接待流程、促销服务流程、会员卡办理服务流程、顾客订餐服务流程、外卖接单服务流程等。

小服务流程的服务基因应该是建立在大服务流程的心态、技能、规则、规范的基础之上加以优化应用的。

餐饮经营的服务流程会因为餐厅主体经营的项目、类型、特色不同而各不相同。

（五）什么是服务流程标准

餐厅经营的服务流程标准，是餐厅大服务流程规程中每一项独立服务流程内关于服务人员、服务心态、肢体动作、语言话术、语调语速以及面部表情等一系列的应用规范和操作指引。

因为餐厅经营的特殊性，被服务对象的需求没有绝对的特定性，消费者因为各种内在、外在条件或因素而存在消费需求的多样性和不确定性，所以餐饮经营服务的规则也应该具有相对的变化性和灵活性。

餐厅在制定服务流程和标准时，应该充分地认知到服务流程和标准本质上应该是为了强化服务人员的服务心态和服务意识，以及作为餐饮经营服务应用的训练大纲，不代表在实际的餐饮经营过程中一定要按部就班、生搬硬套，刻意僵化这些服务规程和标准。

熟练掌握并运用基本的餐厅经营服务标准，才能在不降低服务质量的同时进行可持续性的服务提升，以及有服务素养基础的灵活应对和满足消费者随机性的被服务需求。

（六）什么是增值服务

在餐厅经营的基础服务之上，还存在更高级别的深度服务以及其他多种类型的增值类服务。

顾客花钱等值购买得来的餐饮消费服务一般不会有惊艳的心理情绪波动，也不会由心地产生感激之情，而作为消费基础服务之上的深度服务或增值服务则围绕如何让顾客喜出望外，甚至备受感动的体验而进行设计和应用。

深度服务，就是挖掘顾客的潜在需求，并在顾客还没有提出服务需求时就提前提供并满足顾客需求的一种主动、高效的服务行为。

深度服务内容设计可以大致分为两种类型：一是固定的消费增值服务项目；二是不固定的随机增值服务。

固定的消费增值服务项目，比如，顾客等位时提供的免费茶饮小吃、游戏互动、美甲、美鞋等服务。又比如，在餐厅内提供熨烫衣服、婴儿车、育婴室服务等。

不固定的随机增值服务，主要通过服务人员高素质的服务意识和服务思维超前发现或随机性地向顾客主动提供超出顾客意料之外的服务。比如，顾客出现咳嗽等类似感冒的情形，服务人员很快端上一杯热水，一会儿再送上感冒茶并亲切地关心和问候。再比如，顾客用餐结束刚到餐厅门口即遭遇瓢泼大雨时，服务人员主动撑伞送顾客取车或帮顾客叫车等情形下进行的随机性增值服务等。

通常情形下，餐饮经营活动中的深度服务和增值服务都是免费的，而免费的服务才更容易让顾客产生惊喜和感动，也更容易提升餐厅经营的美誉度以及有效地增加顾客的餐饮消费黏性。

餐饮经营服务的提供应该是餐厅服务人员由心而发、以人为本、推己及人，根据顾客的切实需求设身处地的换位思考后，积极主动、及时高效的服务行为，以此满足顾客餐饮消费的显性需求以及餐饮消费过程中相关联的隐性需求。

传统餐饮经营服务中，很多从业者拉不下脸面向顾客提供服务，认为那是一种低三下四、伺候人的行为，内心十分反感，甚至抵触，这是内心极度缺乏自信的表现。

真正的服务是愉悦的、自信的，应该以有能力服务顾客并让顾客满意而感到有自豪感和价值感。

成年人在社会中生存，如果连基本的服务工作都做不好，很难做好其他更高级别的工作。服务行为，是一项能力学习，也是一项品格修炼，更是一种心智成长。

基础的餐饮经营服务提供以及深度的增值服务行为，都应该是餐饮从业人员"以客为尊，以店为家"的主人翁精神体现，更是将顾客餐饮消费服务关系升华为亲情服务关系、和谐服务关系的前提。

六、餐厅经营的营业职能

餐厅开展正常的经营活动前，应该提前制订好相关的营业计划并对具体的营业职能进行仔细的梳理，其中包括营业成本、营业功能、出品功能、服务功能、安全卫生、品牌形象、广告展示等，并通过科学、合理的经营预估，制定出日常经营相关的数字化指标。这些指标将引导相关工作人员进行可视化的奋斗参照，有了指标才有目标，才有了工作的动力和前进的方向，也为相关工作人员的业绩考核提供了标准。

许多餐饮创业者因为缺乏对餐饮商业应用知识的认知和掌握，往往依赖于自己在其他行业领域的成就或经验，从而自以为是地对餐饮经营进行粗放的分析和判断，然后粗放式地展开经营管理活动，这显然不够客观，更不够专业，很容易导致实际经营结果与理想经营效果的巨大偏差，最终导致餐厅经营活动的技术性失利。

餐饮经营的各项功能定位，是餐厅落地运营执行的前瞻性准备，也是后续营业活动开展的具体指引，还是餐厅主流消费群体选择餐厅的客观条件。

（一）餐厅的营业时间

营业时间，是许多餐饮创业者非常容易忽略和轻视的经营重点，营业时间是餐厅其他相关经营管理工作计划的基础和指引，也是商圈内顾客消费习惯、消费需求最直接的匹配条件。

餐厅工作时间和营业时间的概念和定义有所不同，通常工作时间都要大于营业时间。

餐厅的工作时间，即工作人员的上下班时间，通常是指餐厅每天开店至闭店的时间段，该时间段内包含餐厅的营业时间，也包括为营业做准备工作的时间和营业结束后的收尾时间及工作交接的时间。

营业时间，有的地方也称之为饭（餐）市时间，是指餐厅能为顾客提供餐饮消费需求服务的有效时间，通常在此时间之外不再主张为顾客提供餐饮消费服务。

以南方一些城市为例，营业时间大致可以分为四个主要类型的时间段：

> 1. 早市时间段：06:30—09:00；
> 2. 午市时间段：11:30—14:00；
> 3. 晚市时间段：17:30—21:00；
> 4. 宵夜时间段：22:00—02:00。

（举例说明，仅供参考）

我国领土幅员辽阔，地大物博，各地饮食习性不同，且存在东西时差，又因为餐厅经营的主题或类型不同，对于营业时间段的划分而有所不同。

餐厅制定具体而合理的营业时间，也是高效管理的基础，通过时间管理，可以更加精准地制订合理、高效的工作计划及时间分配机制，让团队共同拥有时间成本的效益及效率最大化。

餐厅营业时间的设定主要是为三类人群提供相关行为事务开展的依据和指引。

群体一，餐厅的工作人员。是餐厅工作人员的日常工作事务的指引及为顾客提供餐饮消费服务的依据。

群体二，餐饮消费的顾客。顾客清晰辨别餐厅的营业时间及非营业时间，利于判断自身餐饮消费需求的匹配性。

群体三，餐厅的关联人员。如供应商、社区管理员、上级行政主管人员、应聘者等，便于相互配合时间，提升互动的效率。

（二）餐厅的工作职能

餐厅的岗位设计，是围绕餐厅的营业功能需要以及餐厅的其他工作职能需要而进行设计的。

餐厅的营业时段是分两个饭市、三个饭市，还是二十四小时营业，针对人力资源配置、人力成本预算、人力资源效益等的规划各不相同，对于岗位职能的要求也都不同，同时，职位名称的设定也不同。

1. 职位名称的定名

职位名称的定名是传统餐饮经营管理中特别容易忽视的关键事项。

职位名称的确定涉及实际薪酬体系的设计，以及关键的人力成本问题。以中式正餐餐厅为例，门店的第一负责人通常情况下有几种不同的职位：店总经理、店长、店经理等。

这几种职位名称的职能和作用几乎相同，但可能因为名称的不同，吸引而来的应聘人员的层次和能力也大不相同，其各自对职位的权利、责任、义务以及薪酬福利待遇等的要求也都可能有较为明显的差异。

有的职位名称从字面上来看，就自带职能范围和工作说明，如果定名不恰当，很容易引起不必要的工作纠纷和怠工情况。

比如，清洁员和保洁员的区别。字面上的理解，清洁员可能主要负责各种卫生情况的清洁打扫工作，而保洁员则还会增加负责卫生、环境的保养及维护等工作。

当然，餐厅最好在职位的职责说明中做好具体工作内容的阐述和指引，并在员工入职前就将岗位职能说明清楚，以避免正式工作后产生不必要的麻烦。

餐厅的职位名称确定后，一般不允许轻易更改，更不允许轻易地增设或减少职位。

有的餐饮老板会个性化地为亲戚朋友的入职而设置特殊的职位，这违背了正常的企业管理秩序，也容易造成不必要的成本损失和管理漏洞。

餐厅管理应该做到因岗定人，而非因人设岗。

2. 职位人员的定编

职位人员的定编，是根据餐厅的实际经营管理需要，科学、合理地制定岗位人员编制的数量。

餐厅在经营初期时,人员定编不宜高配。

许多餐厅在经营初期过后,极有可能会对人员数量进行缩减,人员一旦由多向少缩减时,团队成员很可能出现许多不和谐的声音,大多认为减员是将自身的工作量和工作压力增大了,从而引发现有人员不良的工作情绪以及可能提出加薪等诉求。

如果餐厅在经营初期将人员编制设计紧凑一些,不仅可以让人力成本得到有效控制,也容易使团队成员的个人能力得到更加充分的发挥。同时,在餐厅生存成本更低的情形下,餐厅创业存活的可能性也会变得更高。

当餐厅的经营业绩持续上升,因为经营发展的需要再增加岗位人员数量时,一般都会得到现有人员的热烈支持,甚至感激,团队人员也会更加珍惜和爱护加入的新人,新人也将更容易融入团队之中。

许多餐厅创业之初的生存期,表现出经营困难、举步维艰的状态,其实不一定是被经营业绩不佳所累,很可能是被高昂的人力成本所累。

3. 人员的排班排休

餐厅确定了职位名称及定编后,还需要进行合理的工作班次设计。

工作班次的设计,需要根据经营时间、经营功能进行合理、合适的推演。

餐厅主要以午市和晚市经营为例,社会餐厅大多会将其分为三个工作班次,班次的名称可以以"早中晚"或"ABC"代称。

早班和晚班一般为两头班,中班为直落班。

这样的班次设计是为了力求餐厅在午市和晚市营业的高峰期时间段里,每个班次的人员都尽可能同时在岗,借以发挥最大的人力作用。

```
早班:09:30-13:30    17:00-21:00
晚班:11:00-14:00    17:00-22:00
中班:11:00-21:00
```

(举例说明,仅供参考)

当某班次的工作时间内包含非营业的时间时，餐厅需要制定该时间段内其他的具体工作内容，以保证班次工作人员在岗的工作更加饱和。

餐厅的排班一般会按照月、半月、十天、周为单位进行，目的是做到预备管理和可控管理，杜绝岗位人员临时调休、临时请假等意外情况给经营管理带来不必要的麻烦。

排班是一项非常细致的管理工作，提前制订出人员、班次的工作计划，需要根据岗位人员的能力、特点、关系、态度等进行综合的分析和协调至不同的日期和班次。对特殊的日期，需要做特殊的人员安排，并综合考虑如何通过排班最大程度地发挥员工的工作能效。

排班，是考验管理者的统筹能力、分析能力和预判能力的一项具体管理工作，排班的同时应该将员工的休假同时进行预设安排。

在餐厅经营的高级别管理中，专门设置有排班的经理或独立的排班职能，就是对人员编制使用情况进行细致的管理，科学性地降低人力成本以及提高人力效益。

（三）餐厅的运营成本

许多传统的餐饮创业者在开展经营前会大概地估算人力、食材、房租等关键成本，但容易忽略附加经营成本的预算，如：水、电、燃气、耗材、税点、营销等细项指标，如此粗放式的预算机能不利于经营业绩的改善和提升。

特别是餐饮行业已然进入微利时代，餐厅更需要通过细致的精算及数字化管理，制定出整个经营管理体系中涉及的各项成本、费用、业绩等数字指标，才能更加有计划性、有目的性、有策略性地开展经营管理工作，以及应该在餐厅经营的实践过程中持续不断地提高餐厅经营预算的科学性和合理性，并通过经营结果的阶段性成果分析，寻找到餐厅各项经营指标达成的机会点和成本管理的控制点。

通过餐厅的经营预算，再辅以各项经营指标的激励政策，可以更大程度地激发全员的工作热情，最终达成各项经营业绩指标完成的目的，使餐厅和员工都能从中获得更高的利益。

1. 餐厅的经营预算

餐厅的经营预算一般按年度、季度、月度制定，根据同比、环比以及季节、环境、城市规划、重大事件、重大决策等客观条件进行规划。在实效的运营机制中，应该在月底前制定出次月的经营预算。

首先，在制定经营预算前需要厘清餐厅的主营业务有哪些，也就是餐厅经营的主要收入来源，这些划为第一收入项。

对照餐厅经营的主营业务分类列出对应的名目，比如，冷菜类、炒菜类、海鲜类、蒸菜类、小吃类、汤类、主食类等，每一项都需要制定具体的营业收入预估指标。这些主营业务的名目既是餐厅经营的主要收入来源，也是餐厅经营的主要成本构成，所以在收入预估后面需要增设收入预估对应的成本预估指标。

然后，再将餐厅经营的其他主要成本类划为第二成本项，比如：房租、工资、福利、易耗品、水、电、燃气等。

最后，将间接产生经济效益的成本类，划为第三费用项，比如：管理费、维修费、广告费、手续费、卫生费等。

第二成本项和第三费用项也需要制定出具体的数字预估指标。

以上三大类经营科目厘清之后，可以通过表格的形式进行具体展现。

第一次制定经营预算时，可以先设定营业额的期望指标，然后把第一收入项的预期指标分列出来，再一项一项地把收入项对应的成本期望比例计算出来，由此得出每一项收入和成本占据总营业额的比例，通过往后实际经营的情况和期望的理想值，最后得出最佳、最合理的收入与成本比例，并作为后期改善经营管理业绩的数字化参照。

2. 餐厅的经营折旧

餐厅的经营折旧是个体餐饮创业者比较容易忽略的成本核算科目。

餐厅的转让费、装修费、设备采购及安装等开业前期投入的建造成本应该按照餐厅门店租赁的签约年限进行合理地分摊核销，这笔摊销应该列入月度的固定成本科目。

餐厅经营的折旧摊销有的会按照月度平均进行核算，有的餐厅则会按照由多至少的分配比例进行月度或年度的摊销，比如，餐厅的场地租赁期为三年，正式营业前所有的支出项都划为了建店成本并分摊至三年，可以平均分摊，也可以按照第一年50%，第二年30%，第三年20%的比例进行不平均摊销。

餐厅的不平均折旧分摊机制存在个性化，具有行业的经营特性、投资特性、股权特性等特殊情形，例如，餐厅存在投资分红机制，同时也设定了退出机制，股东退出后就有可能不再承担后续经营的折旧分摊，而餐厅经营的红利期一般是在经营的前期、中期，后期则可能不会有持续良好的收益，甚至会出现亏损的状况，那么就无法将剩余的摊销分摊至已退出的股东，而全部压在了继续持股的股东身上。

有的餐厅还会设置投资回收优先的机制，即餐厅经营一旦产生盈利，优先偿还原始的建造投资本金，直到建造投资本金偿还完毕后，再进行效益的合理分配。

有的餐厅会将原始投资产生的一次性费用项、一次性装修成本等进行优先提取，而将主要设备类划为固定资产项进行月度经营的折旧摊销。

对餐厅原始投资成本的合理偿还是餐厅经营中一项重要的指标和重要的管理计划。

有的餐厅投资完成后，只算计每月实际的营收支付，以此判定餐厅的盈亏情况，这样的经营思维不利于餐厅产生良性的效益动力，餐厅通过原始投资成本的合理分配及摊销更容易让全体成员做到"清清楚楚做经营，明明白白搞管理"。

（四）餐厅的经营流量

有的餐厅不断投入资金（烧钱）做经营流量，期望通过巨大的资金投入更快获得更多的顾客购买量，以此提高餐厅的曝光率及知名度后再获得餐厅品牌的市场溢价能力。

互联网的流量思维，是基于没有边界的虚拟网络应用，而对于以实体经营为主的餐饮店而言，存在许多认知上的偏差，极易误导餐饮经营者的经营思维。

餐饮经营因为地域的局限性以及被购买的体验需求性，所以经营的第一原则不是考虑立即能产生利润，而应该是先塑造好顾客消费的满意度和购买价值。

餐厅经营数据流量的快速增大是把双刃剑，首先，越大的数据流量需要越大的推广资金支持，这项成本的投入与流量的产生具有一定的比例，其产生的利润率比餐厅正常经营状态的增长利润率要低许多，这种拔苗助长的经营策略，是实体餐厅经营生长的本末倒置，很容易陷入自取灭亡的境地。

营销推广做大流量及曝光率的基础，应该是餐厅已经具备较强的接待能力和被购买的价值，才有可能创造出更加有效的经济价值，而顾客的满意度和复购率才应该是餐厅经营的核心宗旨，大流量可能带来更多的新顾客，但同时也可能让更多的人对餐厅产生不满意，从而扩大餐饮消费的不良影响力。

提高餐厅的曝光率及获取更大的消费流量是一项餐饮经营的基本追求，但应该遵循餐厅经营的客观事实，依照自然生态成长的经营规律去争取。

（五）餐厅的设备功能

> 工欲善其事，必先利其器。

餐厅经营的功能性落地，无外乎人、事、物三类功能的基础应用，其中物的功能完整性不可或缺，良好的设备功能可以更加高效地辅助餐厅经营管理功能的实现。

在餐厅落地运营的整体规划中，满足营业功能的前置条件是一项根本性的核心工作，通过合理地应用各种机械、设备、工具等，可以让餐厅经营更加有效率，更加有安全性，还可以避免许多人为个性化因素导致的经营管理失误。

餐厅在经营前期界定好所需要的经营功能、产品功能、服务功能、安全功能等并辅助以匹配的设备系统，才能更好地提升经营效力。

餐厅新店筹建，有的投资人会去寻找二手设备，这很不利于餐厅的日常经营，往往维修的费用就能抵上新旧设备的差价，而且还会因为设备的问题导致营业不畅，以至于顾客满意度低下，员工工作情绪波动等不良情形发生，使用二手设备貌似能节省建店成本，但很可能让后续的经营结果得不偿失。

七、餐厅经营的店铺选址

新餐厅的门店选址需要根据餐厅规划中既定的各项运营定位，匹配性地合理制定出经营店铺的各项选择要求和条件，并形成一套完善的选铺规则和要求。

餐厅选铺，应该匹配餐厅的品牌形象、餐厅的投资预算、餐厅的主体经营功能、餐厅的目标顾客群体、顾客的消费水平以及顾客潜在的购买需求等与经营落地相匹配的前置条件。完善的选铺规程可以让更多人轻松掌握选铺的要求并参与其中，以此提高选铺的效率和精准度。

> 餐厅选铺忌讳"将就"。

"觉得还行、应该不错、差不多吧、干起来再看"，这些都是轻率而不负责任的商业投资态度，在这样的意识形态下形成的定铺决策，非常不利于实际的经营功能需求，除非运气特别好。

> 餐厅选铺忌讳"讲人情"。

有的餐厅选铺违背了餐厅客观的定位原则，认为朋友的铺子、老乡的铺子应该没什么问题，即便条件匹配差一些，碍于情面就当帮忙，从而降低了定铺的标准和要求。餐厅经营这门生意并非慈善，也不是友情买卖，"帮忙"的后果可能是给自己"帮倒忙"，"没问题"的结果可能是"问题大了"。

> 餐厅选铺忌讳"着急忙慌"。

心急吃不了热豆腐。有的餐饮投资人不计后果地想要赶紧落店，大家都定好了时间要开店，规定的时间不开业无法跟股东交代，不开店就没事干等因为要开店所以要落店的心态，被主观偏见左右了理性的分析判断及弱化了必须的选铺要求，结果可能就真的只是开了个店，至于是否经营有效则从出发点上就很可能已经走向了错误的方向。

找到匹配的餐饮店铺后，还需要蹲点观察，蹲点观察应该按一定的周期进行，一般蹲点的最小周期为一个礼拜，这是人们工作生活习性的小周期表，通过这个周期可以基本判断出商圈内人群的行为动向及消费习惯是否与餐厅的经营定位相匹配。

这个小周期内还含有一天的更小周期，即各个饭市，如：早餐、午餐、晚餐、宵夜等各饭市口都需要进行仔细的考察和研究。

有的餐饮创业者缺乏蹲点的耐心，这需要餐饮创业者在内心之中先建立起强烈的投资意识，并将店铺选择的严肃性与未来的经营风险挂钩，才能付出这份耐心。

选铺考察时，很多人都有过心动的经历，当看到某个店铺时，内心突然骚动，混沌意识中觉得非常合适，便迫不及待地想要得到这个店铺，这很可能只是一种错觉或者一种情怀式的冲动，如果再加上租赁方口若悬河的夸夸其谈，很容易在冲动之下签订租赁协议，将原本的蹲点计划和审核要求等都统统抛在了脑后，生怕今天不定下来，明天就被别人抢走了店铺。

为了规避"激情定铺"的决策损失，也为了迎合个性化的情怀需求，理智的决策者一般会给这样的店铺定一个签约的节点时间以此作为定铺决策的缓冲机制，比如："后天下午五点决定""周三上午决定"等，一定要给自己一个头脑思考的冷静期，在此时间节点到来时，店铺如果还未租赁出去就可以签约，如果店铺已经被别人抢先签订，也不必懊恼和沮丧，可以安慰自己与店铺无缘。

按经验来说，如果店铺应该是你的，再多等几天它也会是你的，如果不该是你的，就算租赁争取到手，也可能很快就会失去。

当然，也不乏匆忙草率决定签约后经营的风生水起的餐厅，这类餐厅属于少数的幸存者，一家经营成功的餐厅，是经营管理者们结合了许多成功因素的长期结果，而换一位经营者，换一种经营形态，其经营结果可能就大不相同。

心理上已经确定好了某个店铺，先不要急于签订租赁协议，在进行深度的了解店铺本身的情况后，再做决定不迟。

餐厅选铺及决策涉及投资人和全体成员未来较长一段时期的命运，属于高规格的决策行为，理应慎之又慎，宁愿放过，也不要搞错。

（一）审查店铺的基础功能

1. 店铺经营资格核实

店铺的商业经营资格审查，就是调查店铺与餐厅经营定位中所需要具备的营业资质等各项条件是否匹配，有的店铺是不能开展餐饮经营的，或者不能开展某种类型的餐饮经营，如果在不明确的情况下将店铺租赁过来，很容易导致无法取得营业资质而陷入非常被动的局面。比如，店铺可能具备餐饮经营的主体资质，但却要求不能使用明火的情形。

2. 店铺历史经营查证

店铺历史经营查证，就是向周围的商铺咨询该店铺以前的经营情况，以及为什么没有继续经营。往往物业（房东）和上一任租户都不会告诉承租方最真实的情况。向周围商户咨询时，千万不要直接、刻板地去询问，应该委婉或者采取消费的形式进行咨询，这种方式一般都会得到比较中肯的信息。

3. 店铺经营功能审查

商铺现有的各项主体功能是否匹配餐厅定位的各项经营功能或建造投资预算，比如：排烟、给排水、排污、隔油池、环保、消防、电力、燃气等。每个城市有每个城市对餐饮商铺的行政管理要求和标准，提前做好这些需求计划的要求，就不容易忽略这些重要的功能条件筛查，以此避免今后不必要的重叠建造投资成本。

4. 店铺设备功能检查

特别是转手过来的餐饮商铺，不能贪图综合资产便宜，也不能贪图营业面积大、设备多，而要讲究适用性以及经营设备的匹配度，用不上的设备过多也是一种成本负累，功能不匹配就需要花更多的时间和费用进行改造，放着不用就会造成损坏以及提高维护及维修成本，同时还会增加不必要的空间成本和管理成本。比如，火锅店和炒菜店的设备功能就不匹配，而麻辣烫店与面店、水饺店的设备匹配度就极高。

5. 店铺布局动线排查

检查并判断店铺的综合格局布置。如：前厅、后厨、洗碗、传菜、仓库、收银、物资入口、厨余垃圾出口等布置是否合理，与未来经营的操作规程、经营服务流程等是否相匹配，检验能否达到顺畅的经营动线需求。如果需要进行改造，改造成本是否可以接受等。往往综合投资成本将决定新开业餐厅的生存长度，不能忽略和大意每一项可能发生的投资费用。

6. 店铺的转让费

转让费的意义到底是什么？

通常情形下，餐厅的转让费一般是指店铺的装修、设备、资质、品牌、技术、物料等，有的餐厅投资人认为付出的转让费可以在以后同样或高价地转出去，由此来把这笔转让成本回收回来，这样的想法很危险，更无助于正常的餐饮经营。

付出转让费得到餐厅，按理是因为该餐厅的装修、设备、用具等功能与新餐厅经营的各项功能高度匹配，无须再次投入过高的成本进行改造，接手后即可以最低的改造成本和最短的改造时间快速展开经营。

付出转让费接手的餐厅，如果还需要进行重装改造，更新大部分设备、用具，那么新餐厅的整体建造成本就形成了双重叠加，转让费的实质意义就不再明显。

大部分餐厅打算闭店结业时，最多考虑的就是如何回收转让费的问题，但大部分都很难回收到位，甚至经营多年后最终就亏损在原来付出的转让费上。

转让费应该纳入餐厅正式经营的建造成本摊销内，而不是期待未来转让出去后才进行回收。

（二）审查店铺的生态功能

1. 店铺的生态功能

需要研判餐厅在未来的经营管理或者发展进程中，店铺所在商圈或商业主体是否具备可持续经营和发展的有效生态功能，同时，在餐厅经营的近期内这些关键的基础条件是否符合餐厅定位中的各项有效经营需求。

2. 有效的消费群体

餐饮经营者务必要客观看待店铺周围的人流量。人流量多少并不能代表餐厅未来经营的客流量多少，大量的居住或流动人群不一定是餐厅的主流消费群体，有效消费群体不是通过直观的眼见而判断出来的。人流量再旺的商业区域内也有许多经营不善的餐厅。

3. 商业的主体形象

观察店铺所在的商业主体形象以及四周目视的区域范围内其他各商业主体的综合形象是否与餐厅的形象定位相匹配。以街铺底商为参照，围绕店铺周围的商业主体，如：公共洗手间、垃圾站、洗车场、修车铺、五金店等附近大多不太适合从事餐饮经营。

4. 商业的主体类型

餐厅在本商业主体及附近商业主体的主营业务类型是什么，基本上决定了餐厅消费的主要群体。

餐厅有效经营区域内商业主体的主营业务可以分类界定，如：商城、商住、住宅、娱乐、展厅、办公、酒店、学校、活动中心、批发市场、零散租赁等,需要充分考虑该类商业群的相关人员与餐厅经营预期的主流消费群体是否相匹配。一般情形下,没有餐饮经营大氛围的独家餐饮经营比较难以获得主流消费群体的行动路径。

5. 附加的经营机会

了解餐厅周围公共设施,在建、整改、改建等情况对餐厅经营是否有影响,未来几年有什么利好的趋势。周围是否有利于经营的良好条件,比如经营意式披萨的餐厅,周围有没有儿童游乐场;餐厅邻近有没有公共交通站台;餐厅所在社区有没有可以利用的广告位等。

如果考察的店铺所在区域的主体商业情形比较匹配餐厅的经营定位,就完成了选址考察基础性的一步,然后就是与租赁方进行租赁谈判及商榷签约的问题。

有的餐饮创业者不太注重契约精神,对签订合同协议的事情大而化之,认为合作既定,以后抬头不见低头见,没必要仔细斟酌合同协议的细则把彼此搞得那么生分,也有的人可能因为急于签约而忽略了许多合同的细则,最后导致悔不当初。

事情归事情,交情归交情,一旦签订协约就意味着要按照协约合作多年,协约的内容有利还是不利,也将影响好几年,如此重要而长效的事情应该一丝不苟、理性对待,不可感情用事、粗心大意。

(三)店铺租赁洽谈及签约

1. 店铺的承租面积

店铺的承租面积与实际的租金金额,决定了餐厅的经营坪效,也决定了餐厅经营的餐位数,在租赁合同中会有不同的措辞来说明承租面积,如果不仔细辨别,一不小心就可能被数字游戏忽悠。对于店铺的承租面积通常有:租赁面积、使用面积、实用面积、营业面积等说法,洽谈时务必要明确与租赁方签订的是哪一类面积。

1)租赁面积,主要指承租方租下来的面积,不代表这些面积全部能用作经营活动或经营附加的其他用途。

2）使用面积，主要指承租方可以使用的面积，但不代表其他商家不能同时使用。

> 按餐厅实际的经营需要，最应该注重的应该是实用面积和营业面积。

3）实用面积，主要指实际能被承租方单独使用的面积，包括餐厅非营业但可利用的面积，以及餐厅经营功能性用途的厨房、仓库、过道等面积，但不包括公共（公用）面积。

4）营业面积，主要指餐厅进行餐饮经营服务活动时，消费者所能触及的可使用面积，业内主要界定为前厅区域，用于接待顾客用餐服务及附加增值服务区域的可使用面积，包括迎宾区域、大堂、前台、等位区域等，但不包括停车位。

餐厅的非实用面积过多，日常经营的可实用面积就更少，餐位数也更少。

签约的时候如果按照租赁面积或者使用面积计算租金，每一平方米的承租价格可能会显得合情合理，而实际能应用的有效面积不足时，相对每一平方米的租金就会随之变高，经营压力也可能会随之增大。

2. 店铺的租赁期限

很多餐饮创业者认为店铺的租赁期限越长越好，越短越不利于经营成长，其实不一定。

餐饮店铺租赁期长，如：5年、8年、10年，貌似对承租方未来的发展更有利，但如果承租方经营不善，合同期限不满而需要退租或转兑时，可能会被租赁协议中通行的一些条款限制退租或限制转让，最终可能导致无奈放弃租赁押金或其他资产而损失巨大。

如果餐饮店铺面积大且需要追加投资进行装修，那么租赁期限应当考虑更长，如果餐厅面积较小且投资较少，本身租赁成本也不高时，则不必要太长的租赁期。

餐饮店铺的租赁期限要合适才好，可以根据投资成本，投资回报周期以及周围的经营利好条件进行综合性的判断。

在店铺的租赁协议中尽量争取更加明确、更加利己的续签条款，或者签订补充协议进行约定。这些附加的补充条款需要在签订租赁合同之前拟定，如果租赁合同签订并缴纳了相关费用，则很难再争取有利条件。

3. 店铺的免租情形

租赁意向基本达成，紧跟着需要争取免租期，通常情形下，租赁方都会预留免租期，但租赁方一般不会主动向承租方提出免租期，这就需要承租人主动提出免租的需求。

店铺的免租期，一般是指租赁方给予承租方的装修期、改造期、搬迁期、经营缓冲期等可免除部分或全部租金、管理费等的具体时间段。

在没有谈判达成免租协议之前，最好不要缴纳任何的费用，一旦缴纳了定金、诚意金等就很难谈判到有利的免租期。

4. 店铺的租金递增

以深圳及周边城市为例，普通餐饮店铺租金的年递增率大多在6%-10%左右。考虑到其他综合因素，如：城市不同、改建规划、商圈地段、租金高低等，其年租金的递增率会有所不同。店铺的租金递增有两条重要的隐性规则：租赁年限越长，往后的租金递增越高；租金本身的基数越大，往后的租金递增也越高。

假如租金年递增率为6%，并不是每年都在第一年的基础上递增，而是持续在上一年度的租金递增基础上进行复合型递增，属于复利增长的类型，所以租赁年限越长，租金基数越大，往后年限的租金就越高。

例：店铺承租期为3年，起租金为30000元/月，租金的年递增率为6%。

第一年的月租金：30000元。

第二年的月租金：30000+30000×6%=31800元。

第三年的月租金：31800+31800×6%=33708元。

第一年的月租金和第三年的月租金之间的差距为：

33708元 - 30000元 = 3708元。

那么，第三年需要支付的租金在第一年的基础上实际递增了12.36%，而不是原来认为的6%。

以此类推，如果按 5 年、8 年的承租期来核算，同时租金的基数再高一点，其结果可想而知。

店铺的租赁年限越长，租金将以复利的方式越增越大，而经营多年后，老员工也越多，需要支付老员工的工资也越高，而各项设备设施也出现老化，需要付出更多的维修、更新成本，那么整个店铺的生存成本也就同样越增越高。

很多优秀的餐厅经营到三年左右时，就很难再产生丰厚的利润，就是因为各项经营成本已经发生了质量的变化。

如果支付了转让费，同时还进行了重新投资装修，再没有获得合理的免租期，往后的经营压力可见一斑。

5. 物业（业主）的租赁责任

绝大部分的租赁行为都发生在与陌生人之间，也发生在陌生的地方。

经营一家餐厅的琐碎事务特别多，如前期证照资质的办理、装修的审批，消防、环卫、排污等的检测、验收，往后日常经营过程中水、电、燃气等经营设施的安全整改等，都会直接影响到餐厅的经营成效。作为陌生的餐厅经营环境下，物业（业主）的租赁责任就显得至关紧要。

同样，租赁方一般也不会主动承诺这些附带责任，特别是个体房东，个性化比较明显，也不具备很多商业办事的能力，就更难以主动承诺相关的责任。因此，还需要承租方主动提出并约定相关规则，就各自应负的责任和义务进行明确，最好是在缴纳租赁定金或诚意金之前就先期签订租赁意向承诺书等相关契约文件。

租赁协议本应该在平等、自愿、自由的条件下进行签订，甚至应该是租赁方扮演着为承租方服务的角色界定合作关系，但现实中承租方却常常把这种关系进行了人为的颠覆，或者有意回避这种关系而把合作中的主客责任搞得模糊不清。

许多租赁协议中还是比较注重说明租赁期内各自的权责和义务，但容易轻描淡写租赁关系的解除规则。

承租方往往因为急于得到店铺，或因为内心不够强大和自信，且不善于与租赁方进行解除条件的深度谈判，结果导致整个租赁市场基本上还是供方的市场，这造成了我国市场经济结构中非常怪异的一种商业现象。

为了自身长远的利益着想，应该尽可能细致地谈判退租条款，尽可能地为己方争取更加宽松的退出条件，最起码在实施谈判的过程中，也能更加深入地探寻到租赁方的实底，为以后的经营异动提供策略性的指引。

选择餐饮经营店铺，就好比选择事业伴侣，要真心觉得匹配自身餐饮商业经营目的的才是合适的选择，一定要讲究，绝对不能将就，更不能激情定铺。

选择餐饮经营店铺，不是一件主观判断的事务性工作，而是关乎于投资命运的重大决策，应该以长远且客观的眼光去看待店铺租赁的各项条件和条款，无论店铺面积大小或者租金多少，都应该加以足够的重视。

八、餐厅经营的营销策略

有的餐饮创业者，把餐厅当成赚钱的机器或工具，期望它快速运转起来，快速实现财富回报。

有的餐饮创业者，把餐厅当作生养的孩子一般精心呵护，长期不遗余力赋予其个体生命的价值。

不同的心态，不同的价值观，对于餐饮经营而言，具有截然不同的生长经历和命运结果。

餐厅应该是具有独立生命价值的个体，是于行业、社会中具有原生价值的自由生命个体，餐厅的生命由创始人缔造，餐厅未来的命运则由餐厅本身的独特性、餐厅的团队及社会各界共同赋能成长的。

新开一家餐厅，要尽量避免过多主观的经验主义和教条主义，应该以餐厅实际的价值出发，总结过往的经验和教训，实事求是地塑造餐厅本身的实质价值，并始终以市场需求为导向，以向顾客提供有价值的餐饮消费需求解决方案为中心，并将这些价值进行广而告之，吸引更多的消费者自愿前来购买这些价值，借以实现餐厅的投资价值回报。

（一）营销与促销的辩证

营销，应该是餐厅基于自身社会商业经济价值体现的由内而外的驱动力行为。餐厅社会商业经济价值的外部驱动应该是在内部驱动能量不足时才启用的，或者基于餐厅内部价值驱动的基础之上而启动的。

要想做好餐厅价值成长的内、外部驱动，应该把营销和促销这两个不同量级的概念理解清楚。

> 营销是战略性的，促销是策略性的；
> 营销是大的格局，促销是具体框格；
> 营销是整体性的，促销是局部性的；
> 营销是主诉行为，促销是执行行为。

营销，是一个发现市场、塑造价值、制造需求、策划方案、组织资源、执行实施、信息反馈、持续优化等餐厅整体主控的价值推广行为，具有持续性和长效性。

促销，是在餐厅整体营销体系之中促进销售的一个环节，或一项独立的经营推广活动，每个促销活动的针对性不同，期望达到的要求和效果也可能不同，具有短暂性和功能性。

营销，从管理技术层面来理解，它包括了餐厅所有有形和无形的一切可利用的价值资源，是能够让消费者产生五感六觉的一切物质成本，如：文化、理念、资质、荣誉、典故、装修、装饰、环境、背景、灯光、色彩、音乐、声音、座椅、摆设、菜品、餐具、用具、服装、气味、氛围等，都属于餐厅营销的整体范畴，这种营销称为全景式营销、立体式营销，而餐厅的全体成员都是营销行为的参与者和执行者，也称之为全员式营销。

促销，从经营层面去理解，以达到某种具体经营目的为标志而进行具有独立个性的，促进销售的商业行为。

促销，不限于在餐厅环境内部及餐厅商业主体内进行促进销售的行为，也可以在餐厅外部或餐厅所在商业主体外通过多种多样的资源嫁接，进行丰富多彩的促进销售的行为，比如通过一些社区、平台、机构、商业体联合等进行促进销售的行为。

> 营销，是餐厅整体价值塑造的"生产方"。
> 促销，是餐厅整体价值输出的"经营方"。
>
> 营销，就是整体塑造餐厅的综合商业价值；
> 促销，就是推动餐厅整体商业价值的实现。

没有整体营销方案去塑造餐厅的价值，就无法通过促销的手段获得餐厅有效的商业价值回报。

（二）营销与促销的机制

整体营销的策划，讲究营销机制的设计。

营销机制不是餐饮老板个性化的拍脑袋式决策，也不是决策者主观的经验性判断或喜好性决定，而是根据餐厅经营的预期价值回报进行科学、理性的市场经济价值调研分析后，制定的整体经营销售策略。

1. 大环境的分析

大环境分析是餐厅整体营销决策的背景板，是对社会时代背景、行业背景、商业背景、地区局部市场背景的调研以及对未来消费市场需求趋势进行的综合性判断，是餐厅整体营销方案设计的原动力，也是餐厅开展有效营销策划的顶层认知。

2. 细分市场的分析

餐厅经营的市场价值细分，是餐厅本身商业经营自我价值的认可与同质竞品餐厅价值的比对解析。

细分市场的分析也是对餐厅有效经营范围内市场消费需求情况的客观

调研，是对餐厅主流消费群体的消费理念、消费习惯、消费水平等的细致分析，以帮助餐厅锁定目标营销对象而进行的精准预判。

3. 营销策略的检视

营销策略的各项投入应该设置在一定的可控范围之内，不能没有边界地进行营销成本投入。

整体营销活动的价值塑造和自身的承载能力需要进行客观的评估和预算，并对工作人员配置、营销成本的构成、促销的具体数量、接待顾客的容量、自身的生产产量、营销行为的特征、营销展现效果以及投入回报预判等进行全面而具体的检视后进行可控性的营销策划，否则容易造成营销投入超过营销回报不良的偏差后果。

4. 促销决策的执行

通过市场背景的综合分析和营销策略的检视后，才可以制订出具体的促销执行方案。

促销执行方案需要分解并落实到具体的个人，并明确相关的时间、节点、标志以及考核结果等。

核心的执行责任人应该全程参与整体营销的立项、探讨、检视、决策等过程，只有从头到尾参与了营销的决策，才更懂得促销方案的精髓和要义，才更有使命感和责任感配合整体营销执行的促销计划。

5. 促销过程的跟踪

促销活动的执行过程需要进行适时的检查和督导。

检查，是为了促销活动不会偏离整体营销既定的轨道和计划。督导，是在促销活动进行中主动提供正确、高效的指引和助力。

促销活动正常进行时不宜被过多干涉，否则容易引起执行者不必要的消极心态，而应该予以正向的鼓励和协助。当促销活动过程中出现异常时，需要进行及时的纠正和调整。

也可以为促销活动的实施设置相应的回复机制，让执行者主动提供自我检视及主动被监督。

6. 促销结果的总结

> 每次促销活动的结束，是另一场促销活动的开始。

所以，每次促销活动结束后，都需要进行认真的总结和优化，从中获得经验、吸取教训，为之后的促销活动开展奠定更加坚实的基础。

每一次促销活动的策划方案，都应该保存起来，逐渐形成餐厅的促销方案库，在以后需要进行促销活动时就可以快速地进行方案修订，提高方案的输出效率以及达成最优的促销成果。

7. 营销目标的成长

一个促销活动不足以支撑整体营销目的的达成，每个促销活动的结束，都是为了完成更宏大的营销目标，所以，促销活动需要不断地进行升级，形成良性的营销成长，需要不断挑战整体营销的新高度。

> 整体营销活动的开展应该是一个有机体，在餐饮经营的过程需要具备持续性和连贯性。

真正的营销，是不销而销，是餐饮日常经营管理活动中长期潜移默化的消费价值输出。真正的营销行为存在于多维度的时空中，而不是通过单项独立的促销活动去强力获取餐厅价值的回报。

8. 促销的价值关联

传统餐饮商业经营中，大多会在两种情形下才主动开展促销活动：一是开业的时候，二是生意差的时候。

开业时的促销，多为广告式的促销。餐厅开业通过举办仪式或活动对社会广而告之，以让更多人知道餐厅的主营业务以及餐厅能为消费者提供的服务价值。

生意差时的促销，多为项目型的促销。通过具体的促销活动引导消费者多人、多次、多转化进入餐厅消费，从而塑造出良好的经营现象，并期望从中获得实质的经济价值或效益回报。

餐厅开展营销推广或促销活动的基础条件是餐厅已经具备了被消费者购买的价值以及有确保一定消费满意度的能力，否则就不会达到预期的效果和目的，甚至适得其反，得不偿失。

9. 营销的价值辩证

餐厅的整体营销策划需要考虑多维度的价值辩证，不应该只停留在打折让利这一条执行策略上，还需要强调餐厅和顾客各自的价值、价值需求、价值关系等。

1）强调餐厅的价值

餐厅经营的产品、服务、装修、荣誉或其他方面有什么特殊的价值值得被消费者购买。

2）强调消费的价值

表明消费者在餐厅购买餐饮消费的产品或服务时，会得到与众不同或超出预期的价值收获。

3）强调促销的成本

合理测算促销的成本投入，包括人力、物力、财力、容量等，以及制定出投入后所能获得的回报目标。

4）强调购买的便利性

让消费者购买促销的产品或服务时更方便，不应该设置过多的附加购买条件。

5）强调沟通的重要性

消费者在购买的过程中，餐厅需要进行良好的沟通和交流，不断获取消费者购买的实质需求。

6）强调消费的延展性

期望消费者购买后乐于与餐厅建立某种联系，甚至主动承诺会持续购买或帮忙宣传。

> 餐厅经营的促销活动，应该是餐厅与消费者双方都能共赢的联谊活动。

常规经营下的餐厅促销活动，无论带有什么样的目的性，原则上都不应该亏本实施，这样很容易导致团队失去斗志，进而造成敷衍、应付的执行效果。

同时，亏本做促销可能会给餐厅造成一种低声下气、毫无底气的经营形象，以至于因为低价促销而导致餐厅的品阶下降，从而更加缺乏被购买的价值。

客观地看待餐饮商业经营中那些所谓免费、亏损、让利的促销现象。比如，常年酒水免费的促销模式，这种类型的餐厅是在整体的餐饮项目商业规划中，通过自身在酒水方面的强势资源一早就把产品、成本、盈利点都核算过后设计出来的经营模式，并非独立的促销活动。

餐厅经营活动的亏本促销，有一种情形叫"战略性亏损"，一般是餐厅创业生存期内的延续投资行为，早已规划在创业的投资预算之内，并具有一定的阶段性和可控性，但不适合应用到餐厅日常的促销活动中。

第七章
餐饮运营的管理辩证

餐饮商业运营管理,是指餐厅组织的商业活动中整体而全面的经营管理行为,是结合餐厅内部外部资源及能力,共同驱动对餐厅门店经营和餐厅品牌溢价持续赋能的统筹性行为。

餐饮商业运营管理的目的,是最大限度地调动餐厅内部能量与外部资源的联动作用并持续开发,以此实现餐厅的经济收益与餐厅的品牌价值最大化。

一、餐饮管理的大小运营

餐饮行业已经进入新时代、新经济的商业运行轨道，餐饮运营是现代餐饮商业主体生存与发展的主要课题。

在过往的餐饮经营管理实践中，餐饮运营大致可以分为"大运营"和"小运营"两种基础类型。

餐饮管理大运营，属于餐饮企业、餐饮连锁品牌整体经营管理与发展的职能概论。餐饮管理大运营主管的职能权限近似一般餐饮管理公司的副总经理、副总裁级别。处于成长期的餐饮企业，发展时相对比较稳扎稳打，不宜成建制地组建公司的整体职能架构，这时，一个大运营主官的职能设计就显得举足轻重。

餐饮管理大运营，其管理范畴包括了餐饮公司的任何常规管理事务，上司一般为公司总经理或者法人、老板，而其所辖则一般分设为几个职能岗位，这几个职能岗位如果按照一般餐饮企业成建制编制下应该为各个独立的职能部门，而将职能部门扁平化缩编为职能岗位时，不仅能让管理成本、人力资源成本等得到明显的控制，也能让日常经营管理活动变得更加垂直、更加高效。

餐饮管理小运营，属于一般餐饮企业成建制编制下的其中一个职能部门，也就是餐饮公司常见的运营部门，与其平级的，如：财务部、物资部、人力资源部、出品部、市场部、设计部等职能部门。这些职能部门形成管理矩阵，相互协助，也相互制衡，交叉作业，也各自为体。

餐饮管理小运营，主要针对一线营业单位开展正常经营管理活动行使的统筹、计划、督导、协调、执行的职能，并对所辖营业单位最终的营业结果负责。

> 餐饮管理小运营在进行运作时，需要谋求与其他职能部门的相互配合与协作。

餐饮管理大运营在进行运作时，可以直接安排和要求其他职能岗位进行配合和执行。

在餐饮商业的经营管理实践中，大家常常将运营和营运混为一谈，不甚注重，认为只要其职能设计符合本餐饮单位的需求即可，称谓如何则没有必要吹毛求疵。

> "营"，应该更侧重发展。

主要体现为：策划、开发、组织、整合、谋求等高维层面。注重从外部寻求经营发展的突破，从而转向向内予以赋能。

> "运"，应该更侧重结果。

主要体现为：运行、经营、管控、行为、执行等基础层面。注重从内部梳理管理效能的成长，从而由内至外树立价值。

餐饮单位在不同的生长阶段，对于"营"和"运"的重心应该不同。

在餐厅经营起步的创业期、生存期，以及往后的瓶颈期、危险期，都应该以营运为主导方向，尽可能多地谋求外部的资源和能量，充分开发和借助外部的势能为本餐饮单位赋予更宽阔、更长线的生存与发展空间。这几个生长阶段中不必讲究太多的规则，反而应该标新立异，主动突破自身的各种局限与惯性思维，善于推翻自身，重塑自身的价值体系。

在餐厅经营的平稳期、增长期，则更应该以运营为重心，积极谋求内部的自我成长，一切从细节出发，善于辩证、善于发现、善于修订、善于执行，不断优化和完善内部的各项操作规程、各项执行标准、各项行为准则等，并逐渐形成本餐饮单位的机制化运作体制，从而让本餐饮单位从人治提升到法治的经营管理阶段，从管理个性转向升级为企业个性、品牌个性。

> 餐饮品牌的"运"、"营"形式主要分为一内一外：
> 内部：夯实基础，塑造价值，即运营；
> 外部：拓宽市场，演绎价值，即营运。

餐饮运营（营运）体系的设计和建立应该由内而外逐渐延展，形成一个以餐厅经营为核心的圆形价值圈，并一层一层如波纹般向外拓展开去。运营（营运）体系可以分为种类不同的多种功能模式，这些模式相辅相成，互相促进，不断拉升彼此的经济价值，进而实现餐饮品牌更加有效的行业价值和社会价值。

二、餐饮运营管理的资源

实现有效的餐饮运营管理，首先需要具备相关联的基础商业资源作为运营管理的必备条件。

许多餐饮创业者出于个人对餐饮事业的热忱，认为只要有技术、够努力，长期坚持就能做好餐饮经营，常常在各种资源不具备的条件下就草率地展开了餐饮的运营管理工作，最终很可能导致餐饮创业项目潦草收场。

餐饮商业运营管理的资源包括以下几个基础部分：

（一）餐饮运营管理的人员

许多餐饮商业初创者会选择与身边的亲朋好友一起创业，于业内这类创业合作失败的概率比较高，即便创业成功，在往后日常的运营管理过程中也会因为情感关系发生诸多的管理偏差或漏洞，而在餐饮商业发展进入改革期、机遇期时，他们很可能会成为前进路上最强大的阻力。

邀请亲朋好友共同创业，最好是投资性的参与，即只投资，不参与运营管理，更不可参与重大事项的决策。亲朋好友共同经营的后果很容易引发事情与感情、理性与感性的混淆局面，从而导致餐饮运营管理的机能不够健康、生态。

餐饮运营管理中的企业成员无论是创始人熟悉的人还是后续加入的新人，都一定要事先明确约定好相关的职责权限以及确认相关的管理规则，并且主张志同道合、能力互补的成员加入，共同的价值理念尤为重要，还需要强化企业成员始终保持职业化的意识形态。

餐饮创业运营的阶段不同，对人员能力的要求也不同。有的人员适合在创业期，不适合在发展期，但不能因此而舍弃掉这类人员，而应该补充更合适的人员，进而形成人员能力的平衡和制衡，彼此互补，彼此促进，人才才会越来越多，团队机能才可能越来越健全。

（二）餐饮运营管理的本金

餐饮创业不是玩情怀，也不是耍个性，更不是意气用事，有的餐饮创业者借贷举债进行餐饮创业，一副志在必得的果勇姿态。

由于本金短缺，在实际的餐饮运营过程中容易手脚束缚，对该置备的设备、用具不敢置备，对该聘请的职位不敢聘请，对该营销的投入不敢投入等，最后眼睁睁看着经营业绩一点点下滑，而业绩越下滑越不敢投入，直到陷入死亡旋涡而无法自拔，最终餐饮创业梦碎。

没有足够的创业本金，就没有办法进行高效的运营，本金的欠缺可以限制思维并制约正当的商业行为。

餐饮创始人投入餐饮创业的原始本金最好只取自己全部本钱的一部分投入创业，创业者的家人或者自己最好另外还有可持续的长期收入。

很多餐饮投资人、创业者因为看重餐饮经营的现金流才选择踏入餐饮行业，但许多人只是乐观地理解到了餐饮经营的现金流入，而常常忽略了餐饮经营的现金流出。如果餐饮经营的现金流入与现金流出不成良性比例时，就意味着每一天都需要现金的填补。

餐饮创业是长线的坚持和守望，创业初期至少需要配置3—6个月可能亏损的本金，这笔本金也可以理解为创业时期的战略亏损配置，有的餐饮创业者从开业第一天就开始期待正向收益，这是很不恰当的想法。

许多餐饮创业者还没有享受到创业的果实，就在极短的时间内从创业期直接进入了死亡期,而很大一部分的原因都是因为后续资金补充不足而导致的痛苦结业。

(三)餐饮运营管理的技术

传统意义上来说,餐饮行业对于技术的理解更偏重在菜式制作层面,而现代餐饮运营管理的技术则涉及更广、更细分、更具体,不止于菜式技术。

现代餐饮商业运营管理中所涉及的各个职能板块、职能岗位都存在专属的技术,如:企业管理、培训演讲、财务会计、采购验收、仓储管理、海鲜养殖、办公软件、顾客服务、营销推广、美工设计、外卖运营等。

许多传统思维的餐饮经营者偏重于菜式技术时,很容易忽视其他的综合性运营管理技术,从而陷入单线技术误区,常常导致餐饮商业运营管理的各项技术权重失衡而影响整体的运营成效。

菜式技术是餐饮商业经营活动的基础技术、底层技术,在创业初期的权重比会更大一些。

现代餐饮商业运营管理中,菜式的精良出品还需要其他关联的综合运营管理技术将菜式的亮点和价值进行充分的呈现和赋能,在采购验收层面进行原料把关,在营销推广层面进行优化包装,在顾客服务层面进行品质维护等,最终才能将菜式的价值充分发挥出来。

单独某项技术不是餐饮商业经营活动有效、高效运营的全部,但可以在不同的经营阶段偏重于不同的技术。在基础的餐饮商业运营管理活动中可以以菜式技术为中心,其他技术围绕菜式进行技术性的赋能。

更高级别的餐饮商业运营管理活动中则会以餐饮品牌价值为中心,积极调动其他关联技术进行协作。

因此,餐饮经营者应该更加客观全面地理解"技术",做好各项经营管理技术的平衡和制衡,一些貌似不太重要的技术也可能是餐饮商业整体运营管理的核心之一,所有的技术形成了一套技术链,每一个环扣,每一项技术都必不可少,也不能太过于脆弱,一个技术环扣太差,整个技术链条的机能都不会健康。

> 木桶原理告诉我们，整体水平高低不取决于最高的木板，往往取决于最短的木板。

（四）餐饮运营管理的工具

餐饮商业运营管理中，需要借助非常多的现代商业工具，这些工具一部分是硬件，一部分是软件。

工欲善其事，必先利其器。好的工具可以让运营管理更加轻松和高效，也更容易将人情管理上升至事情管理层面，能杜绝许多漏洞，得到更多运营管理的数据，为之后的运营管理提供更多的资料和突破口。

硬件部分，是指合适的设备、器械、工具、用品等。在选择硬件部分，传统餐饮经营者容易走入两个极端误区，一是用最好的，二是用二手的。无论哪一种选择都应该综合餐饮商业运营管理各方面的市场需求去综合考量。

选择最好的硬件，对于后期的连锁发展有可能造成成本高压的不便。许多餐饮品牌创始人为了追求商业差异化而选择定制硬件或采用特殊性能的硬件，这样不仅造价成本高，也容易导致品牌连锁拓展的障碍产生，从而影响品牌以后的发展，该类硬件一旦出现损坏的情况，维修可能还是最大的麻烦。

选择二手的硬件，这类硬件一定会存在各种各样的机能问题或安全隐患，许多不再被保修的硬件很可能会在极短的时间内丧失使用功能，再回头购买新的硬件时，就出现了重叠成本的附加而使正常经营得不偿失。

餐饮商业经营的硬件设备，一定要选择对的、合适的，选择时不仅要考虑成本和差异化，更要考虑如何对运营管理活动及最终的结果负责。

> 软件部分也分为两类，一类是自制软件，一类是系统软件。

自制软件部分，主要是指餐饮企业根据自身情况自行制作的各类工具、表格以及各类规章制度、机制、规范、规则、要求、标准等。

餐饮日常经营管理活动中没有什么大事，基本都是些琐碎的小事，但每一件琐碎的小事又都是大事。而在现实的餐饮商业运营管理中，大多经年累月地重复处理着事务性的小事，往往缺乏成长性的思维，渐渐形成处理问题的惰性，浮于表面，没有沉淀下来针对具体问题设计长效解决方案的自制软件。

系统软件部分，主要是指餐饮单位向外部采购的运营管理模板系统，如：收银系统、监控系统、ERP系统以及其他综合管理类的系统，如：五常法管理系统、六西格玛管理系统等。

系统软件的研发是基于市场需求应运而生的，所以系统软件一般都具有个性化，并不一定适合所有餐饮商业运营管理的需求，市场上的系统软件很多，各有利弊，这就需要管理者先提出实际的需求，再比对软件的功能性是否匹配。

采购系统软件时，要重点考察系统软件的售后服务能力，餐饮日常经营管理活动的及时性非常高，软件的功能滞后问题不能得到及时的解决就会对顾客满意度造成巨大的伤害。

餐饮商业运营管理软件、硬件的选择，不应只从前期的商业建造功能或主观的投资策略等层面去确定，而应该从实际的经营功能、管理能效等运营需求等方面进行综合的考量并决策。

（五）餐饮运营管理的信息

餐饮商业运营管理的信息，主要指外部的行业、市场、竞品等信息，以及餐饮单位内部的人力、财力、物力等信息。具体还包括上级监管部门的管理要求、管理动向、同业报告、数据资讯、产业资讯等信息。

数字化时代的餐饮商业运营管理，不仅要懂得如何提取足够多的内部数据化信息资料，还需要掌握尽量多的外部信息资料。通过内部和外部数据信息的综合整理和分析，得到短期的运营策略指引，以及前瞻性地对中长期运营管理进行战略性、战术性的优化和调整。

内部数字信息的获取就需要自制的关键工具和购买的系统工具作为辅助来实现。餐饮商业的日常经营管理活动中，所有的运行资料都会留下数据痕迹，通过管理系统作为载体，填充数字资料，最后形成数据信息链，再对数字信息链进行归纳和整理就能为运营管理提供科学而严谨的依据。

经验性的餐饮创业及陈旧的餐饮运营管理办法逐渐被市场边缘化，数据信息时代，留给个性化经营和经验主义者的时间将不多了。

（六）餐饮运营管理的时间

餐饮商业运营管理的时间，是根据餐饮单位实际的经营需求和发展计划进行统筹规划出来的，而不是像普通人过日子一般顺其自然发生的。

时间，是一项商业活动中最重大的成本项，叫作"时间成本"。时间成本囊括了一切与餐饮商业经营管理活动关联的其他成本，如：人工成本、租赁成本、能源成本、费用成本等综合成本，以及常常容易被忽视的餐饮日常经营与事业发展的"机会成本"。

时间，具备有效性和局限性，时间的浪费就是综合成本的浪费，餐饮商业运营管理中时间是最大的敌人，即便在非营业时间、员工公休时间也一样在发生着实际的成本。

时间的规划，是现实餐饮商业运营管理中最容易被忽视的存在，因为它看不见，摸不着，属于重大的隐形成本体。

时间的规划，就是将有限的成本、资源、能量通过时间统筹进行阶段式、分列式的合理计划和分配，并加以最大能效地开发和利用的一项综合性统筹工作。通过时间管理，使人效、平效、岗效、器效等的利用率和能量转化率最优化。

时间的管理具有主动性和被动性，整体规划是主动性的，单岗执行是被动性的，长久以往就会形成时间管理的习惯性，最终可以让时间变成高效的商业工具。

日常的餐饮商业运营管理中，时间管理的具体情形还包括：照明空调开关、设备保养维护、岗位班次流程、一天工作计划、每周管理小结、月度经营分析、年度重点工作、五年发展规划等。

对时间的合理规划和应用，是对餐饮商业成本投入最负责任的一种态度和执行策略。

（七）餐饮运营管理的执行

具备了餐饮商业运营管理的相关资源后需要进行综合性的价值辩证，然后做出正确的决策：到底应该干什么？以及应该如何实现？

每个人、每个集体都是一个天然的资源体，在决定做某件事情时，应该沉下来仔细梳理自身能够掌控和借用的资源，并加以研判这些资源具备的特性、优势与餐饮商业经营生存与发展之间必然的关联和作用，再进行客观而理性的分析，找出关键而完整的可用资源链。

餐饮商业创业不是一件创始人想做的事情，也不是该不该去做的问题，而是应该在自己综合资源能力范围内做的能做的事情。

决策，牵一发而动全身，餐饮商业运营管理需要充分尊重决策的重要性和严肃性。如果不懂决策的含义、不懂如何负责任地行使决策的权力和责任，就不应该轻易地去下决定。选择大于努力，方向不对，一切努力都可能白费。

决策，不是普通的事务决定。决策应该具有战略的前瞻性，是指引所有资源行动的路标，决策具有绝对的权威性，不容朝令夕改，更不能言而无信。许多餐饮商业创始人做决策时容易固执己见，或者"拍脑袋"式的鲁莽决策，最终容易导致团队集体出现假忙的现象，执行结果往往不尽如人意。

> 决策，不能轻易下定，下定后也不容轻易更改。
> 决策既定，需要做好详细的行动计划。

许多餐饮商业创始人喜欢个性化的指挥行动，常常伴有制订计划的惰性，要么没有具体的行动计划，或者只有决策者自己清楚行动的计划。

计划，是调动所有资源发挥能效的指导方针和操作指引。

制订计划，不能成为餐饮商业决策者的一言堂方案，需要关键人员一起参与计划的制订，关键人员有了参与才会有认同感，也更容易理解计划的原理和逻辑，才能将计划更加有效地执行下去。

> 制订好计划后，需要组织相关的人员建立出一个或多个执行团队。

执行团队需要具备相关的组织纪律，有明确的分工，确保所有人都能清晰计划的要义、规则、责任以及明确的目的和成果指标。

餐饮商业运营管理，不能只是发号施令，要让团队成员对于即将开展的工作具有高度的认同感，还需要开展行动前的集体宣贯以及在执行过程进行监督和辅助。

> 许多餐饮决策者容易走入"只看结果"的误区。

餐饮商业运营管理中，大部分中低层管理者和基层工作人员都不具备高度的自主能动性和创造能力，这是餐饮行业的客观事实，如果决策者或者高层管理者只注重结果，而忽略执行的过程，通常都不会收到良好的执行效果。

只注重结果的思维和认知那是给项目决策者和高级别管理者的授权，不可滥用于基础的运营管理中。

计划实施后，会得到一个结果，不论好坏。

计划是工作的方法，也是工具。方法和工具需要不断地改善和升级。

每一项计划执行完成后，会得到一个结果，这个结果是阶段性的成果，需要进行绩效的检视。一些重要的计划还需要制定相关的考核机制，让执行人在执行前就对结果有负责任的意识和态度。

通过一个又一个的执行成果进行总结和反思，会得到一套又一套的方法论，进行举一反三的归纳后，可以融会贯通之后的执行任务当中，让执行的绩效越来越高。

三、餐饮运营管理的板块

餐饮商业运营管理在于系统化，许多餐饮企业或餐饮管理者几乎都存在管理能力方面的缺失。

餐饮商业运营管理的总经理，需要精通各部门，各岗位的职责、权利、义务等，更需要通晓各个岗位的操作规范及标准等。

餐饮商业运营管理的组织架构将越来越扁平化，未来可能更多的会是大运营体系的管理体制。

餐饮商业运营管理中，管理者们很容易对自身碎片化的知识或经验进行个性化的彰显，常常理不清各个岗位，各类知识、技能之间的必然关联和底层关系，很容易造成管理上的能力缺失，最终导致管理行为的偏差，或者管理重心的偏移。

> 未来的餐饮商业运营管理需要更加专业化、职业化、精细化和系统化。

一般的餐饮管理公司在设计组织功能时，会把餐饮整体的经营管理统筹划分出不同的职能板块，并设置成不同的职能部门或职能岗位。

从餐饮企业大运营统筹的层面看，通常会有如下一些职能板块：人力资源管理、营业管理与促销管理、物资管理与采购管理、生产管理与出品管理、仓储管理与配送管理、财务管理与收银管理以及市场拓展管理等等。

不同的餐饮企业，根据具体的经营、管理、发展功能的需求不同而职能板块的设计有所不同。

（一）人力资源管理

> 人力资源管理，属于专业性非常强的管理学科，分为六大职能板块：人力资源规划、招聘与配置、培训与开发、绩效管理、薪酬福利管理、劳动关系管理等。

传统餐饮商业也属于劳动密集型的经营体制，能同时容纳几十至几百名员工在同一时间为消费者提供用餐服务。餐饮单位不仅要为员工支付高额的人力成本，还需要为员工支付工作技能培训，社会保险缴纳，饮食住宿保障等附加成本。科学、合理、有效地人力资源管理将有效提升经营效益，降低管理成本。

人力资源管理应始终围绕着如何对员工进行"选、育、留、用"的逻辑理论层面展开。

1. 人力资源规划
主要是根据餐饮经营类型以及餐饮服务的层次、容量、时间等合理规划出人力资源管理所需要不同类型人才及岗位人数定编。

2. 招聘与配置
应根据岗位人数定编及缺编的实际情况进行针对性招聘与配置，并且需要严格按照岗位职责要求进行"因岗招人"，不能"因人设岗"。

3. 培训与开发
在员工入职后应该先进行岗前培训，根据不同岗位的职责要求，开发出员工的任职能力，并在员工达到岗位职责要求后才能正式上岗。

4. 绩效管理
绩效管理并非只关注结果的考评，更应该注重团队或员工的技能培养，心态辅导，职业修养，潜能挖掘等，以激发团队或员工最大的职业效能。

5. 薪酬福利管理
薪酬福利管理可以分为薪酬管理和福利管理。薪酬管理主要是对员工的工作绩效结果进行合理的薪资分配以达到激励的作用,同时加以各项福利的给予,让员工有额外的获得感,从而增强员工对企业的向心力。

6. 劳动关系管理

餐饮商业的劳动关系管理更注重人性的关怀和人情世故的处理,目的是要形成企业与员工,管理者与员工,员工与员工之间的和谐氛围。从而,由内而外地向消费者提供更加和谐的餐饮消费服务。

(二)营业管理与促销管理

1. 营业管理

餐厅营业管理,主要为所辖门店的营业部门或岗位提供管理系统支持和服务体系保障。营业部门主要指餐厅的前厅部分,一般包括迎宾接待岗位、顾客服务岗位、收银岗位、传菜岗位、清洁岗位等。

前厅部分承担着餐厅经营的直接服务职能,营业管理需要对餐厅的服务流程进行不断优化和改善,系统性地对服务岗位进行工作流程及标准的培训、指导和监督,管控好服务的过程,包括服务的水平、态度、形象、效率、协作等综合方面。

餐厅营业管理,需要对营业人员、营业事务、营业关系、营业过程、营业结果、营业成果进行统筹、计划、分配、监督、总结以及优化。

餐厅营业管理,属于营业现场管理,管理者需具备高度的专业性、灵活性、机动性和协调性,能胜任所辖区域内各岗位的工作要求,并能熟练运用各岗位的操作工具、用具等。

餐厅营业管理,可以分成"人、事、物"三个主要部分去区分理解及应用。

人的管理需要关注:人员到岗、人员在岗、人员形象、人员情绪、人员配合、人员效率、人员安全、人员成长等方面。

事的管理需要关注:班次规程事务、岗位固定事务、流程环节事务、部门协调事务等方面,以及需要及时处理好其他临时突发的事务等方面。

物的管理主要关注:设备设施的安全情况、物品的损坏情况、经营用具的数量与质量情况、机械设备的操作及使用规范等,物的管理还包括卫生情况及清洁程度、清洁及时性等方面。

餐厅营业管理,另一个层面是客情、客诉的管理以及顾客就餐过程发生的各种突发情况的处理,这需要管理者能充分的认知到自身职责的权威性、责任感和使命感,积极主动地面对各种不良情况的发生,最后还需要主动承担不良事情发生后的责任。

餐厅营业管理,最终的目的是达到有效的营业,以及营业水平的维持与营业业绩的持续提升。

2. 促销管理

> 餐厅营销包括整体营销和活动促销两个部分。

餐厅营销包含促销,餐厅促销是餐厅整体营销的重要组成部分,是整个营销体系中促进销售的一个环节。

> 餐厅整体的促销主要可以分为长期促销、中期促销、短期促销三种不同的规格。

> *长期促销,如:每周二八折、第二杯半价、65岁以上老人半价等。*
> *中期促销,如:季度新品推荐、暑假亲子套餐、冬季火锅特惠等。*
> *短期促销,如:开业三天大酬宾、年夜饭赠果盘、母亲节送康乃馨等。*

餐厅可以制定出各种不同主题类型的促销活动,如:事件促销、场景促销、会员促销、体验促销、等位促销、表演促销、新品促销、荣誉促销、节日促销等,以节日促销为例,一年十二个月可以分列出几十个节日名目用于促销活动的开展。

有的餐饮经营者认为,节日本来生意就会更好,如果进行促销活动,就会降低原本应得的收益。这样做貌似降低了正常的收益，但却能带来更大的消费量和更好的美誉度，所获得的收益和品牌价值将远远胜于单一促销的成本。

餐厅的单项促销活动还可以根据餐厅不同的经营需求进行目的性的促销，如：清理食材库存、增加营业流水、提高知名度、增加美誉度、增加购买转化率、提高顾客满意度、吸纳新会员，等等。

餐厅促销活动推出的宗旨在于动起来，让顾客对餐厅的印象一直处于动态的感知中，更有助于提高顾客的关注度进而促进顾客的购买力。

> 餐厅促销活动不是越多越好，而在于合时、合情、合理、合规。
> 餐厅促销的最佳时机是在经营状况良好的时候。

许多餐厅都是被动式的促销，通常在营业状况不佳时才想起策划促销活动，并希望借此提升经营的业绩。

营业状况不佳的餐厅正处于社会美誉度不高、顾客满意度低、员工职业状态差、可利用资金少等综合价值低效期，一旦开展促销活动，很容易引发餐厅更广泛的负面影响，甚至可能会加速餐厅的消亡。

当餐厅的营业状况不佳时，应该从内部梳理，及时调整各方面的经营策略，积极提高经营的质量，不可以依赖于通过单纯的促销活动取得更好的经营业绩。

反之，餐厅在经营业绩与市场口碑俱佳的时候，更有被购买的价值，也更容易起到促销的最佳目的，同时还能有效地提升餐厅的美誉度。

餐厅促销活动是餐厅价值体现的增值项，不是餐厅经济价值回报的救命稻草，餐厅经营者试图通过促销的方式扭转餐厅不良的经营状况，这是对餐饮经营极致无奈和价值懒惰的表现。

（三）物资管理与采购管理

1. 物资管理

餐厅物资管理是对餐厅固定资产及各类生产、销售、管理等物资资料的统筹管理与维护。

固定资产的管理常常处于交叉管理的情形，有的餐厅会将固定资产的管理划分到财务管理和物资管理的共同范畴，即财务职能行使固定资产数量和财产力的管理，物资职能行使对固定资产的功能应用与维护的管理。

> 餐厅的物资是否定性为固定资产可以按功能、成本、价值、使用年限等不同的指标进行界定。

1）固定资产管理

餐厅的固定资产，一般泛指餐饮经营管理中不可或缺的功能组成部分和主要投资成本组成部分，包括需要进行折旧摊销和重点维护保养的设备、机电、用具等工作资料，比如：空调、制冰机、电视机、桌椅、蒸炉、冰柜、烤箱、收银机、发电机，等等。

餐厅的固定资产管理，需要建档立案，并明确规划到具体的使用部门和责任人。

机电、设备等固定资产本体上或旁边应附上对应的操作使用牌，并注明使用人、使用规范、保养规则、保养责任人等，这样既能增加机电、设备的使用寿命，提高使用效率，还能规避使用的风险以及降低机电、设备异常发生的偶发性经济损失。

2）综合环境管理

餐厅综合环境的管理主要包括：墙面、墙体、屋面、屋顶、地面、护栏、幕墙、景观、绿植、外围等综合经营环境的维护、维修与保养等。

餐厅综合环境的管理，也是餐厅整体营销的一部分，是顾客服务体系中不可或缺的重要组成条件。

餐厅应该制定综合环境定期的检查、维护、保养机制，始终保持餐厅综合环境、设施的干净、卫生、整洁、无安全隐患等状态，可以尽量减少或避免不必要翻新或维修产生的费用成本，同时也能减少、杜绝消费者体验的不良感官和印象。

餐厅良好的综合环境能在潜移默化中提升员工的个人修为及养成良好的品格习性，也能在无形中改善顾客用餐消费的德行，进而抬高餐厅的市场品阶，促进消费购买的价值。

3）餐厅用具管理

餐厅的用具既不属于固定资产，也不属于低值易耗品，其属于个体低价但综合使用频繁和数量庞大的经营成本内容，在餐厅运营管理中属于具体量化，重点管理的科目。

餐厅各部门或各岗位明确划分责任使用的餐厅用具，应该按照实际的经营需求进行定额编制，并按月度设定合适的自然损耗比例。在每月底对餐厅用具进行盘点，超出自然损耗比例的数量则应该进行相应的责任告诫或处罚。

餐厅用具的足量保有以及个体质量的保证，是进行日常经营服务工作的必备条件，一旦餐用具数量不够或破损残次情况过多，将很大程度上影响正常经营的服务效率以及降低顾客的消费体验和综合满意度。

2. 采购管理

餐饮单位采购管理，是一项非常敏感的职能，传统餐饮采购管理常常处于灰色管理地带，存在诸多隐性问题，也是最难精细化、标准化管理的板块。

餐饮单位采购管理，其显性的职能是做好物资、物料的采购，保质、保量、及时地满足餐厅的经营管理需求，同时还需要做好市场调查以及供应商的管理，而餐饮单位采购管理的隐性职能是直接对需求部门进行周到的服务，并间接地为顾客消费满意度提供最基础、最初始的后勤保障。

餐饮单位采购管理的难点在于用人的个性化，无论是小型的餐厅还是大型的餐饮企业，一般都会选择熟悉或亲近的人担此职能，或亲戚、或朋友。因为先期自带情感的基因，往后也较难实现相对规范的管理，所以，在确定采购人员时，应该提前制定好关联的管理制度，并在其职能之上设置其他职能管理部门或管理者，尽量避免餐厅老板直接管理采购人员。

餐饮单位采购管理中，供应商的谈判和选择不能由采购人员单独接洽，需由餐厅法人或者上级职能管理者共同参与，之后，采购人员只负责日常的具体工作即可。与供应商的合作开始前应该及时签署采定协议，并在协议内将法律界定的职务犯罪、行贿、受贿等情形的发生及相关惩处规则、措施等一并罗列清楚。

餐饮单位的采购人员应该持有一定的采购备用金并专款专用。备用金报销的形式可以根据餐厅的管理机制进行实报实销、用完报销或按期报销等。

餐饮单位自购的物资一般为零散类物资或高价类物资。外部单位配送零散类物资的成本费用相对更高，而高价类物资的采购要求相对更严苛，餐厅采购人员则更容易把控标准，也可以规避品质纠纷。

餐饮单位总仓集中采购的物品一般是易于存放的，贵重的或有统采价格优势的。

> 餐饮物资无论是自购还是外部配送，都需要制定好数量、质量、时效这三项管理指标。

1) 采购的数量

采购的数量，一般指订单数量和实收数量。要求实收数量和订单数量完全一致或基本一致，一般对常规的采定要求是实收数量在订单数量相差5%左右为合理范围，不足部分要求及时补齐，超出部分予以退回，不得接收。

2) 采购的质量

采购的质量，一般指被采购物品的具体标准。在采购工作开始之前就需要制定好被采购物品的各项标准，包括：品牌、体积、尺寸、种类、规格、鲜活度等，需要采购人员、需求人员、供应商等多方都能掌握同一套标准，在必要的情况下，需要对物品采购验收标准进行拍照和配文说明。保障餐饮采购物品的质量还包括不能轻易更换品牌，更换品牌属于决策性的范畴，一般会要求上升到高级管理层面做出决断。

3) 采购的时效

餐厅采购的时效，一般指物品下单时间和物品验收时间。下单时间，一般为晚上营业高峰期后，这样更有助于盘点当日库存，做出合理的订单计划。验收时间，是采购或供应商送货到达需要当面验收的时间，明确好时间后，送货人和收货人才能做好验收的准备，否则，容易造成工作事务的时间冲突，不能很好地进行质量的检查，以及打乱其他的正常工作计划等。

验收时，要求采购人员或者供应人员在指定的时间段和指定的区域内进行验收，为了提高验收的时效，需要提前将场地清理干净，并使用合适的容器进行验收，原则上，特别是生鲜食材类都不允许直接置于地面。

（四）生产管理与出品管理

1. 生产管理

生产管理，主要指餐厅日常经营的部分产品集中在总部统一生产或加工，然后再由总部统一将产品配送至各分店进行销售的生产管理模式。

把小产品做出大品牌，再小的个体店也可以品牌化，再小的品牌也可以连锁化。餐饮品牌连锁经营管理模式中，可以通过生产统筹将管理成本、采购成本、建造成本、生产成本、经营成本、人力成本等都进行有效的降低，从而将边际效益得到有效的提升。

餐饮品牌连锁店的发展越来越紧迫，拓店速度也会越来越快，而传统餐饮个体单店的生存也将越来越艰难，必然会被现代社会餐饮商业机制逐渐边缘化。往后存在的传统餐饮个体店一般都是非常具有传承价值和地标价值的单店，因为基因问题、技术问题，很难被复制和异地发展，而其新开设的此类分店也很难实现同样的市场价值，大多也容易被淘汰。

要想实现餐饮品牌的连锁化发展，第一家经营门店的核心产品就应该具备标准化连锁复制的基础，之后再开设新的分店时，一般会考虑将这部分核心产品进行半成品、成品、食材或核心调料进行统一的生产加工和配送，以保证各分店的核心产品统一标准化，使品牌价值和顾客满意度都能得到有力的保障。

餐饮商业经营的生产管理模式下，需要考虑食材、物料成本结构的可塑性，即通过生产加工管理有效降低餐饮单店食材物料的采购、存储、加工、销售的综合成本。通过生产加工企业对食材物料的统采、统备、统产、统配的统管模式可以有效降低产品的综合成本，才能更有效地保证餐饮分店的产品盈利模型。

在市场监管的层面，A 店为 B 店生产、配送、供应的产品，需要取得相关的生产及流通资质，根据地方监管规则不同，有的城市只需要双方签订供应协议或者证明 A、B 店在同一个经营系统内即可。

餐饮生产管理中，对于产品品质的要求是绝对的高压红线，不具备优良的生产管理环境、技术、责任、机制等条件，则不应该轻易进行生产加工的运作。

餐饮生产加工管理是把双刃剑。由于是统一配送模式，在良性的状态下，能有效降低各方面的综合成本，但如果生产加工批次出现质量问题，则可能同时影响全部分店的经营成效或造成重大的经营损失。

2. 出品管理

餐厅出品管理，是餐厅单店整体菜品制作全过程的统筹性管理，因为专业技能的问题，具有自主管理的特征，而从餐厅整体的经营层面，又不属于孤立的管理体系。所以，餐厅一般都会在出品部门之上设置更高级别的管理职能，比如店长能综合协调和平衡出品部门、采购部门、营业部门等之间的工作合作关系，最大限度地提升各部门之间的协作能效。

餐厅的出品管理，应充分考虑前厅经营层面的意见和建议，并制定出相应的出品改善措施。而作为餐厅出品部门的管理者，应当主动地走向前厅去观察和听取顾客用餐的感受和意见，不能闭门造车，过于固执自信。

3. 新品研发

传统的餐饮经营管理中，一旦经营业绩持续不振，通常从经营者、管理者到厨师等，一般首先都会从菜品的角度找问题，这很可能是一个极大的误区。

餐厅经营业绩不佳或业绩持续下滑的原因大多是综合性的。冰冻三尺非一日之寒，通常情况下不能单一地认定是出品出了问题，有可能是客群定位偏差，或者服务、环境、卫生、安全、价格等综合问题导致的。

无论是餐厅经营业绩不佳，还是餐厅经营的客观诉求需要进行新品研发或菜品的调整，都应该上升到餐厅短期战略目的的高度来开展这项工作。通过立项的方式把新品上市或菜品调整上升至更高的管理层面去对待，要求前厅、后厨、采购、财务（收银）等都一起参与立项的探讨和执行策略的制定。

> 餐厅"出品管理"一般含有三个层面的意思。

第一个层面是"餐厅所有菜品或食品的统称",是行业特性的名词,一般泛指餐厅所有自行制作的菜式、主食、小吃、汤品、果汁等,通常情况下不包括外部配送的食品或产品。

第二个层面是"餐厅出品制作的行为",是菜品或食品制作的动词,通常指餐厅经营单品制作的行为,包括如:粗加工、切配、腌制、烹饪、摆盘等操作行为。

第三个层面是"餐厅出品的行政管理",是管理人员针对餐厅厨政事务的管理,即在厨房辖区内的人事、形象、安全、卫生、效率、设备使用、用水、用电、用气等全方面行为纪律规范的管理。

餐厅出品管理,因为经营模式不同、加工模式不同,或因为厨房格局不同、整体管理架构不同,而管理的规则不同。

传统餐厅日常的经营管理中,菜品方面的出品管理存在许多共性之处,比如:见单才能出菜、核心菜品原则上不允许沾清、谁制作的菜品谁负责、菜品不合规不传递,等等。

餐厅出品管理,是一项长期且讲究精耕细作、精益求精的管理工作,需要对团队职业能力和职业操守进行持续的提升。同时,不可轻易就否定后厨人员的付出和贡献,当餐厅遇到经营瓶颈或者发生菜品短缺时,应该和厨房成员开诚布公、精诚合作、共同进步,对待厨部的成员应该始终保持信任是最大责任的管理心态。

(五)仓储管理与配送管理

1. 仓储管理

无论是餐饮单店还是餐饮品牌连锁店都应该设置仓储管理功能,即便再小的微型餐饮店,也有必要划出特定区域进行物资、物料的独立管理。

传统餐饮管理中，许多餐厅为求方便，或者本身不具备物资、物料管理的能力，习惯性将仓储管理功能弱化或直接忽视，最终导致进出货物与账目不符，造成经营数据的混乱，逐渐形成物资、物料成本管理的漏洞。

餐饮仓储管理，是餐厅良性经营保障的后大门，具有绝对的独立性和权威性。

餐饮仓储管理，是一项底线规则清晰、一丝不苟、认真严谨、没有弹性的刻板管理职能，仓储管理人员需要做到绝对地对事不对人，一切行动都应该按照规则处理。该职能岗位需要具备高度的抗压能力，细致敏锐的观察力，可能还要做好得罪供应商和同事的心理准备。

众所周知，我国的食品安全管理越来越严谨，对于食品安全问题的违规处罚也越来越严格，仓储管理是餐厅出品的第一道门槛。第一道门槛腐坏了，就会导致一系列的连锁反应，最终导致餐厅经营的低效或者失效，情节严重的还会遭到法律的惩处。

小微型餐饮单店不具备设置独立的仓管职位时，可以由单店的管理层，收银员或其他二线保障部门的职员兼任。

餐饮单店仓储管理的基本职能为：对餐厅所购入物品的严格验收，根据实际收货情况做入账处理，开具出货单给需求部门，与需求部门当面点货及交接，以及物资库存的安全管理和库存存量的管理等。

> 餐厅仓储管理一般分为两个主要部分：账目的管理和实物的管理。
>
> 账目的管理，主要分为电脑系统数据的管理和纸质凭证的管理两个方面。

电脑系统数据的管理，主要是对物资交易数据的审核、录入、风控、维护以及数据的分析等。

纸质凭证的管理，主要是对供应商资质，原始采购凭证的管理以及供应商送货单、部门订单、部门出货单等的管理。

实物的管理，应该先建立仓库存储物料分类管理的总表，即建立总仓，应该将总仓的分类布局图公示在仓库入口处。然后建立分仓，每一个分仓的平面布局图设置在分仓入口处，分仓之下建立货架分类表，每一个货架上设置物料分类汇总表。每一层货架上按实物的摆放顺序张贴分类名称。

货架上的每一种物料下应该张贴物料名称等相关信息资料并注明合理的高低库存量，该高低存量应与电脑系统、手工系统或软件系统的存量控制数据相符。

冰箱、冰柜等内在的隐蔽物料管理同样应该遵循这样的物料管理总控法与分布法。

新入货与出货应该始终遵循先进先出的原则，以杜绝过期物料的产生，对保质期较短的物料，或无生产日期的散装物料，应在物料上标注生产日期、存放日期以及有效期。

餐饮仓储管理中，应划定一个独立的区域将需要退货的物料或已过保质期的物料单独进行存放，并及时做出处理，防止被误用或被监管部门抽查到后导致不必要的损失或麻烦。

2. 配送管理

> 餐饮配送管理，一般分为总配和直配两种方式。

总配，是由外部企业或采购人员将物资、物料统一配送至餐饮单位总仓，再由餐饮单位总仓分拣后配送至各需求单位。

直配，是由外部企业或采购人员根据各需求单位或部门的订单，直接配送至对应的需求单位或部门。一般情形下，直配的数据或资金应该由总仓进行统筹管理。

> 餐饮配送管理主要体现在：人、物、车以及配送时效等管理方面。

1）人的管理

主要指配送人员的个人形象，行为素养等，配送人员是餐厅流动的代言人，良好的个人形象和行为素养能为餐厅提升更好的正面形象，增加餐厅的社会美誉度，还可能因此吸引更多的消费者。

2）物的管理

主要指对所配送的物品进行装车、运输、交付的配送过程管理，以保证所有配送物品的完整性和安全性。

在装车时，应使用合适的用具或者容具，将不同单位、不同部门的物资分别安置，并按配送到店的先后顺序进行装车，以此提高物资卸车的效率。

3）车的管理

主要指车的日常保养和行驶安全的管理。

配送车辆是餐厅流动的广告牌，配送人员应该时刻保持车辆干净、美观的形象，对陈旧损坏的车身广告及卫生情况应该及时地进行更新、清洁并取得相关行政单位的广告备案许可。

行车前应该对车辆进行安全性能的全面检查，并作出车的使用登记，在行驶途中应该严格遵守交通规则，为餐厅树立良好的守法形象。行车完成后，应该再次对车辆进行安全检查和清洁处理，以及做好车辆里程数和油耗量等的交接备案工作。

4）配送时效

主要指配送人员配送过程的时间把控以及物资交付的时间效率等。

配送人员在行车配送的过程中，应该按照城市道路交通管理规则，执行交规内的小时行车公里数，预估配送到达各接收点的时间，提前与物资接收人联络或尽可能按双方约定的时间到达目的地，以此提高双方的交付效率，保证双方后续工作的顺利开展。

餐厅配送管理需要做好物资交接后的手续办理，将各类交接单据进行合适的保管和分发，同时，配送人员还是餐饮各单位之间信息和资料的传递员和联络者。

（六）财务管理与收银管理

1. 财务管理

餐饮财务管理中，大多数的餐饮企业还处于财务会计与出纳的基础功能层面，主要体现在凭证管理、报表管理、印章管理、应收管理、应付管理、薪资稽核、工资发放、奖金发放、票据管理、税赋申报等方面。

少部分餐饮企业的财务管理在运营功能层面，主要体现在经营数据的分类汇总与分析，门店收银系统与收银职能的管理以及营销计划与营销预算等方面的管理。

> 极少部分餐饮企业的财务管理在财务决策层面，主要体现在财务预算、筹资融资、投资管理、运营决算、发展战略、效益分配机制等方面。

在新的市场经济体制之下，餐饮企业或餐饮创始人不懂财务管理就是在做糊涂生意，对企业自身的数据不清晰，就无法做到有效的成本管理和进行有效的经营效益提升。

餐饮经营者也应该如其他社会企业一般，要懂得财务三大报表：资产负债表、利润表、现金流量表，要看得懂更需要运用好三大报表的功能，在餐饮财务管理中还需要另行增加一项单独的表单——毛利分析表。

餐饮成本项中，最大的显性成本是食材成本。毛利分析表就是要清晰每一道菜品的成本构成。

毛利分析表，是对原材料采购成本、原材料出成率、菜品综合配份成本、菜品销售价格、菜品销售毛利等成本价值变化过程的综合性数据分析。

毛利分析表的作用是对菜品最终所得利润的过程进行分解及标准化监控，没有毛利的合理控制，菜品的利润以及菜品的边际利润就无法做到可行性的管控。

施行餐饮经营的财务管理是一项非常细致、非常烦琐的专业管理工作。但无论餐厅大小，都应该对经营收入、经营成本等进行经营预估并通过表格的形成订立具体的数字化运营指标。

可以将年度经营预估指标分解为月度经营预估指标，再分解到分类经营预估指标、每日经营预估指标、每日饭市经营预估指标等。

餐厅每月的收入预估应该对照相应的成本预估。餐厅当月总收入指标减去总成本指标可以得到摊销前的总利润指标。

将餐厅的投资成本分摊、固定资产折旧、负债分担等进行综合统筹并合理地分配至每月，当月总利润指标扣减出摊销、折旧等指标后最终得出当月的摊销后利润指标。

社会餐饮经营管理的难度越来越大，在行业租赁成本、人工成本、食材成本、费用成本等四高的经营现状下，低毛利、低利润成了许多社会餐饮经营单位难以逾越的沟壑，餐饮行业已经从毛利时代步入了微利时代，再也不能任凭个性化的大概数据实施经营管理，而应该充分意识到数字化管理的重要性、必要性和严肃性。

2. 收银管理

许多初创餐厅或初级餐饮连锁品牌门店，通常会将餐厅的收银管理全权交由餐厅自行管理，一般工作重心在于日常营业的录单、下单、退单、买单、交班、日结汇总、单据凭证管理等方面，有的餐厅还涉及收货、盘点、工资、奖金以及考勤稽核等职能。

餐厅的收银管理，在一些连锁餐饮品牌管理体制中隶属于公司财务管理的体系之内，因此，有的餐厅收银岗位同时存在两个直属上级。

公司的财务部门，主要负责培训和指导餐厅收银岗位的职能和技能。公司财务部门可以充分运用分店收银人员在分店行使财务监督功能，将公司财务的系统管理与分店的实际经营管理紧密关联，通过分店收银岗位获取经营一线的第一手财务数据信息，并授意收银岗位执行公司财务体系的各项制度和规则在分店实施落地。

公司财务部门全权负责分店收银人员的任免，在分店收银岗位出现空缺时，可由公司财务部门成员进行顶岗。顶岗人员到店顶岗也是公司财务部门例行巡店，轮岗学习的管理机能之一。

分店主要负责收银岗位的日常工作行为纪律规范、服务态度以及对收银岗位服务机能的培训和辅导，收银岗位在分店的直接上级一般为分店的第一负责人，比如店长。

在分店的日常管理机制中，因为收银岗位的特殊性，分店内部还需要一名可以随时接手或替代收银岗位的其他职位成员，可以是分店内部的任意岗位人员，以规避收银岗位人员正常休假，或出现意外情况不能到岗时，也能有效地保障收银工作的顺利开展。

餐厅收银工作岗位的职能可大可小，个别社会餐饮商业单店的收银岗位甚至兼顾前厅的管理、协调职能，成为餐厅服务体系的中枢神经，该岗位也更容易接收顾客消费用餐体验的整体满意度情况。

餐厅收银岗位往往是顾客服务的最后一道流程，也是餐厅完成基本服务体系的收官之战。顾客消费结束买单时出现问题导致顾客不满意时，顾客很容易将之前整体良好的消费服务体验统统推翻，这种情形就是餐饮服务"100-1=0"的不良现象。

传统餐饮经营管理中，特别是在服务管理体系中，收银岗位的服务规范很容易被忽视，但收银岗位却是餐厅整个经营管理体系中职位功能最多，影响力巨大的岗位，反而应该加以重视。

（七）经营消费拓展的认知

传统的餐饮经营管理体系中，大部分餐饮单位在经营消费拓展这个层面认知不足。

因为缺乏对餐饮经营本质的基础认知，常常导致餐厅消费资源逐渐枯竭，餐厅的消费者越来越少。

餐厅的经营消费拓展，需要餐厅经营者拥有大的格局、远见、思维，并能正确、深刻地认知到餐饮经营的市场属性，然后有针对性地进行消费市场的进攻。

传统餐饮经营几乎都是"坐商"经营形式，即开着餐厅，打开大门，等客上门。

"坐商"在现代餐饮经营市场中，属于"坐着等死"的情形。坐着等竞争对手的到来、坐着等消费者搬家离去、坐着等消费者自己回头、坐着等市场机制的改变。一切未知因素每天都在发生改变，"坐商"式的餐厅经营模式就是在等着被淘汰。

> 新市场消费经济下，需要主动出击，将"坐商"转型升级为"行商"。

"行商"原本是走街串巷的担货郎，是走南闯北的贸易商，是时刻把握市场风向的投机者。

餐厅的经营突围、餐饮品牌的拓展，都应该主动出击、主动曝光，让餐厅经营的产品、经营的服务等更接近消费需求者以及潜在的消费需求者，才能创造更多的成交机会，获得更广阔的购买市场。

餐厅的经营消费拓展，需要通过建立自身的经营服务价值后，主动进行圈层式的拓展，并且无论在何种经营状态下，都要持续进行消费拓展，让餐厅始终处于动态之中，才能吸引到更多消费者的关注。

四、餐饮运营管理的误区

餐饮商业运营管理因为职能以及岗位的多层次复杂性，交叉作业的情形特别多，凸显出不可控的人性问题也会特别多。

传统餐饮商业的管理者大多文化知识底子比较薄弱，其管理的意识、管理的思维、管理的形态相对其他一些社会行业的整体水平可能要粗浅一些，但又因为餐饮商业运营管理的日常工作具有高度的及时性和迫切性，反而对于管理者的要求比其他许多社会行业更多一些。

充分认知到餐饮商业运营管理的误区，明白哪些是管理的弊病，才能有效地规避该类问题的发生。很多时候，因为对管理知识的缺乏，不知道什么是对，什么是错，所以无法有效地利用自身的职责权利进行高效的管理。

许多餐饮商业管理者缺乏教练意识，缺乏具体的方法论，往往运用言传身教、身体力行的方式指导他人具体的技能，而忽视了运用技能背后的原理和逻辑进行教导，致使餐饮企业整体的运营管理水平难以得到高效的提升，导致餐饮单位在餐饮经济市场中的综合竞争优势低下，难以抵御大风大浪的侵袭。

餐饮管理为餐饮经营赋能，餐饮管理不能只讲概念或理念，还需要具备职业化的实操能力，专业化的实践方法。餐饮管理者实操水平的高低决定了餐饮商业经营绩效的成果，这就需要餐饮企业全体管理者都要具备高度的学习力，只有管理团队集体保持高度的学习力，才能为餐饮企业的成长和发展不断输入生命的营养。

餐饮企业的组织管理功能，由上而下，具有人性化成长的传统性。上行下效的组织成长模型，意味着上级怎么为人、怎么处事，下属就会跟着有样学样，效仿延续，所以餐饮企业的管理认知和提升，首先应该从决策层开始。

（一）决策层管理者的误区

决策行为牵一发而动全身，决策者的一个想法，一句不经意的言论，都可能引起整个餐饮管理组织的变化。所以，要求决策者对自身决策的权威性、敏感性要严肃、严谨地对待，始终牢记职位的责任和使命，不能轻易、草率地行使职能赋予的权力，还应当正确认知到餐饮单位不是一言堂的个体商店，而是具有全体成员集体利益的共同命运载体。

餐饮企业决策者个人的行为和习惯，不能凌驾于企业赋予的职能之上，需要具有宽阔的视野与大的格局，对于餐饮行业的整体认知应该具有广泛性和深度性。

餐饮企业的决策者，应该注重餐饮企业外部发展的成长性以及良好的经营业绩的持续性，每一项决策都带有对企业的责任，对企业成员的责任以及对行业的责任，才能更加客观、务实，具有高度的决策行为。

1. 偏差决策

每个人都有认知的局限及偏差，所以才有了团队存在的意义，团队存在的价值就是进行成员与成员之间个体认知和能量的互补，让团队的综合实力得以整体输出。

传统餐饮单位的决策者往往都比较自信，甚至很多达到了自负的程度，常常难以承认自身的不足之处而刚愎自用，又可能因为惯性认知餐饮单位是自己劳苦功高建立起来的，只有自己最了解企业，最具有发言权。所以，无形中在内心种下了至高无上的权威感，蒙蔽了自己的客观判断力，常常做出一些偏差性的决策，又因为自尊心的作祟，即便决策错误，也不愿意承认。因此，很容易导致偏差决策带来的决策失败，让整个团队跟着一起做了大量的无用功，最终得不偿失。

餐饮企业的决策者，应该具备兼听则明的企业治理心态，允许不同的声音、不同的见地存在，还需要具备宽广的胸怀，让能人高效，让下属成长，只有当下属不断成长，才能真正实质性地推动企业的成长。决策者应该习惯性地抓大放小，甚至要眼睛里揉得进沙子，决策者需要永远铭记自己的每一项决策都可能是企业致命的行为，从而让内心对于决策性事务的探索和判断始终都保持战战兢兢，如履薄冰的态度。

2. 战略懒惰

许多餐饮企业的决策者，经历过长久的职业生涯历练，行业经验丰富、作风沉稳、实干稳重，经年累月形成的成长基因，大多个性化明显，时常对一些理论性的观点嗤之以鼻、不屑一顾，整天事无巨细地抓着企业的具体事务不撒手，兢兢业业做着最初级的管理工作，十年如一日地重复劳作。

这类决策者，过于注重餐饮企业内部运营管理体系的把控，在限制封闭的圈层中享受着资历带给自己的优越感和存在感，无法跳出职业舒适圈，更不愿意接受企业的改革和升级，而对于企业长远的规划显得十分被动，甚至带着抵触的心态。

餐饮企业的战略规划是指引企业成长的方向、目标，是企业成员共同的成长期望，是基于行业和时代进阶的提前预判，是未来生存与发展的提前布局。

许多传统餐饮企业的决策者通常认为战略规划就是空中楼阁，是不务实的体现，或者因为自身的认知短板无法与新规划同频而刻意回避，战略规划的前提是得到绝大多数参与者的认可，才可能最终达成战略的落地。

> 战略懒惰，就是不愿意接受未来的不可控结果，不愿意面对有可能出现的习惯改变，害怕进入未知的领域后影响到自身的既得利益，从而刻意回避、刻意制造成长的障碍。

如果餐饮企业的决策者还延续传统的惯性认知和运作手法，只能被新时代商业机制所抛弃，决策者应该学会与时俱进，让新思想、新思维、新模式为企业赋能，勇于挑战自我、革新自我，才能让企业在未来成长的路上持续辉煌。

> 战略懒惰，还在于对即将新设立的商业活动或商业项目草率决策，缺乏大局观的立项统筹，凡事都随遇而安，不思进取。

3. 权信游戏

餐饮决策者的权力界定，如，总经理职位的权力是分配权力的权力，即在商业法治之下，基于餐饮企业的成长需求，总经理可以无限制地设计各种类型、等级不同的权力，然后将这些权力逐一进行分配。

通常情形下，传统中小型餐饮企业的总经理一职一般由创始人或者股东担任，总经理有两种类型的管理职权：一是制度化的授权，二是情感化的授信，即向下属职位授予权力和信任。

授予权力，是根据岗位职责界定，按照所要承担责任的大小而被授予的同等权力。

授予信任，是基于岗位职能需求，按照岗位的权力使用范围被赋予的权力自主使用权。

传统餐饮管理中，普遍性会出现"授权不授信""授信不授权"的管理情形。

授权不授信，表现为，职位被授予了相应的权力，却往往只在工作事务开展过程中行使着权力，然而在最后的权力审批时却失去了决定权。

比如，部门经理的职权中，列明有部门人员的人事任免权，但最终决定人员的任免需要通过总经理审批才能生效。

又比如,部门经理的职权中,列明有2000元的备用金支配权,但每一笔钱的使用却都需要总经理的签字审批,超过500元的可能还需要董事长的审批等。

诸如此类,制度赋予了职位权力,却在实际的应用中弱化了权力,这就是典型的授权不授信。

授信不授权,表现为,上司给予下属充分的信任让其执行某件具体的工作,同时也广而告之该下属全权负责该工作,但在进行工作开展的过程中,上司却时常参与并提出诸多意见,或表示否定,或不认可。

比如,上司期望出品部门进行新菜的研发,但食材采买报销却需要层层监管审批。

又比如,上司期望营销部可以直接与某平台达成广告投放的合作,但却不给予相应的资金使用权。

诸如此类,当上司指示下属负责某项具体的工作时,却不提供相应人力、财力、物力的支配使用权,这就是典型的授信不授权。

> "授权不授信"、"授信不授权"一般会导致下属情绪低落、越来越没有自信、怀疑自己存在的价值等,最终导致工作敷衍、绩效低下、越来越没有主观能动性。久而久之,下属的能力要么被淹没而碌碌无为,要么逃离公司另谋发展。

在权信游戏中,最终的受害者一定是餐饮企业的本身,所造成的人员绩效低下、流动性大,无形中会影响整个团队的向心力和凝聚力,让企业的经营与发展陷入人才死海。

4. 关注结果

传统餐饮企业管理中,许多决策者习惯性把"不要解释那么多,我只看结果。""过程我不管,你只要告诉我结果就行。"诸如此类只求结果,只关注结果的言论当作口头禅,甚至美其名曰以结果为导向。

以结果为导向的本义应该是,从目标结果往回推演,关注事情应该发展的过程,并在过程的节点时机进行实时的把控和纠正,以最大程度地达成目标结果,但许多餐饮决策者却狭隘地理解为"不需要关注过程。"

餐饮商业的经营管理具有高度的及时性和迫切性,很多具体的工作事务在短时间内都可能发生快速的变化,并很容易就能得到一个结果,一旦结果定型,再要挽回重来会很难,甚至得不偿失,错失达成良好结果的机会。

餐饮行业是一个重点关注过程的行业。没有过程哪里来的结果?关注过程,可以把过程划分为不同的节点,在节点标志出现时进行正面的赋能或支持,才能达成最终的良好结果。

如果上司只关注结果,通常情况下是将具体的工作事务委托给比较高级别的管理者,并授予充分的权力和信任,以及提供具体工作事务所需要的一切资源和资料,在管理者职权范围内任由其发挥主观能动性,且一定是在餐饮企业能承受的可能损失范围之内,这种情形也可以理解为上司承认试错成本的存在。

传统餐饮企业管理中,通常的情形是决策者一边强调着只关注结果、只向结果问责,而另一边在过程中不断地参与意见,美其名曰:"我只提建议,仅供参考!"这就又回到"授权不授信"的情形,常常会使执行者无所适从,始终会以决策者的意见为主导,从而遏制了自身职权和能力的发挥。

(二)中高层管理者的误区

餐饮高层管理,一般指餐饮企业的部门总监、门店店长、行政总厨等一级的部门第一责任人。

餐饮中层管理,一般指餐饮企业的部门经理、门店厨师长、前厅经理等二级的部门第一责任人。

传统餐饮企业中,中高层管理者,大多来自跟随企业一起成长的创始功臣,也有一部分是企业成长过程中的追随者,还有一部分是企业发展阶段,在内部缺乏职能人才而引进的职业空降兵。

优秀的餐饮企业中,中高层管理团队的良性比例大致为:50%的创始功臣,30%的成长追随者,20%的发展空降兵。

三类不同的中高层管理者之间会有一些对立性,主要体现在新老成员之间的思维认知碰撞以及既得权益的权衡等问题。

　　中高层管理者之间因为各自职能不同、立场不同、思维不同、经验不同经历不同，会存在一定程度的认知对立，如果在决策者可控的范围之内发生对立冲突，某种意义上来看并非坏事，只要大家的目标和方向一致，不同的思想碰撞可以形成内部的"鲇鱼效应"，还能促进餐饮企业的经营管理更加精进，更加充满活力。

　　餐饮中高层管理者是企业稳定与发展的中坚力量，也是连接公司目标与执行落地的中枢神经，企业成员因为职能不同，成长经历不同，常常存在以下几项共性的管理误区：

　　1. 事必躬亲

　　有的管理者天生属于沙僧类型，工作认真本分、勤恳耐劳，从基层员工中一步一步成长为基层管理层，再逐渐进入到中高层的管理角色，他们大多一直保留着踏实工作的习惯，习惯性身先士卒，因为技能熟练和对各种工作环境的高度熟知，常常大包大揽，事无巨细都亲自上阵，宁愿自己多做一些，也要保证工作结果的优良，信奉自己做的才能足够满意。

　　这类情形下，通常会让下属的能力被强力压制而无法施展，使得下属缺失了许多实践的机会，导致下属的个人能力难以得到长足的提升。

　　餐饮中高层管理者，应该践行领导的责任，站在更高的角度分配指标、分配任务，指挥团队的成员协同工作，只有站在更高的角度，才能看到整体的工作局面，从而实时纠正和控制，在团队能力出现严重缺失时再及时地进行能力和资源的补充与协调。

　　中高层管理者对于下属的管理应该换位思考、感同身受，辩证自己作为下属时最期待上司给予自己什么样的机会、什么样的支持，才懂得如何对待自己的下属。

　　面对下属是基层管理者时，不仅要给予相当的权力和信任，也应该给予其更多的锻炼机会，甚至要创造更多的机会让其历练，始终信奉团队的力量成长了，企业的力量才能真正地强大，自己个人的力量再强大也有一定的局限性。

有的中高层管理者认为，只有自身亲自劳作的成果和荣誉才属于自己，进而与下属争夺劳动和功劳，这是一种认知偏差极深的管理误区。管理者应该正确认知到团队的成绩应该是领导力的成果，才能做到客观理性。

也有的中高层管理者认为，如果下属逐渐成长会影响到自己的权力地位，这也是一种常见的认知误区。只要管理者自己不断进取和成长，就不应该担心下属取代自己。管理者自己不断成长时，当下属能胜任自己的职位时，管理者自己才有可能得到更高职位的晋升。

2. 角色错位

每一名中高层管理者的职能都有特殊的属性，具有明显的个体特征，自成一体，也能独当一面。

餐饮管理体系中，常常运用矩阵式管理架构，不同的职能独立存在，互相之间保持距离、相互制衡，又彼此呼应，时而对立，又时而统一。

中高层管理者，每一个人都站在一个举足轻重的生态位，如果管理者的行为与自身的职位职能发生了错位，就将引发系统性的管理混乱，管理者职能一乱，属下就会跟着乱成一片。

> 餐饮管理者常常出现的角色错位主要表现为：上级跳跃式向下指挥、平级跨部门指挥、下级向上越级汇报等情形。

上级跳跃向下指挥。这种情形容易将中间的管理者职能架空，导致中间管理层丧失对其下属的管理权威，进而无法开展有效的管理工作，更严重的是对中间管理层造成了消极管理、消极工作的负面影响，甚至因此而脱离企业另谋高就。如果上级需要直属下级的更下一级配合工作时，应该向直属下级提出需求，然后由直属下级安排更下一级接收指令，这样就不会影响到直属下级的管理权威。

平级跨部门指挥。许多管理者把上司和上级的概念混淆了，有的管理者认为，无论是不是本部门的成员，只要比自己职位更低，都应该尊重自己的职权，听从自己的指挥。跨部门的指挥，会直接导致多头管理现象的发生，不仅让下属无所适从，也很容易引起平级之间的矛盾。平级之间属于平等沟通性质，如需要指挥或借用其他部门的人员，应该与其他部门同级管理者进行沟通和协商。

下级向上越级汇报。有的管理者认为自己和更上一级的上司关系很好，或者因为不尊重自己的直接上司，本应该对直属上司进行工作汇报的，却时常喜欢向更上一级越级汇报，认为这样更直接、更有效，甚至以此为傲而沾沾自喜，这样的结果往往导致管理秩序混乱，给更上一级和直接上级造成不必要的工作职权困扰。

3. 明哲保身

传统餐饮管理中，有的管理者对于得来不易的职位充满喜悦，内心的优越感和满足感时刻提醒自己要将这样的机遇和成就紧紧握在手里，在日常工作中总是小心翼翼，生怕做错事情惹上司不高兴，生怕没有尽力配合工作而让平级挑毛病，生怕给下属太多的工作而引起下属的抱怨。

这类管理者，永远站在居间的位置和角度开展工作，对于个人管理的能力不错，也能尽心尽力地对自己的个人工作负责，但如果一旦涉及第二人的偏差意见时，往往委曲求全，明哲保身，宁愿自己吃亏也不愿发生不和谐的状况，属于典型的好好先生。

餐饮管理工作是一项长期而日常化的斗争性管理工作，因为人性导致管理矛盾的时常发生在所难免，如果矛盾发生后能够促进工作绩效的提升，从客观辩证的角度来看，这类管理冲突也是一种生态力量。明哲保身的管理形态还有另一层意思，就是不负责任地进行管理工作，很多时候管理者信奉"做得越多错得越多"的工作信条，凡事都力求尽量回避，少参与或不参与，这样就能减少冲突，减少不良工作斗争的发生，从而保障自身的管理权益不被动摇。

这类管理者在管理组织中存在个别尚可，一旦多数管理者都选择明哲保身行事，那么，这样的管理团队就将逐渐丧失创造力和战斗力，进而使餐饮企业在商业市场中失去生存与发展的生态动能。

（三）基层管理者的误区

餐饮基层管理者，一般指餐厅的组长、领班、部长等基础职能职位，这类管理者大多都是通过基层员工岗位成长升迁而来。

基层管理者自身认知的局限、餐饮企业内部培养机能的薄弱，以及餐饮企业发展空间的瓶颈等问题，都制约着基层管理者很难走上更高层级的管理职位，大部分的职业生涯会永远停留在这个初级管理阶段。

餐饮基层管理者，是餐饮企业管理梯队的血脉所在，是中高层管理者的来源，是餐饮单位的第一道价值壁垒，他们带领基层员工一起直面顾客，永远冲锋在日常经营服务的第一线。

在社会餐饮企业中，企业对基层管理者的培训大多还停留在岗位操作技能的层面，比较缺乏对管理职能和管理技能专业化、系统化的培训、培养。

基层管理活动中几个比较常见的误区，应该引发餐饮企业对于基层管理职能培养的重视。

1. 柔弱善良

餐饮基层管理者，在团队的管理中扮演着家长的角色，因为成长于基层岗位，所以基本都会与基层员工们同声同气，比较注重自己的管理亲和力。

餐饮基层管理者，从基层员工到管理者身份角色的转换是一个很大的挑战，大部分都无法进行有效的职能转换，一直保持和员工共同的工作习惯，但又会因为责任更重，也会更加积极努力地执行更多的具体工作。

有的基层管理者本身还不具备自身权力使用的认知和能力，时常在员工出现错误的时候，总是自己一力承担，极力维护员工的颜面，在员工面前树立错误的管理权威形象。

很多时候，基层管理者宁愿让员工休息，自己独自承担大部分的工作而毫无怨言，这样将逐渐丧失了管理职能中分配工作、指挥工作、协调工作等的职能和职权。

在某种卑微心态的驱使下，基层管理者还会担心因为职权的应用可能导致员工生气而内心惶恐，所以，常常会表现出职能柔弱，摆着一副老好人的善良面孔，以此换得员工的情绪稳定和对自己的身份认同。

在基层管理者柔弱善良的管理情形下，整个团队的机能会比较松散，大多依靠管理者个人和部分主观能动性较强的员工产生工作绩效，整个团队的凝聚力和向心力都会呈现较差的状态。

面对这种情况，中高层管理者应该积极地进行基层管理者的职能辅导，并需要时常向他们下达一些比较明确的管理指令要求,以帮助基层管理者更加有效地去执行自身的管理职权。

2. 挑战权威

有的基层管理者,个人综合能力特别强,为人耿直、爽快,眼睛里不揉沙子,有强烈的保护欲,天生喜欢保护弱势群体,尤其对自己的下属特别维护,不容下属受到任何委屈,自己俨然就是该团队的大家长,这类基层管理者通常喜欢为了下属或者刻意在下属面前挑战上级的管理权威。

在这类基层管理者心中,有时候甚至觉得挑战上级、挑战权威,是一种冒险精神,是炫耀自己强悍能力的一种表现方式,从而习惯性地敌对自己的上级,从中去寻获存在感并期望以此获取在下属心中的声望。

这类基层管理者,容易习惯性的刻意制造管理混乱而不自知,如不加以引导和约束,时间一长很容易养成自高自大、自欺欺人的个性,稍微不如意就可能钻入牛角尖而无法自拔,且很容易走向情绪极端,爆发出不良的行为后果,最后导致企业成员团队精神离散,自己也因为不再受整体团队的认可而渐渐走向企业的边缘。

中高层管理者应该对这类基层管理者进行循循善诱,首先真诚地认可或表彰其工作能力和成果,在指导其不足之处时应该讲究方式方法,避免不必要的管理矛盾发生,同时,对该类基层管理者的个人生活及情感方面进行真切的关怀,以此取得他们的信任,进而再从职业能力层面渐渐引导进入正确的管理状态。

3. 自顾不暇

传统餐饮管理中,大多数基层员工都是因为工作表现突出,积极勤奋,踏实认真,任劳任怨,不计个人得失,人际关系不错,业务能力较强等而被挑选为基层的管理者。

这类基层管理者已经习惯自己做事情,以完成具体的事情为唯一的目标导向,常常使自己沉浸在某一个具体岗位工作之中,眼睛里只有眼前的事情,没有整体的团队管理思维,即使成为了基层管理者,也可能还会一如既往地沉浸在具体的个人工作事务中,没有行使管理职权发号施令的动能，特别表现在餐厅经营服务的繁忙时段，常常自顾不暇，无法起到现场有效指挥、及时调度的作用。

有时候上司善意提醒让其学习如何指挥下属工作，合理分配团队成员工作时，往往不得要领，却时常请求上司代为管理，自己始终跳不出在具体岗位工作的深坑，内心还一直保留勤能补拙的固化思维，缺乏管理的机能。

这类基层管理者，需要上司通过各种场合、各种形式去培养他们的职权使用能力，比如参加更高一级的管理会议、主持餐厅整体的例会、参与起草相关的管理制度、独立组织集体活动等与其日常工作事务不同或更高层级的管理工作，让其在潜移默化中进入管理的角色。

> 餐饮单位各层级的诸多管理误区，基本上都是因为餐饮企业内部管理机制的缺失造成的。

传统餐饮管理中，大部分的决策者不懂得战略性地进行整体管理系统的投资和建设，通常在缺乏管理人才时，才想到从外部去寻找合适的管理人员，往往忽略了内部企业成员职业成长规划的重要性。

现代餐饮企业管理中，许多餐饮决策者们对学习趋之若鹜，舍得花钱、花时间去努力成长，不仅自己学习，也会带着管理团队进行学习，但学习成果的体现往往并不会与付出的学习成本相得益彰。决策者们始终没有沉浸式地向企业内部寻找管理能力薄弱的底层原因，即便学习了再多的管理知识，如果缺乏内部管理机能的价值建设也无处安放这些知识。

现代餐饮商业经营已经上升到综合管理能力竞争的时代，餐饮单位一定要根据自身的经营需求从内部管理体系进行梳理和优化，积极组织开展内部的管理培训计划，打造属于适合自身餐饮商业愿景的管理成长体系，让管理者在长效的学习氛围中持续成长，才能让餐饮商业之路走得更长久，经营得更昌盛。

五、餐饮运营的日常职能

餐饮运营管理从门店日常的基础商业活动层面可分为两项基本职能：一是餐厅的日常经营，二是餐厅的日常管理。所以，通常也有餐厅经营管理的说法。

餐饮商业活动的经营管理是实时动态的，具有部分可控，部分不可控的特性。

> 经营为管理创造条件，管理为经营提供赋能。

（一）餐厅的日常经营

餐饮经营，可以分为两个主体层面。

1. 经营资格

开展餐饮商业的经营活动前，先要明确餐厅的经营范围，并取得相关的经营资质，即营业执照，以及取得餐厅内其他特殊经营业务的前置经营许可，比如：食品经营许可证、网络经营许可证、酒类经营许可证等，其中也包括经营范围或具体的经营内容，还应参考当地行政管理的具体要求而定。

餐厅的经营范围，是餐厅在申办营业执照时填写的经营科目或经营内容，如果餐厅实际经营的科目或内容不在取得的营业执照经营范围内，而进行经营行为的，则属于超范围经营，一般会受到相关监督管理部门的行政处罚或警告等。

2. 经营活动

餐饮经营活动持续、正常地开展是餐饮商业行为的第一责任，是实现市场经济增长的社会商业行为，餐饮经营活动开展的指向应该非常具体、非常明确。在餐饮行业内的传统说法一般泛指怎么做生意？包括：如何制作菜品、如何呈现菜品、如何招揽顾客、如何提供服务、如何与顾客建立关联，以及如何让顾客回头消费等具体经营维护行为。

> 餐饮的经营活动，重在"经营"二字。

餐饮经营，不是单纯地做生意，也不是纯粹地理解为如何赚钱、谋利，还在于对餐饮经营的统筹、计划、组织、实施、维护等系列执行行为，餐饮经营活动的开展应该注重于用心经营。

餐饮经营活动的开展，应该具有明显的经营个性以及明确的针对性。

餐饮经营的个性是内在的价值塑造。由内在的差异化价值完成，转向积极地向外部进行展现，也就是与其他餐饮经营体不同的差异特性，可以体现在餐饮经营的某个方面，也可以是综合性的方方面面，比如：服务的个性化、菜品的个性化、设备的个性化、环境的个性化、服装的个性化，等等。

> 餐饮经营的针对性是向外追求的。

主要体现在有针对性的消费群体、有针对性的消费需求、有针对性的消费心理、有针对性的消费场景等。餐厅经营的针对性不够明确，就不能够持续深度挖掘消费者的潜在需求和巨大的潜在市场边界延展等。

餐饮经营是动态的经营，并非日复一日、月复一月、年复一年，一成不变的。

餐厅的经营活动，可以有固定的、不固定的，也可以有长期的、短期的、临时的，应该积极谋求、开展不同类型的经营活动，以体现出餐厅不同的动态形象，以达到不同的动态经营效果。

餐厅的经营活动，只有一直处于动态之中，才能让顾客长久地保持新鲜感和活跃性，才能让团队长期保持充沛的动能。比如，组织一次抽奖活动、更新一次台布、调整一下餐厅布局、推出几道新菜、更换一次工作服，等等。

餐厅的经营活动在经营项目主体不偏移的条件下，应该更加具有广泛性、灵活性、适应性和多面性。

> 餐厅的经营，需要通人性，讲人情。

"开门笑迎八方客，抬头喜纳四方财。"说的是见客开颜，笑脸相迎。

看到顾客进门，要像看到远方的朋友一样热情，要像看到财神上门一般喜悦。

在开展餐饮经营活动的过程中，要像对待亲朋好友般时刻照顾到消费者的情绪和需求，更要懂得换位思考，做到己所不欲，勿施于人、己所欲，而施于人的经营情态。

（二）餐厅的日常管理

餐饮管理，是专为餐饮经营提供参谋、依据、保障、能量，以及巩固餐饮经营购买价值的关键职能，同时，也为餐饮经营寻找和提供其他各种多样的适配资源。

餐饮管理，与许多其他行业的管理有所不同，因为餐饮行业的特殊性，造就了不同的管理机能和风格。餐饮管理于经营面前永远没有办法完全规避情感、情结、情怀，甚至情绪等问题。

餐饮经营因为面对的顾客群体高度集中以及消费年龄、消费层次、消费需求、消费心理等的多样性和复杂性，所以在进行餐饮管理时，也会更加具有高度的灵活性、及时性、机动性等特征。

餐饮管理，既要执行机制管理的职能，同时还需要顾及被管理者的心理情绪问题，防止因为管理不当，导致被管理者把不良情绪直接或间接传导给顾客，特别是对于基层管理者、特殊岗位人员，以及基层员工等的管理更需要特别注意分寸和尺度。

餐饮管理还讲究"有情的管理者，无情的管理制度。"就是要将事情和人情界定开来。

有情的管理者，是作为以人为本的餐饮管理根本，重在于人心的经营。

无情的管理制度，是作为依法治理的餐饮管理规范，在制度面前人人都应该平等。

餐饮管理呈金字塔式的模型，由上而下进行管理。高级别的餐饮管理更加注重管理服务的功能，即从上而下进行管理的服务和赋能。

> 餐饮管理，从基础管理层面可以拆分为两个部分，一是管，二是理。

管。即管人，疏导企业成员的情感问题，解决人性方面的需求，重在人情关怀。

理。即理事，规范岗位操作的规则问题，解决工作层面的规范，重在制度执行。

餐饮管理其本身也是另一种经营行为，经营的对象是餐饮企业成员。经营好企业成员，通过企业成员的齐聚共力将餐饮事业巩固加强进而发展壮大。

> 餐饮经营和餐饮管理是一对双胞胎。

经营向外，求生存、谋发展，整合资源，建立渠道，有了生存的条件以及持续的效益能力后，才有了资本进行餐饮管理。

管理向内，求稳定、建价值、树立文化、制定规则，管理为经营提供更加高效的策略和方法，重在巩固整体的经营价值。

1. 餐饮管理的属性

始终坚持贯彻以人为本的管理思想，管理体系的设计也应该以人性的意志为基础。

2. 餐饮管理的形成

一般是由餐饮投资人、餐饮经营者、餐饮管理者以及被管理者组成，是有管理层级的梯队，是有责任划分及归属的协作团队，各司其职又相互呼应。

3. 餐饮管理的行径

是管理者向被管理者提供明确的要求、指令并指导被管理者用最合适的方法、工具等达成最佳工作结果的一种管理模式。

4. 餐饮管理的目的

寻找餐饮经营的矛盾和机会，通过具体的方法和技巧改善：生产、产品、服务、形象、品质、效率、成本、卫生、安全等各个方面的经济价值，以此保证餐饮消费者的满意度，以及持续提升经营的效益。

5. 餐饮管理的权责

是为生产和经营提供关联的监督、约束、制衡等保障措施等同的权力和责任，以此积极促进经营水平、盈利能力、知名度、美誉度、竞争力等综合实力，并将各个职能板块和岗位进行具体的权责约定以及进行相应的授权与考核。

6. 餐饮管理的艺术

需要结合人性的柔软和制度的刚烈，所以餐饮管理讲究一阴一阳，一刚一柔，恩威并施，奖惩同行。管理者应该在被管理者心目中树立起人性层面的被尊重，在权力层面的被畏惧的意识形态。

六、餐厅运营的现场管理

> 餐饮商业整体的运营管理体系中，餐厅日常经营管理的重心在于餐厅经营的现场管理。

任何餐饮行政类的管理机制都应该为餐厅经营的现场管理提供服务，其管理机制的设计应该充分考虑是否符合餐厅现场经营服务的需求，并始终应该以人性为基础，以事情为根本，综合考虑物料、设备、系统等辅助资源的特性从而进行营业现场管理工作的最佳赋能。

餐厅经营的现场管理是非常具体、非常细致、非常迫切的商业服务管理行为，是对现场管理者管理水平、岗位技能、组织能力、协调能力、应变能力等的综合考验。掌握餐厅经营现场管理的方法论，才能更加有序、高效地开展经营管理工作。

在餐厅经营的现场管理过程中，管理者的思维意识应该始终牢记这些管理工作的模式，并要求任何管理者到达管理现场都应该掌握相同的管理模式，才能彼此心照，相互呼应，进而达成最佳的现场经营管理效果。

一名餐厅现场管理者，首先要清楚职位名称自带的工作职能，这些工作职能是餐厅经营管理的基本要求，也是餐厅现场管理的职业化准则，是评定一名餐厅现场管理者是否合格的基础条件。

餐厅现场管理者每日的工作行为模式，主要体现在状态准备、开市检查、营业纠正、过程管控、交叉协调、突发处变、总结改善等七个方面。

有的个体餐饮企业可能没有出台规范的现场管理规定或要求，但作为合格的管理者都应该按照此类管理模型及要求进入现场管理工作的意识形态。

（一）状态准备

一名合格的餐厅经营现场管理者，需要具备职业化的状态。职业化状态主要体现在进入工作场所后，不携带私人事务和私人情绪，可以快速进入岗位职能状态，一切形态都以餐厅经营效能以及集体的利益为出发点进行职业心态和职业状态的展现。

> 餐厅经营现场管理者的心态和状态，会极大程度上影响到整个团队成员的工作心态和状态。

管理者如果表现出郁郁不乐，萎靡颓废，整个团队都可能毫无激情，意志消沉。

管理者如果表现出脾气暴躁，愤怒乖张，整个团队都可能紧张严肃，战战兢兢。

管理者如果表现出热情洋溢，乐观开朗，整个团队都可能欢欣鼓舞，笑容满面。

> 现场管理者心态的好坏，还会体现在自己的职业形象方面。

管理者着装得体、面容清爽、行为自信，就能给下属一个良好的榜样作用，下属自然也会上行下效，跟从模仿，整个团队也都跟着精致起来。同理，管理者们邋里邋遢、言行粗鄙，员工也会散漫无序、举止轻浮。

（二）开市检查

餐厅经营开市前，管理者需要对整个餐厅的现场情况以及一整天的营业情况了然于心，这样才能做到合理地组织工作分配和现场管理预备。

管理者的心态、状态、形态等都做好准备后，进入工作现场需要对整体的营业准备情况进行有规律、有顺序的流程式检查，包括：人员在岗、人员状态、环境设施、卫生安全、设备用具、物品备置、班次重点工作等进行全方位的了解和掌握。

通常的检查顺序可以根据餐厅的某种动线路径进行有规律的巡检，以保证不落下餐厅的每一处位置，比如：从餐厅大门左边处开始，循着左方向，经过前厅，收银台，再到后厨，仓库等，然后继续由右方向回转一圈到餐厅大门处，这样就可以有效地掌握整个餐厅的营业开市准备情况。在检查的过程中或检查完毕后，应该及时把发现的问题点、不足点、改善点向相关人员进行通报，或者分派给不同的岗位人员进行处理。一般情况下，开市的检查小组可以由管理者与相关执行成员共同组成。

检查小组进行例行的开市检查工作，其目的是最大限度地确保即将进行的营业服务工作能正常有序以及高效地开展。

（三）营业纠正

在餐厅正常的营业过程中，或者餐厅岗位人员正在开展其他具体的工作时，现场管理者需要进行走动式的管理和督查，不能只停留在某一个具体的工作岗位上过长的时间。

走动式管理的目的在于让管理者第一时间就能全面地掌握即将发生和正在发生的事情的情况，并在第一时间做出正确的指导和协助，帮助岗位工作人员及时纠正错误的做法，或协助岗位人员运用更好的方法进行工作，以此提高工作绩效。

餐厅营业的动态过程中，有几个现场管理的生态位置，包括：迎宾位、收银位、传菜位、打荷位、切配位、洗碗位等关键交叉作业的岗位。这些是现场管理者务必要重点关注的岗位。

（四）过程管控

在餐厅经营的现场管理中，过程管控的重点在于对一些具体岗位的工作过程和操作规范进行细致、敏锐的监督，通过职业化的管理能力去研判这些进行中的工作可能出现的不良后果，并加以及时管控，阻止不良情形或不良结果的发生。

比如，在后厨中，对粗加工的要求、对菜品配份的标准、对燃气使用的规范等进行及时的管控。

比如，在前厅中，对菜品传递用具的跟配、对上菜桌面的规整、对地面油渍的清洁等进行及时的管控。

比如，在后勤保障场所中，对洗手间的卫生状况、对洗碗房的餐具清洗顺序、对营业器皿的存量情况等进行及时的管控。

餐厅经营的现场管理中，管理者还需要在个别岗位出现临时空缺时，或急需人力补充时，能立即搭手协助。协助完毕后能迅速地撤离该岗位，继续投入到其他的工作岗位进行高效的现场管控。

（五）交叉协调

餐厅进入经营服务的过程中，各部门岗位之间时刻都在发生交叉作业或协同作业，因为各自的职责权限不同以及人为的个性使然，很容易发生工作上的冲突，这时就需要现场管理者进行及时的干预，并作出及时、权威的处理决定，避免延误正常的工作能效，防止可能造成顾客满意度低下的后果。所以，餐厅经营的现场管理者的交叉协调职能就显得举足轻重。

比如，后厨的烹饪规则是见单出菜，并应该遵循打印菜单的先后顺序进行菜品的制作，如果前厅顾客的用餐需求出现加急的特殊情形，前厅急需后厨立即调整出菜顺序，而现场的前厅和后厨管理者都处在平级的管理层级时，都有可能坚持各自的立场而引发冲突，那么现场更高级别的管理者就需要及时出面做出协调处理的解决办法。

又比如，餐厅经营火爆，顾客排队较多，在营业高峰期，前厅的顾客偶发性地集中买单离开，致使桌面餐具回收工作陡然加剧，为了不影响餐厅的整体经营形象，也为了能及时地接待等位顾客，这时就需要现场管理者主动协调其他部门的工作人员做出及时的支援，以缓解前厅的压力，同时积极促进餐厅经营的翻台率及顾客用餐的满意度。

餐厅经营的现场管理，交叉协调工作具有高度的迫切性，需要餐厅管理者对餐厅现场的人、事、物等具备全局性的掌控能力以及灵活多变的现场组织协调能力，同时也在检验管理者的职权应用及人格魅力。

（六）突发处变

> 餐厅的经营活动，是一项员工密集、物资密集、顾客密集等同时并存的一项社会商业经营活动。

员工人多，个性彰显就多；物资众多，使用规程就多；顾客人多，消费需求就多。

餐厅经营是人与物并存，事与情交织的多结构复杂性经营活动，很容易因为一些琐碎的小事引起各种各样的冲突，如果处理不得当还可能即刻激化矛盾。

餐厅现场管理者需要具备"急才"的能力，就是在突发事情发生的第一时间，大脑能自然反射出最佳的解决方案，并及时地把事态掌握在可控的范围之内，避免事态升级恶化，最大限度地降低各种损失或人身伤害。

突发性的意外和冲突，还包括人与设备设施的意外发生，设备自身的意外发生以及员工与员工之间、员工与顾客之间、顾客与顾客之间、餐厅与同行之间、餐厅与社会之间的冲突，等等，矛盾的引爆点通常都围绕着人性的尊严和现实的利益而发生。

餐厅应该在更高层级的运营管理层面将这些已经发生或者可能发生的意外或冲突进行统一完善的整理并梳理出一套"餐厅意外冲突处理预案"的防范管理机制，并通过常态化的培训，强化企业成员的防冲突意识，以及演练意外和冲突发生后的最佳解决途径和方法，尽可能规避意外和冲突的发生，当意外和冲突不可避免地发生后，整个团队的成员应立即自动响应预案机制，共同协作、分工联动、高效解决。

（七）总结改善

一天工作结束，餐厅管理者需要对一天的经营管理情况和结果进行细致的总结并做好交接备忘记录。

总结，才能汲取实践经验的精华，否则就是按部就班的日复一日，不得长进，虚度了职业资历的光阴。

总结，才能找到更佳的经营管理方法，提炼出更好的工作技巧，不仅能为之后的工作提供能量，还能让总结者在职业生涯中养成持续精进的风格。

管理相对规范的餐饮企业，会根据不同的职能、不同的岗位职责制定出《每日工作总结表》，通过管理机制让工作人员不断提升职业化能力，以此促进餐厅整体经营管理水平的持续改善。

餐厅经营管理的《每日工作总结表》大致的内容包括：营业指标及营业指标完成情况、饭市（时段）的营业额分布、人员出勤情况、出品情况、服务情况、安全情况、物资设备情况以及班次交接的备忘事务，等等。

每日工作总结是发现问题、暴露问题、记录问题、分析问题、研讨问题、解决问题的一套经营管理效能持续改善和提升的方法论。

每天都能有一点小进步，一个月就是一个大进步，一年就能得到翻天覆地的变化。

七、餐厅管理的高效执行

许多传统餐饮从业人员的基础文化知识功底对比其他许多社会行业从业人员还是相对比较薄弱，因为服务工作的性质，个人综合能力一般也比较难以突破，在日常经营管理工作开展的过程中，常常表现出思维领悟滞后、工作执行效率低下以及工作绩效平平的情形。

随着餐饮行业商业时代的迅速升级，经营管理的职能要求越来越专业、越来越精细，各方面的工作标准和要求也越来越高。传统餐饮市场强大的外部竞争力迫使传统餐饮企业必须不断提升企业的综合实力，以及每一位餐饮企业成员的综合工作能力。

许多具备现代商业运营思维的餐饮企业已经不再缺乏各种经营管理资源、工具和资料，但依然在具体的工作事务执行方面成效不高，难以精进。

因此，许多餐饮企业深刻地意识到具体的工作任务落地执行难才是遏制企业生存与发展的关键问题所在，虽然也不断地完善各种管理制度，精细化操作规范，持续宣导执行力口号以及出台各种激励机制等，但都很难达到管理者理想的执行力成果。

执行力低效的情形下，许多餐饮管理者习惯性归咎于执行者的能力不足、心态不好、素养不高等问题，很难从客观的角度或从自身发号指令的方法上去寻找致使执行力低下的真实成因。

改善和提升餐饮经营管理的整体执行水平，首先应该在指令下达前让执行者参与执行事项的研讨和规则的制定，执行者有了参与才能明白执行事项的生成逻辑及掌握与执行事项相关联的资源和信息。

如果管理者单方面生成执行指令，而需要他人去执行完成时，执行者往往无法完全领悟管理者的指令意图和验收标准，当执行者有不同的理解时就会与管理者发生认知偏差，最后导致执行结果与理想结果的不符。

执行力的体现，可分为两种形式：一是执行者内在的自我执行力素质，二是向外部发布执行力指令的能力。特别是管理者在进行具体工作指令的下达前，需要掌握指令下达的要领，才可能促使被执行者提高工作的成效。

（一）具体的指令对象

指令下达者一定要当面向具体的执行者下达具体的执行指令，绝对不能使用你们、他们、我们、大家、女同事、男同事、其他人等这样的模糊词。

"今天我们一起大扫除。"这样的模糊指令只会影响大扫除的正常进程和执行成果。执行者当中有勤快的、有做样子的、有嬉笑打闹的、有拖沓怠工的、有不知道在干什么的，甚至有不见踪影的，这样的执行指令还可能在无形中引发各执行成员之间的矛盾滋生。

正确的指令应该是：某某做什么，某某做什么。

（二）具体的时间限制

指令下达者要对下达的工作指令提出明确的时间要求，包括具体的开始时间、完成时间、验收时间以及执行过程中需要重点控制的关键节点时间，不能使用明后天、某天左右、预计几号、大概几点等模糊时间。

"8号左右完成。"这样的执行指令基本上会导致准备工作不充分，全部执行完成一般会被延至8号以后。即便管理者紧急干预能按时完成，也会呈现出执行慌乱、锣齐鼓不齐、敷衍应付、草草了事的不良局面。

正确的指令表达应该是："8号下午5点前完成。"

（三）具体的数字指标

指令下达者对发布的指令内各种针对性的数字指标需要提出明确的要求，不能使用几个人、几台车、大多数、三五天、七八万等差不多的数字形式词。

"拿几支笔过来。"这样的数字形式词，往往导致结果是执行者拿过来的笔要么多了、要么少了，基本上不会按照指令者真实的需求达到执行的效果。

正确的指令表达应该是："拿3支笔过来。"

（四）具有差异的特征

指令下达者发布指令时，需要提出指令的特殊性，或者具有明显差异的特征，不能使用和这个差不多的、就像那样子的、接近的就行等概念性的词句。

"拿3支笔过来。"这样的模糊指令，会导致执行者拿过来的笔，不是指令发布者想要的笔。

正确的指令表达应该是："拿3支黑色签字笔过来。"

（五）是可达成的指令

指令下达者发布指令时，需要充分考虑执行者的知识、能力、职责、权限等条件是否与执行者应该拥有的条件相匹配，只有当执行者具备或基本具备完成指令的条件和能力时，才可能达成良好的执行效果。

比如，指令下达者不能要求服务员去做收银工作，不能要求切配员去炒菜等。

正确的指令下达应该是能够客观、准确判断出执行者具备完成能力或稍加努力就能完成指令。

（六）沟通的三项原则

指令下达者还需要特别重视沟通的重要性，明白沟通三原则的真正意义，并掌握其中的沟通技巧。

1. 事前沟通原则

在指令发布时，管理者应该将自己掌握的执行要义充分地向执行者传达，还可以向执行者以提问的方式进行沟通："你是否都已经清楚了？""你是否还有什么不明白的地方？""你确定可以完成吗？""你是否需要其他协助？""还有什么难处吗？"

管理者一定要得到执行者充分肯定的回答，不能纯粹地下达指令，"说完了事"是极不负责的管理表现。

2. 事中沟通原则

执行者进行具体工作执行的过程中，指令下达者需要进行适当的观察，发现问题应该进行及时的沟通。

事中沟通应该以关心、协助和指导赋能为主，忌讳在没有结果前发出质疑、指责或下定论式的表达，比如："都什么时间了？""你到底在干什么？""你这样做行不行啊？""你怎么还没有做完？"

事中沟通也可以多使用关怀式问句的沟通法，比如："现在有没有什么难处？""有什么需要我帮忙的吗？""进行得还顺利吧？""要不让我帮你处理一下？"

指令下达者如果发现事情进程向不好的方向发展或有更佳的工作方法时，应该予以适时的纠正或指导，同时也应该讲究合适的沟通方法，多使用试探性的沟通技巧，比如："根据我的经验，这样下去会出现某某情况。""我建议你换这种方法试试，也许那样做更高效"等等。

3. 事后沟通原则

执行任务结束后，指令下达者应该和执行者进行正式或非正式的结果沟通。对指令的下达、执行的过程、所得的结果等进行双向探讨和交流，一起研讨出该事项执行的优缺点及提升点等，并得出再进行同样执行任务时更优的执行办法。

事后沟通，管理者可以采取"三明治式"的沟通方法，即先予以正面的表扬或认可，然后提出可改善和优化之处，最后再进行信任或期望的鼓励。

事后沟通，是对执行任务画上的句号，也是对执行者的肯定和负责，以此改善和提升执行者的职业能力和组织向心力，促进其他执行事项的良好执行。

> 良好的沟通是高效执行力的不二法门，80%的工作绩效都来自于良好的沟通。

高效的执行力，要求指令下达者自身的职业能力达到一定的水准，具备对指令事务的主观操控能力。

管理者能够辩证性地判断指令任务的可能性结果，同时对执行者的职业能力及个性有比较深刻的了解，才能更好地开展指令式的工作，最终达成高效的执行力成果。

八、不可忽视的会议管理

传统餐饮管理中,许多企业主、管理者、员工等,大多对开会这件事多少带有抵触心理和消极应付的情绪,认为应该把开会的时间和精力用在具体的工作或休息中更有实际的价值和意义。

为什么大家都会出现这样的心理?

那是因为餐饮企业从来没有把会议管理做好,没有把会议时效控制好,没有把会议成果体现好,所以大家才会产生对会议的抵触心理或不满情绪,但餐饮管理者不能因此而忽视会议的重要性或逃避会议的开展。

餐饮管理者需要对"开会"这件事情有一个正面而明确的定性认知,开会,也是餐饮日常管理工作不可分割的重要组成部分。会议,是餐饮整体经营管理中一项常态化的正式工作,与其他正式的经营管理活动、休息、休假等同重要,甚至在某种意义上来看,"开会"还是一项更为重点突出的管理工作。

餐饮管理会议的开展,是指有共同责任、共同目标和共同利益的相关企业成员集合到一起共同商议工作事务的一种主题活动类型。

管理会议也是研讨、协商、决策、发布各项具体工作指令的正式工作举措,具有必要性和严肃性,也是体现餐饮企业管理层级、权力归属、职能分工、利益划分、组织功能等的一项正式管理工作,具有高度的权威性和统筹性。

> 餐饮经营的整体管理中,沟通方式大致可以分为两种类型:行政性沟通和事务性沟通。

正式的管理会议属于行政性沟通的范畴,是带有行政规范和命令性质的沟通形式,要求会议的主题要严格、会议的过程要严肃、会议的纪律要严明。

正式的管理会议机制不能沦为个别管理者的权利游戏工具,也不能成为会议成员额外的负担，所以，会议管理的规范性就显得至关重要。

餐饮会议管理规则的制定以及餐饮会议的开展既要参会者乐于接受，也要求会议过程认真、严肃、活泼，更应该通过会议的开展让参会者都能得到能力的提升和职业素养的成长。

如果行政类管理会议开展不好，证明餐饮企业存在文化不够落地、统筹管控能力薄弱的情况，也能从侧面反映出来餐饮企业的机能不够完善、人际关系比较复杂、经营效能比较低下等经营管理问题。

事务性沟通，是指通过非正式的形式，如：寒暄、聚餐、生日会、郊游、生活指导等方式进行沟通的形式，这样的沟通形式没有强制性，且富有情感色彩，主要以人性关怀、柔性交流为主。非正式的事务性沟通应该尽量避免决策性、命令性的指令，因为随意发布要求和指令往往不会得到良好的执行。

餐饮企业应该根据自身实际的运营管理需求制定出合适的会议管理机制，不可盲目地对外参照和效仿。

（一）管理会议的一般类型

1. 按级别：股东会、决策会、高管会、部门会等。
2. 按周期：年会、季会、月会，周会等。
3. 按部门：财务管理会、采购管理会、运营管理会等。
4. 按主题：新店筹备会、技能培训会、招商策划会等。
5. 按功能：运营分析会、出品质量会、服务提升会、月度表彰会等。

（二）管理会议的基本规程

1. 发布清晰的会议主题及明确具体的时间、地点、与会者等。
2. 与会者提前到达会场并做好相关会议准备。

3. 主持人开场点题、点名并说明会议纪律。
4. 与会者总结汇报上期会议指示工作落实情况。
5. 与会者对本期重点工作或重要事项进行说明。
6. 主持人对与会者的问题点进行适时或统一回复。
7. 必须讨论的问题应在会后进行单独讨论。
8. 按时结束本期会议。
9. 会议记录于次日内分发至相关人员。
10. 议定事项由专人负责执行跟踪与督查。

其他类型的管理会议或事务性的工作沟通也应该始终围绕着如何提升管理效能和如何提升经营效益这两个大框架进行。

第八章
餐饮商业的成本管理

实施开展餐饮商业活动所投入的成本都应该具有先天的经济价值，这些综合成本体如果不能进行有效的利用和开发就难以获得相应的商业价值回报，同时还可能因此而产生额外的附加成本以及重叠成本。

餐饮商业的微利时代，四高一低的成本高压现状让餐饮经营者不堪重负，掌握餐饮经营管理高成本形成的逻辑才能处理好成本结构以及投资回报等问题。

一、餐饮成本低效的现象

餐饮经营活动投入相关的成本是必然，经营局部产生效益也是必然，但整体的经营效益回报则非必然。

餐饮经营投入的成本与产出的效益不成良性比例就会呈现出收益率低或亏损的状态，这个时候就需要考虑到底是成本结构出了问题，还是营收入口出了问题，或者是两者都出现了问题。餐饮经营的管理者应该重新审视餐饮经营成本低效的客观因素以及成本高压的生成逻辑并找到可控点，进而提高餐饮经营的综合效益。

（一）财会不专，效能不足

餐饮财务管理主要有专职管理、兼职管理和专兼职组合管理三种类型。在传统餐饮行业发展的较长一段时期里，餐饮单位的财务管理一般都由餐厅创始人非常信任的亲朋挚友等担当此任。

中华饮食文化历史悠远，因为地域、风俗、习性等不同而餐饮商业经营的类型各异。各种餐饮经营类型中的成本结构、核算办法、应用名词等也都不尽相同。

科班出身的专业财务管理人员因受统一的制式教育，很难在短时间内掌握餐饮类的财务管理应用知识，即便财务管理人员在其他行业，如零售行业领域的工作十分出色，也很难在短时间内发挥出专业餐饮财务管理的能力，致使经营管理长时间处于摸索式管理而效能不足。

（二）数字惰性，粗放管理

传统餐饮经营管理中，许多管理者因为自身的知识文化水平有限，对数字化管理的严肃性和重要性认知不足，认为数字化管理太细、太烦琐而缺乏足够的耐心和勇气去面对，有的管理者甚至认为精细化的数字管理显得太小气、斤斤计较，内心因此充满着不屑一顾或逃避的情绪，最终形成了粗放式的数字管理风格。

粗放式的数字管理，就是粗放式的经营管理体现，因为缺乏精细化的数据作为经营管理的依据，致使许多成本漏洞无法及时、真实地凸显出来，进而无法进行高效的经营管理。

（三）增量偏差，成本累加

有的餐饮商业项目经营不善时，决策者为了掩盖真实的情况或者为了尽快吸引更多的加盟商、投资人，常常倒行逆施、欲盖弥彰，采取资本增量投入，比如强力开设分店、刻意扩充办公场地、增加应用设施等，以此营造出良好的经营氛围或实力场景。

类似这类增量成本的投入，并非按照餐饮商业的生长逻辑或餐饮实际经营管理的需求而做出的决策。这些偏差性决策成本投入后还需要继续增加成本投入功能性的补偿，进而产生出其他更多的附加成本，长此以往，很容易就会造成成本失控。在营收方面不能进行持续投入成本的代偿时，持续发生的附加成本将不断累加进而形成综合高成本的不利情形。

（四）冲动投资，得不偿失

餐厅经营决策者在经营业绩良好时，容易利欲熏心，被收获的喜悦冲昏头脑，不能对自身综合经营管理能力及综合资源实力进行理智的分析，在没有对餐饮行业的底层本质进行深挖学习及夯实好餐厅组织管理基础的情形下，傲娇式地进行冲动投资开设新的餐厅。

现有餐厅经营状况良好，可能是因为自身的综合运营能力很强，也有可能是依托于良好的大环境背景或市场利好的客观原因。

如果因为外部客观原因导致的时运好而经营良好，那么新餐厅可能很难有同样的好运气，如果新餐厅遭遇投资失利，无法有效获得投资回报，那么餐厅决策者很可能会将盈利餐厅所获得的收益用作新餐厅的亏损补充。

盈利餐厅的效益流去了亏损的餐厅做补偿，就无法兑现盈利餐厅的绩效承诺以及无法进行应该的正常运营投入，最终牵连盈利餐厅跟着出现负面的经营后果。

（五）增长瓶颈，难以突破

正常的餐饮商业活动中，无论个体单店经营还是公司整体的业务发展，达到成长峰值后就会呈下行的走势，经过一段时期后会再趋于一种营收平稳的状态，营业额上下浮动比较有规律，在阶段性的时间内，比如一周、一个月，可能会存在单日经营业绩起伏不稳，但周期内的综合经营数据一般都会比较稳定。

经营业绩长期稳定，团队成员也逐渐稳定，这种稳定是麻醉剂，长期处于这样的状态下，企业成员的意志力、战斗力、主观能动性、创造力等都会被逐渐消磨殆尽，容易进入催眠般的舒适状态，不愿意有所改变，更不愿意主动去突破，通常情形下只有决策者会嗅到危机，进而慢慢滋生出焦虑，但想要改变，却力不从心，也担心或不愿意进行改变而打破这种人事宁静。

然而，经营业绩无法突破瓶颈的同时，租金、人工、福利、食材、设施和设备的维护、保养等综合成本则会随着时间地推移持续增加，当成本增加到一定值的时候，就会对应出现营利能力降低的情形，再也难以突破业绩瓶颈。

（六）隐形成本，难以捕捉

餐厅经营的高成本，大多不是一开始就形成的，而是在经营管理过程中日积月累形成的，大多餐饮经营者明显感到高成本压力的时候，实际上已经陷入积重难返的局面，高成本的形成是管理机制缺失造成的，管理机制的缺失则主要体现在人为因素层面，一切高成本形成的根源都来自管理者的作为。

餐厅老员工越多，人力资源成本就越来越高，有的餐饮决策者以为不断裁掉老员工再补充新员工就可以控制好用工成本，这样做不仅会导致经营管理的效能降低，还会影响顾客满意度导致顾客流失。同时，新聘员工与离职员工进行岗位交替时还会出现综合人工成本叠加，如此惯性下，餐厅将形成严重的隐性成本。

> 类似这样的隐性成本是导致餐厅经营成本居高不下的重要原因。

比如：菜单设计不合理、菜品原料选择不合理、菜品售价不合理以及采购、验收标准的不合理等都将导致原料成本过高，这些都是经营高成本形成的隐性条件。

隐性成本的存在，大多数时候都处于灰色地带，难以直接捕捉和改善，长此以往就会成为固定的成本开支，进而出现固定变量成本、固定变量不可控成本等情形，再想要扭转综合高成本的局面将难上加难。

（七）支付黑洞，隐瞒实情

近些年，特别是单店类型餐厅的经营状况不容乐观，大概率呈五三二的效益比例，即 50% 的单店餐厅存在亏损，30% 的单店餐厅盈亏相当，20% 的单店餐厅正向盈利，这表明 80% 左右的餐厅经营是非良性的。

大众创业，万众创新的时代浪潮下，许多社会商业经营都陷入了严重的内卷竞争，大部分的社会商业经营项目状况堪忧，当餐饮投资个人既往的支付或消费惯性难以扭转时，就会将餐厅经营的现金用作非餐厅经营的其他应用代偿。

为了避免团队的思想动荡，餐厅老板会对餐厅的经营数据进行刻意隐瞒，选择不公开、不透明，那么餐厅的经营者就无法获得有效的可利用资金，也无法通过真实的数据进行运营管控和效益改善，更难施行数据化的成本优化，长此以往，将导致餐厅整体经营低效，成本变相高压的状态。

（八）成本灰色，不便公开

有的餐厅老板因为个人债务问题，需要阶段性地偿还本金或利息，又或者需要通过其他方式作为借贷关系的情感补偿，常常会通过送礼、宴请等成本代偿方式维护与债权方的关系。

债务之下又缺乏其他有效的资金收入时，则需要通过餐厅经营的现金流作为维护成本的补充，这类灰色成本大多不便进行内部说明或划入餐厅的成本费用项。

如果在短时间之内无法完全解除这样的灰色成本代偿关系，则需要不断持续贡献更多的牺牲成本，进而无法对餐厅的经营数据及收入资金进行公开和合理的规划及应用，使餐厅本身有效的经营价值收入演变成低效或者无效的经营价值收入，进而让餐厅陷入非正常的经营状态。

（九）高级人才，职能不符

许多传统餐饮老板因为个人的职业成长基因，或者基于餐饮行业经营的特殊性，对于各方面的成本费用支出养成了精打细算的习惯，这种习惯对于餐饮经营管理本身并非坏事，但陷入成本认知偏执或用错了地方可能会得不偿失。

有的传统餐厅老板，总期望寻找到忠诚度高、业务能力强、薪酬福利要求又低的高级人才为己所用，通常在与高级管理职位人选沟通时，大力塑造自己的个人魅力以及虚夸渲染餐厅未来的宏图大愿，以此吸引高级管理人才躬身入局并降低对薪酬待遇的标准和要求。又或者将一些忠诚度高，薪酬水平低的内部人才高规格提拔委任与自身能力不符的高级别管理职位等，这种操作手法下，餐厅貌似在人力成本上得到了有效的控制，实则无法真正达到餐厅经营管理方面的能力需求，致使餐厅综合运营能力低效，始终以餐厅老板的能力为天花板，缺乏更多的创造能力和创新能力，人力成本支出虽然少了，但得到的整体经营管理效益却很可能比预期的更低，无形中增加了餐厅在市场竞争与发展中的时间成本和机会成本。

（十）因人设岗，制造混乱

传统餐饮企业文化的呈现，绝大部分是围绕着老板的个性化思维、习性和情怀渐渐形成了老板文化即企业文化。老板思维即企业思维，企业权力即老板权力，老板的权力与生俱来，不容置疑和挑战，逐渐养成了餐厅老板一言堂的个性化管理特质，特别是在企业用人方面表现的尤为突出。

传统餐饮企业老板无论是基于面子思想还是独揽大权的官本位作风，时常会因为自身的主观原因引入个别与餐厅经营管理功能不相匹配的人才，并为其增设特别的职位及附加的职能。人力成本增加暂且不表，但设置了新的职能，就会引发新的职权冲突以及导致经营管理流程的增加，提高了相关工作的沟通成本。

该类人才和职能的出现，因为其特殊的人际背景关系很可能影响到正常的经营管理秩序，长此以往，还会造成其他成员对企业或老板产生不满的心理情绪，失去继续为企业贡献的信心，致使人才流失，工作效能低下等不必要的隐性成本发生。

（十一）不顾过程，缺乏督查

传统餐厅日常的经营服务工作已经程式化后，容易达成良好的工作绩效成果，不需要过度关注，也能比较轻松地实施管理和控制，而一些新增的经营项目、服务项目、营销项目等增值业务活动，则需要在中间过程进行节点式的检视和督查，确保活动的主线路径不被偏移，防止成本投入的过程损失。

传统餐厅经营管理中，许多管理层面的职能体现还是比较粗放式的形态，对于许多工作事务常常表现出顾头不顾尾、只顾头尾的风格，对于具体执行事务的中间过程缺乏有效的监管能力或监管耐心，往往在结果出现后才介入验收，一旦结果不理想时，却早已丧失了最佳的补救机会，造成许多不必要的成本失效。

（十二）职能考核，缺乏关联

传统餐饮经营管理中，往往比较注重营业企业的绩效考核，在设定经营指标时，通常不会涉及营业单位之外其他关联职能的同步考核。

经营绩效指标的达成不只是营业单位独立完成的，一般都需要其他关联职能的配合与支持，一起形成系统的立体考核体系。

如果只考核营业单位的绩效指标，营业单位就成了孤立的系统，其他如后厨的出品质量等关联职能也因此丧失了该有的责任感，进而无法进行积极有效的绩效协作，最后导致营业单位的业绩不佳以及餐厅的综合成本价值低效。

餐厅经营的综合成本体（即一个体系）也是餐厅经营的综合价值体，成本的投入与产出不是孤立的系统运作，而是整体的系统协作，所有一线二线部门或个人的行为都会牵连到餐厅整体的经营管理效能。

餐厅经营高成本的形成，是因为人的职业能力和操守长期形成的成本低效所造成的。合法、合规、合情、合理地进行餐饮商业经营，遵循餐饮商业经营之道，联动全体成员进行良性协作，才能让餐厅的综合经营成本得到有效的开发和利用，进而提升餐厅整体的经营成效。

二、餐饮成本管理的惰性

传统的餐饮商业经营中，很多人都有一套自己的商业价值理论和逻辑，对于成本的管理也有许多个性化的理解，常常运用一些拙劣的"聪明技巧"为自身谋求更高的价值利益，目光短浅，忽视了正统的餐饮商业经营之道，最终导致成本管理失控而得不偿失。

（一）一富即可遮百丑

一些餐厅经营者过度偏向关注餐厅的整体营收水平，往往战术性地回避研究营业收入形成的底层逻辑以及有意淡化日常经营管理的基础建设，认为只要经营业绩够好，营业收入够高，即便存在各种经营管理的问题，也可以从高营业收入的制高点上迎刃而解，这种情形属于技术性懒惰，属于投机经营行为。

餐厅经营的业绩不可能一直保持成长的态势，总会遭遇瓶颈，当经营业绩不佳时就再也掩盖不住那些经营管理问题以及各种成本漏洞问题，此时想要进行补救可能已经错过了最佳时机。

（二）做大库存降成本

许多餐厅经营者普遍认为，加大物资采购量可以得到更优惠的价格，这样就可以降低采购成本，从通俗的贸易理论上来看貌似没有错，但是餐厅经营有餐厅经营的特殊性，物料的高转化率才有了高品质的保障。

当大量物资不能快速的使用时，就会引发其他附加成本的发生，比如：存放的场租、水电的能耗、管理的时间、贬值的差价、自然的损耗，等等。

餐厅商业经营的魅力是现金流，快速的现金流入与流出才能从中获得经营价值，进而不断循环流转不断增值，如果将现金换作物资就可能占用餐厅正常经营管理活动的流动资金，就会使经营管理活动无法正常有序地开展。

> 餐厅经营不能让现金变成被动资产或期货，这就失去了现金流的魅力，增加了成本的负担。

当然，因为特殊情形需要进行战略性的物资储备应另当别论。

（三）自作聪明拉账期

有的餐厅经营者认为，供应商的货款应付结算账期越长越好，这样就可以利用截留间隙将该类资金用作其他的投资或支付行为，这种杠杆资金的可利用价值从逻辑上看并无不可。

账期资金在本质上并非属于餐厅，如果没有实施正面性、计划性、可控性的合理利用去产生正向的效益，则会变成另一种负债以及负债追加，导致餐厅经营者可能不断要求延长更多的账期，势必导致积重难返，造成严重的不良后果。同时，这类账期拉长后对于经营数据的维护及行使有效的经营管理投入将产生负面的影响，导致正常经营管理决策与正常工作计划开展的偏差。

（四）错把预缴当收益

许多餐厅经营模式中会运用充值会员的行销服务机制。一些餐厅经营者甚至将会员充值模式当成是一种盈利工具，持续加强对会员充值的推销，甚至不惜以充值大额赠送的形式进行消费金的预缴收纳。

当充值现金流入餐厅的金额达到一定的额度时，经营者难免会产生优越感和虚荣心，相对轻松获得的现金在使用过程中往往也不够重视，容易比较轻易地进行支出。

这类充值形式的收入，往往伴随着低价的吸引，所以本身是一种折扣形式，对于正常消费的利润层面来看，属于低效益的贡献。如果该类预缴资金被用到其他途径后，在未来也是必须要进行补偿的。

餐厅经营者把预缴的资金当作收益化为他用，没有实施专款专管，当资金空洞达到一定峰值时，餐厅就将陷入无法偿还的境地，直至餐厅经营崩盘。

（五）差不多的工作经

胡适先生写的《差不多先生传》影射出了社会中很大一部分人的思想行为状态，"差不多"是人们日常生活中常用的口头禅，代表了一种洒脱随意、不拘小节、大大咧咧的行事风格。

在餐厅经营管理活动中，许多管理者也常常对日常工作事务以差不多的姿态展现，凡事都觉得差不多就行了，以显示自身的大度、宽容、厚道等，又或者把差不多当作一种工作借口，不愿意认真、深刻地进行细致工作。

餐厅的日常经营管理几乎都是些琐碎的小事，然而，所有的小事对餐厅经营的命脉来说其实都是大事，"细节决定成败"这句经典的管理处方，尤其适合应用在餐厅经营管理的方方面面。

餐厅经营成本的发生、经营利润的产生、管理效力的作用都在细节微末之处，因为餐厅经营成本的高转化率，任何细微的误差在时间的积累下都是一个庞大的数字。

餐厅经营的微利时代，分毫必纠才是正确的管理常态，差不多的工作思维可能造成差得多的经营后果。

（六）老板买卖不入账

传统餐饮经营管理处于比较初级的局面时，一些餐厅老板因为个性或特权，在自己或指挥他人进行一些采买时，往往不通过采购的流程进行采买，采买后也不进行财务管理层面的报销处理，认为反正左右都是自己的钱，做不做账并不重要。

这样的行为仿佛撕开了制度规程的口子，特别是亲近的人与之共事时也可能陷入这样的误区而淡化财务管理规程，进而引发"破窗效应"，出现职务占有、渎职等不良情形，同时，将丧失财务监管的严肃性，催生出集体利益私有化的情形，并导致经营成本数据的缺失和漏洞，造成管理方面的低效。

（七）工具粗略将就用

有的餐厅老板奉行"厉行节约"的经营管理风格，在配置餐厅经营管理所需的工具时，习惯性选择二手工具或者质量普通的工具，又或者因为"差不多"思想作祟去选用一些与实际需求匹配度不高的工具。

工欲善其事，必先利其器。餐饮经营的设备或工具是否称手好用，不仅能直接影响工作的效率和效益，也会左右工作人员的情绪，间接影响顾客的消费满意度。

不良工具低效应用时，也会导致工作人员的执行借口，进而延伸为习惯性执行借口的状态，影响深远。

（八）盲目降成本减压力

有的餐厅经营状况不是很乐观，导致成本、费用支出的压力相对增大，在无法进行营业有效提升和突破的状况下，餐厅经营者往往会采取降低各种经营管理成本的方式进行各种成本的"省"。

大会小会中，餐厅管理者不断向团队强调"省"的重要性，甚至亲自进行"省"的操作，传授方法和技巧，将团队带入"高压省"、"盲目省"的误区。

> 省，可以"省活"，也可以"省死"。
> 降低某项成本并不代表就能降低综合经营成本。

关闭几组照明设备以为降低了费用成本，殊不知也在同时降低顾客的体验感和满意度，甚至因此流失掉消费者。降低成本的目的应该是为了增加综合效益，否则就不算是真正意义上的降低成本，反而会使经营压力加剧。

三、餐饮成本管理的误区

餐饮成本管理的重大误区主要来自决策管理层，其他人员很难通过技术手段或者岗位职能去纠正这些误区，有些误区通常也很难进行对错的界定。

餐饮老板的主观思维通常决定着团队对成本管理的态度和行为路径，上行下效的餐饮管理动态在潜移默化中让餐饮成本的隐性问题越积越厚而形成灰色的成本地带，最终积重难返而难以破解。

餐饮成本管理中，一些貌似合理的成本管理举措，如果方法运用不得当，很有可能变相的形成另一种高成本的存在情形，把本身为了降低成本的举措反而演变成了另一种成本附加或叠加。

（一）只关注结果

餐厅经营管理决策者，首先需要非常清晰和深刻地认识到餐厅成本管理是成本过程的管理，并非成本结果的管理。但传统餐饮单位中，许多餐厅决策者往往因为自身的原因或者管理层级的问题，通常只注重结果，而忽略过程，没有过程何来结果？过程决定结果，而非结果决定过程！

以对结果负责的管理理念，是执行者的工作态度，而非执行者的工作方法。

以对结果负责的管理理念，是以结果为导向的过程管理，而非武断地理解为不关注过程。

餐厅的成本管理是现在进行时，过程比结果更为重要，比如：餐厅水、电、燃气的成本管理中，需要制定用度表进行每日监控，需要在具体的使用过程中进行及时的纠正和指导。

许多餐厅管理者缺乏沟通的技巧或管理的魄力，往往只在一个经营周期结束后，才从数据报表中看到成本管理的异常，然后进行相应的处理，这样的管理误区实际上已经造成了成本的直接损失，而最终用结果说话时，容易造成执行人员不良习惯的养成，并还会伴有管理过失、信任丧失、内斗推责等不良情形的滋生。

（二）缺乏大局观

餐饮经营的成本管理，是一项具有系统性的管理机制，应该具备战略性高度的思维和远见。

传统餐饮运营过程中，许多管理者专注于一个点上控制成本、优化成本，这属于个别、具体职责的事情，如果只是个别行为，那么这样的成本管理是孤立无援的。

餐饮经营整个运营管理体系中各个职能板块、各个职能岗位之间相互配合、彼此协作，具有绝对的强关联性，单独进行一个点的成本管理，很难产生较高的成效，所以餐饮经营成本管理需要进行整体的统筹，站在管理的顶层进行系统性的规划，不仅要求全员的参与，还应该制订长期、长效的行动计划和方案，同时，还需要有更多的外部信息和资源共同参与，比如：市场趋势的信息、合作伙伴的资源，等等。

（三）盲目工具化

餐饮经营整体管理中的系统工具可分为两大类：

一是因实际经营管理需要而自行制定的内部管理系统，比如：培训体系、激励体系、薪酬体系、晋升考核体系等工具。

二是因为内部机能缺失，向外部购买或合作的网络软件管理系统，比如：收银系统、ERP 系统、外卖系统等工具。

许多传统餐饮经营管理的认知中，以为外部的系统工具更具有科学性或系统优越性。实际上，外部的系统管理工具也是根据商业应用需求而逐步开发、完善的，并具有一定的特立个性，容易与餐饮单位实际的应用需求发生偏差。

选择到匹配度不高的系统工具，不仅需要支付既定的采购成本，还可能会给实际运营带来更多的不便进而衍生出更多的附加成本。

如果没有找到合适的外部系统工具，也可以通过制定内部的软件工具进行适配应用，不仅开发成本低，应用效率也更高。

（四）忽视合作商

传统餐厅经营管理者对合作方、供应方可以用既爱又恨来形容，既期望平等互惠，又期望强力压制。

传统餐厅经营的供应商大多以餐厅经营所需的物资、物料、食材供应合作为主，现代餐饮商业运营管理时代，以及互联网、物联网的高速发达时代，餐饮商业的合作类型发生了巨大的变化，还包括为餐饮企业提供经营管理赋能的服务商，如：平台、配送、媒体、设计、装修、服装、策划、咨询、顾问、营销等专业的餐饮服务商。这些供应商和服务商是餐饮企业生存与发展不可或缺的命运共同体。

餐饮企业有效降低各类经营管理成本不仅需要内部工作人员和管理机制的良性运作，更在于各类合作商的精诚配合。合作商心甘情愿为餐饮单位的利益着想，就会保质、保量、保效地为餐饮企业提供赋能服务，主动协助餐饮企业从源头上控制好各项经营管理成本。

（五）重物不重人

人是一切成本管理的核心，一切问题成本的发生都是基于人为的因素。

传统餐饮运营管理中，很多时候管理者们都将物和事这两个层面作为成本管理的重心，而往往忽视对"人"的培养以及对"人"的梳理。

所有成本发生的轨迹是由"人"通过"事"运用到"物"进行成本及

成本价值管理的行径。

"人"的思维、认知、态度和技能等决定了"事"和"物"的成本情形以及相关成本价值的产生。

重物，应该注重"物"的机能、功能、质量、效率等方面的管理，这些属于"物"本身的质量和功用层面，而所有"物"的使用方法、技巧、维护、保养等都是人为的设计和操作，因此操作人员的思维能力、技能水平、心理状态等均能影响"物"的使用效率和使用价值。

当"人"对"物"的功能和价值得到了充分的认知和尊重，才能高效的运用好"物"，进而让"物"发挥最大的功效，从而降低"物"和"事"的运营管理成本，提升因为"物"而引发的顾客满意度，再借此提高"物"的商用价值，反向降低"物"的应用成本。

（六）战术性活跃

忙、茫、盲这三个字按顺序的大意是：很多人给自己安排了大量的工作和学习计划，每天看起来都非常繁忙；当一个人做的事情越多往往越得不到想要的结果，达不成理想的目标，从而陷入迷茫；然后开始对工作、生活、事业焦虑不安或者消极应对，将自己陷入前途渺茫、缺乏清晰目标的盲目状态。

忙、茫、盲，是一种普遍性的社会现象，一开始战术性的活跃，认为做得越多越能体现自己的能力，以为这种行为是在扩大战局和影响力，能让自己和事业获得更高的议价权和实力彰显，实际上可能刚好相反。从商业战略的思维上看，不是做得越多越好，而是做得越专越好，战术性活跃的潜台词是战略性懒惰。

战术性的行为越活跃成功的概率越低，成本价值的体现越低效；战术性的行为越活跃所需要投入的各种隐性成本和叠加成本就越重。

四、降本增效的价值辩证

近些年，国内宏观经济内卷化的大背景、大趋势下，社会各行各业的生产资料逐渐过剩，导致严重的社会商业存量经济现状。

原来社会商业企业的各种资源优势和成本体是赖以生存和发展的收入口、盈利口，现已渐渐失去了原本的经济价值和效用。前期所投入的各种"价值体"慢慢演变成了厚重的"成本体"，尽管无法继续高效地运转使"成本体"变成"价值体"，但还必须持续投入综合维护及管理成本。

餐饮行业不可避免地遭遇着宏观经济体制下的内卷竞争，成长破局艰难已经进入了前所未有的新局面，行业的毛利时代已然步入了微利时代，并向着主营业务无利时代演进。

传统餐饮实体的建设一般投资金额都比较大，特别是中大型餐饮商业项目的建店投资非常厚重，在餐饮轻资产、品牌化运营的时代下很难进行有效的转型，以及很难适应新的餐饮商业市场化竞争。

即便餐饮行业已经进入微利时代、零利时代、轻资产时代，但并不代表餐饮行业的成本随之变得更低，事实上餐饮行业的人工、铺租、食材、管理、维护等成本和费用依然居高不下，甚至辩证性地变得更高。

餐饮商业经营增长艰难，许多餐饮投资人、经营管理者开始积极研究各种成功的商业模式，试图通过高维的商业模式突围传统餐饮经济成长的模型，实现更高级别的餐饮盈利模型，同时，有的人也在积极谋求餐饮商业的降本增效之策。

普遍性的餐饮经营管理者认为降本增效即降低成本，增加效益，这样的理解还不够深刻，常常陷入降本增效的各种应用误区。

降本，不是刻意地省，更不是纯粹地苛减。降本，是合理的杜绝浪费，理性的计算应用成本，规避成本附加和灰色成本。

增效，不是直接地投资扩大经营规模，也不是单纯地增加产能和容量。增效，是在既有的成本体中找到价值的增加机会，是充分利用现有的成本体进行二次或多次开发，进而产生出更多的边际效益。

降本增效，可以实施个别具体成本项的单一降本或单一增效，也可以在单一降本的同时进行增效，因此降本的根本意义和目的是为了增效，而单一增效的目的同样也应该是为了能降本。

餐厅经营不善时，许多管理者习惯性地从能源、人员等方面进行降本处理，关闭认为多余的照明，裁掉认为多余的人员，这种处理办法的确降低了局部成本，但不一定能增加效益，甚至可能还会因此而损失效益。

> 很多举措看似降低了成本，实际上也降低了价值。

有的餐厅经营者做营销推广活动增加营收或追加投资建设做大经营规模，这样操作的确能提升数据和流量，但也有很大的可能性是不能够达到降本的目的，属于单一的目的性促销，好比做团购一样，虽然做大了客流量，但并不见增加了效益，甚至会因为扩大的接待量导致许多无效成本的发生，进而无法真正地增效。

餐饮单位遭遇发展瓶颈想要进行降本增效的经营管理突破时，可以将现有的综合成本拆分成各个独立的成本科目，比如：房产、设备、技术、资质、创意、团队、产品、品牌、文化、背景等。

在这些成本体中，辩证性地找出最具商用开发价值或市场差异价值的成本科目列为单一的成本价值体并进行单独立项的开发。从内部或外部调动最佳的辅助工具或杠杆资源，坚持不懈地将该成本体进行深化开发和利用，最终撕开增效的口子，以带动其他的成本价值体互相增益，达成真正降本增效的长期能力和良性机制。

单纯降本，大多数时候是餐厅迫不得已的症状解，哪里疼痛医治哪里，缺乏辩证逻辑，治标不治本，只能达成短期的目的。真正能增效才是降本的目的，能解决成本结构的问题才是杠杆解。一次性解决并长期增效的价值结构模型才是最有价值的降本增效举措。

五、成本管理的六项精进原则

餐厅成本管理，不是某个人的事，也不是某个部门的事，而是全员参与，具有前瞻性战略意图以及长效性商业价值的核心管理工作。

> 有了成本管理的意识，还需要掌握成本管理的具体心得和方法。

如何进行有效的成本管理行动，首先要明白成本管理的核心理念。成本管理不是拍脑袋的激情举措，也不是敷衍走过程的形式主义，而是一项专业与职业，权力与执行等共同发力的管理工作，是一项决定餐饮企业命运中内部驱动力开发和调动的一项重大机制。

成本管理的六项精进原则，是每一个参与成本管理的个人和团队都应该也必须严格遵守的基本原则。

（一）标准性原则

标准，是执行者与管理者共同持有的一套规范性的操作守则，也是可以作为合作伙伴需要尊重和遵守的合作准绳，更是应该让消费者清楚或感知餐饮企业经营、管理、服务等的具体规范。

在餐厅成本管理中，标准化应该存在于任何涉及人为操作、机械设备操作等的具体工作、事务之中。

标准的制定是通过管理者或执行者在反复的工作实践中总结出来最有效率、最节省成本、最能产生效益的工作要求，然后由管理人员将这些工作要求制定成相关的标准，并对相关管理人员和执行人员进行长期的培训教导和应用考核，最后达成熟练运用该标准提升工作绩效的目的。

如果没有标准，管理者和被管理者之间、餐饮企业和合作伙伴（包括供应商）之间、餐饮企业和消费者之间，就无法达成统一的共识，容易产生许多不必要的纠纷和麻烦。标准的操作守则能避免餐饮企业的各种成本损失，包括既有成本损失和未知危机发生后补偿的成本损失。

（二）可视性原则

可视，是看得见、摸得着，是管理者和执行者都能通过身体感官体验或软硬件系统识别到具体数据或其他的规范要求，在任何操作工具使用时也需要坚守这一必要性的原则。

可视性，不是由管理者个性化主观制定的自认为可开放性统一认知的情形，也并非"透明就是好"作为可视性标准的唯一条件。可视性是开放的，同时也是透明的，是所有参与者共同衡量标准的任何工具使用与遵守的基本原则。

在餐饮企业基础的成本管理中，水电的用度可以使用可视性的表格工具，便于统计、分析、监督。物资、物料的存量可以根据使用周期、采购周期等综合规则制定出合理的高低库存量，并进行刻度标记，做到任何人都能进行可视性的预警和监督。

可视性，还包括对工作事务结果的认证、评判以及公示。包括经营结果、考核结果、奖惩结果、会议结果等，以做到全体成员都能达成共同的认知，避免许多不必要的猜忌及增加沟通成本，减少因隐瞒或不透明造成的效能内耗或产生其他的灰色成本。

可视性，也包括对顾客服务标准、顾客满意度测评、顾客责任和权力、合作伙伴责任和权力等的公示，以及市场监督管理要求及督察结果的可视性公告，充分让贡献者与受益者都能持有公开透明的评判标准，以此达到高效率、高效益、高满意度的合作关联或良好的运营管理成果。

（三）真实性原则

真实，是餐厅经营管理者和执行者实事求是的工作作风，是在实际工作中得出任何结论后真诚、坦诚地积极面对结果的一种职业操守。

真实性，是在餐厅成本管理中，对经营管理情况和数据呈现后进行工作要求和工具应用的指导思想。

提高餐厅成本管理中各项指标和结果数据的准确性及真实性，需要借助各种有效的工具和方法，把可能人为制造的虚假情况和不实数据进行有效的规避，尽最大能力还原餐厅成本使用最真实的情况。

> 餐厅成本管理可以通过内外两部分管理机制去实现真实性原则。

一是在餐厅的内部管理中施行全员责任机制，人人都是执行者，人人也都是监督者，同时设定成本管理的红线，任何人触及红线时必须接受相应的惩戒，以此规避人性灰色的侥幸心理。

二是利用外部资源进行真实性的调研、评估，可以采用外部平台的信息数据进行多维度的比对参考，也可以利用外围"神秘调查"的形式对成本管理的能力和应用进行客观而真实的反馈。

真实性原则的目的是让灰色的人性心理和阴暗的管理角落都暴露在聚光灯下，降低因为不真实造成的数据漏洞和管理偏差，让管理行为和执行行为更加具有可信度，让全体成员都能更加光明磊落并勇于承担起自己的责任和使命。

（四）及时性原则

及时，是在事情发生的过程中进行紧急、灵活、机动的干预，特别是在成本即将出现低效或无效的可能性时，进行恰逢其时的纠正和改善。

及时性，具有迫切的特征，是可能出现成本沉没时的前瞻性判断以及提前止损的行为，需要具备成本管理更高层次的认知和更高级别的实践能力，首先要求成本使用者具有主人翁精神的主观能动性。

及时性，还体现在餐厅日常的经营、管理、生产、销售、服务以及其他各种成本正在发生的过程中，要求管理者拥有绝对的权威和高效的决断力，在现场管理中要求全员做到上下齐心、令行禁止并秉持"先执行、后上诉"的工作态度，以求最大程度地及时降低可能发生的成本损失。

（五）一致性原则

一致，是同步，是全体成员整齐划一的共同行为。餐厅成本管理的分工有所不同、权限有所不同，但目标和目的必须一致相同。

进行具体的餐厅成本管理时，不能一部分人了解要义，一部分人不了解要义；一部分人积极执行，一部分人敷衍执行。

一致性，是战略和策略、规划和计划、方案和方法、上司和下属、内部和外部等都能共通融合，并能共同联动执行的准绳。

餐厅成本管理中，应该防控、杜绝因为个别人的意识形态偏差而导致整体成本管理失效的情形发生。在执行过程中坚决不能使用不同频、不同意见的人参与共同执行。

（六）改革性原则

餐厅成本管理是决定餐厅经营生死的重要管理板块之一。餐厅成本管理包含在餐厅整体运营管理之中，同时，餐厅整体运营管理又在餐厅成本管理的所辖之内，由此可见，餐厅成本管理的重要性和权威性，因此，餐厅的成本管理自然就成了战略选项，在施行餐厅成本管理时就具备了一定的改革性。

改革，一是要"改"，要优化、要创新；二是要"革"，要整肃、要清除。餐厅成本管理的改革，要有砍刀的霸气，也要有铁榔头的冲击力。

餐厅成本管理改革，首先要学习新的成本管理知识，从思想上进行洗礼，洗去固有的意识形态，纠正不良的成本使用习惯，重塑餐厅成本结构的认知，然后再实施具体的成本管理改革行动。

餐厅成本管理的改革，其目的不是要打破管理平衡，而是进行有效的管理制衡，不是要刻意抹杀个别人员的既得利益，而是要重新优化和分配每个人的权力和责任，最终让餐厅整体的成本使用和效益实现达到改革性的突破，进而让全体成员以及餐厅价值都能改头换面、脱胎换骨，实现新的商业成本价值。

第九章
餐饮品牌的连锁认知

餐饮品牌连锁的形式有多种类型，并非一成不变。连锁模式的设计应该追求具有成长率的盈利系统。

餐饮品牌连锁模式的形成，首先要完成单店的经营管理模型，然后通过框架式的模板复制，运用不同的合作机制，进行高效而系统化的连锁门店拓展，以此降低餐饮品牌商业的综合运营管理成本以及获得更高的餐饮品牌商业价值。

一、餐饮品牌连锁的主要类型

餐饮品牌的连锁化成长，是社会商业发展的必然趋势，再微小的餐饮经营门店最终都将会步入品牌经营或者连锁经营的形态。

餐饮品牌连锁化，可以更好地利用餐饮商业的各种综合资源，以及有效改善这些综合资源的利用率，积极降低综合经营管理成本，提高综合经济价值。

> 餐饮品牌连锁化经营，能更好地塑造出社会营商规范，打造出更优质的商业服务体系、商业诚信体系以及商业价值体系等。

我国的餐饮品牌连锁发展正值成长期，各种类型的餐饮连锁品牌百花齐放，百家争鸣。越来越多优质餐饮连锁品牌诞生和发展，是国家、地区对于社会民生、经济政策等实施成果的重要参考内容，也是市场商业价值体系、国家综合经济实力的一项重要体现。

我国大多地区的餐饮品牌连锁形式分为：直营连锁、加盟连锁、自由连锁三大主要类型。

（一）直营连锁

> 直营连锁，一般泛指餐饮企业对品牌单店独立投资完成或者相对独立投资完成建设后由餐饮企业本体对各餐饮单店进行统一经营管理的连锁形式。

早期的直营连锁主要是一些传统菜系的餐饮品牌。这些餐饮品牌一般都具有地域饮食文化的代表性。该类品牌单店的整体投资比较厚重、装修风格比较突出、技术管理比较严苛、菜系文化比较浓厚、同时具有不易被外界所复制等特点，特别是烹饪技术和管理技术大多能够自成一脉。

经过近十年的现代化餐饮企业管理革新后，该类餐饮品牌开始积极吸纳单店更多的股东进行合伙投资建设，大大加快了餐饮品牌直营连锁发展的进程。

除了单店合伙投资建设的模式外，有的品牌方也会反向投资、以各种形式入股其他餐饮品牌或单店进行联合经营，有效地加快了品牌直营连锁的成长。

1. *品牌方以品牌价值入股单店*

由合作方全部投资完成新店的建设，品牌方以品牌价值、商标授权使用以及相关的资质、资源等议价后入股新店并占有相应的股权比例。双方签订单店投资合作协议，可以同股同权或者同股不同权。单店的经营管理权依旧在品牌方，如果合作方出任新店某职位的，应当在品牌方的整体管理机制下行使该职位的责权。

2. *品牌方以运营管理入股单店*

由合作方全部投资完成新店的建设，并向品牌方交付相关的品牌使用费，合作方因自身资源有限或因专业不对口等问题无法开展单店经营管理活动的，可全权委托品牌方进行运营管理。合作方应当给予品牌方相应的管理股份，合作方给予品牌方的股份也可以由合作方以最低价格实际转让给品牌方，形成实际的股权合作关系，同股同权或者同股不同权。

合作方和品牌方也可以协议，品牌方实施运营管理可以获得相应营业分成的模式进行合作，这种合作模式下，品牌方一般不需要进行亏损补充。

3. *品牌方以技术管理入股单店*

由合作方全部投资完成新店的建设，并向品牌方交付相关的品牌使用费，合作方向品牌方提出技术合作，品牌方委派核心技术团队入驻（职）单店，并占有相应的技术股，同时，单店的整体经营管理依然并入品牌方统一管理。技术管理入股的"技术"不局限于烹饪技术，还可以是管理技术、运营技术、营销技术，等等。

品牌方技术入股的效益体现形式可以是新店营业分成，也可以是新店的股权，同股同权或者同股不同权。

> 餐饮品牌直营连锁的主要特征表现在所有门店施行统一化：统一装修、统一风格、统一管理、统一经营、统一技术、统一出品、统一采购、统一培训、统一营销、统一收银等。

直营连锁中，各品牌单店在经营服务层面也可以允许有一些不同的差异点，比如：售价差异、产品差异、服务差异、形象差异、薪酬差异等，具体情况需要根据品牌单店所在的市场商业需求进行合理的调整。

（二）加盟连锁

餐饮品牌加盟连锁在近十年的餐饮连锁发展成长过程中一路高歌猛进，势头强悍，将社会餐饮连锁品牌的体量、质量、数量和价值等不断提高、刷新。

餐饮品牌加盟连锁以品牌方输出品牌商标授权使用、品牌形象系统导入、品牌出品技术培训、品牌运营管理辅导、食材产品供应等内容，特许加盟方使用品牌方整套经营管理资料的商业合作行为。

社会餐饮商业市场中，餐饮品牌连锁的加盟类型从本质上来看大致可以分为以下两种类型：

1. 投资型餐饮品牌

投资型餐饮品牌，通常是以纯商业目的而创立的餐饮加盟品牌，属于社会商业项目的投资行为。品牌创立者主要看重餐饮行业的现金回报、巨大的市场价值以及可复制的商业模式等，但并不太在乎餐饮品牌的长期价值，大多秉持中短期投资获利的策略。

投资型餐饮品牌以收取加盟方的品牌合作费、商标使用费、品牌保证金等为主，也会从产品供应、技术输出、物资配送、管理费用等方面实现品牌投资的经济价值回报。

通常情况下，投资型餐饮品牌方的餐饮行业资历可能比较浅薄，在连锁管理的实践中大多表现出品牌的整体运营管理能力不足，系统化的门店服务支持不够等情形，但会侧重于餐饮品牌的包装、宣传、推广以及对加盟拓展的大力投入。

投资型餐饮品牌看重短期的经济价值收益，注重投资效益的快速回笼，所以在单店的商业模式设计上也比较追求简单的产品模型和经营方式，目的是让加盟方可以更加轻松地实现独立经营，对加盟方的加盟资格和条件等方面的审查也不太严苛，而针对加盟店后续的日常经营管理维护及日常营业情况的关注度相对比较淡化。

2. 成长型餐饮品牌

成长型餐饮品牌，是一般社会餐厅在年复一年的稳步经营成长过程中逐渐建立起来且具有一定商业知名度和美誉度的餐饮品牌。成长型餐饮品牌的创始人一般比较热爱餐饮行业，具有比较深厚的行业资历背景，也懂得运用现代商业运营方法将品牌发扬光大。

成长型餐饮品牌，更注重品牌自身的价值塑造，对饮食文化和餐饮商业的认知比较深刻，能把加盟店当成品牌不可分割的组成部分并积极地运营维护，能最大程度帮助解决加盟店日常的经营管理问题，最终实现品牌方和加盟方都能持续成长、彼此促进。

成长型餐饮品牌，更看重餐饮品牌价值本身的长效性，品牌方对品牌门店的日常经营管理也比较有耐心，通常也不急功近利，倾向于稳步发展，更关注品牌单店的盈利模型和品牌综合价值体系的建设，对加盟方的合作资格及条件审查比较严谨。

因为餐饮加盟连锁品牌建立的初心不同，各自的价值立场也就不同，其直营店和加盟店的数量占比也会呈现出不同的比重。

投资型餐饮品牌，更倾向于纯加盟拓展模式，品牌方可以一家独立投资的经营门店都没有，但可以通过品牌商业规划就能获得他方对品牌店的落地投资以及开展后续的加盟拓展。有的品牌方会将直营门店数量控制在整体连锁门店总数的几个百分点之内或者控制在几家门店之内，而后续的发展一般也不会轻易投资直营单店。

成长型餐饮品牌，可以以任意形式进行连锁门店的拓展，并不会特别在意加盟门店的数量比例。品牌方如果觉得合适可以自行投资开店或者合伙投资开店，尽管门店数量的成长率会相对较低，却会把更多的资金用于品牌综合价值的维护及门店的日常经营服务方面。

（三）自由连锁

不同的餐饮品牌店、餐饮个体店以及不同的餐饮服务商、合作商等为了追求某些共同的商业价值而达成自由组合的连锁运作形态可称为"自由连锁"，也称"混合连锁"。

自由连锁时，可以通过一个共用的平台、图形标识、文字标识、商号名称、组织名称、注册商标等集体向外界展示连锁品牌的实质性与功能性。自由连锁可以以任意形式进行实质组合，所以具有较大的开放性，因此也更应该具有严苛性和权威性。

社会大众普遍认为在连锁经营形态下，门店的整体商业形象应该是统一的、相仿的，这却是一种比较常见的认知误区。

> 自由连锁重在"锁魂"，而不在于"连型"，各企业的整体或部分形象如能统一固然挺好，但并非必须。

自由连锁的形式，因为商业开发需要，通常还有如下一些类型：

1. 不同类型的商业主体，同一商业机构下，执行统一的管理或使用共同的管理系统、功能软件等。如，某集团公司下的餐饮单位、贸易单位、商超单位，统一受集团公司的财务管理等。

2. 同样类型的商业主体，不同的商业机构或法人归属，为了共同进行集体采购或获得共同的服务需求等。如，某特定的区域内不同的餐厅一起组合采购某一种食材、设备、原料等。

3. 不同类型的商业主体，不同的商业机构或法人归属，在同一平台中并存，相互补充或互相竞争，并享用共同的管理资源或消费资源。如，商家联盟、社区联盟、商业平台等。

自由连锁中的商业主体可以通过连锁平台的相互曝光及消费市场的共享扩大品牌的知名度、提升市场的空间、降低管理的成本、增加边际的效益以及改善品牌的溢价能力等。

> 自由连锁可以进行自由的组合，也可以自由地解散和自由地退出。

二、餐饮品牌连锁的管理模式

餐饮品牌连锁的管理，是一项需要具备餐饮综合运营能力的管理学科，对于管理者职业化状态和专业化水平的要求比较高。实施和完善餐饮品牌连锁的管理需要各种不同专业职能的个人和专业的团队共同协作。

社会餐饮品牌连锁管理人才和团队的数量完全跟不上社会餐饮的发展速度和切实需求，职业化的高层管理人才稀缺，专业化的中层管理人才几乎断层，基层管理者和基层岗位人员流失率高且新人招聘越来越难，这是整个社会餐饮行业必须要面临的一个重大现实问题。

因为缺乏行业人才，餐饮品牌连锁管理模式存在的意义就显得愈加重大，这类管理模式是餐饮品牌生存与发展、收入与盈利、成本与价值的效益公式，也是餐饮品牌市场竞争力的综合实力体现。

组建庞大的职业化管理团队进行餐饮品牌连锁的管理显然已经不符合现下的餐饮商业追求，也不符合现代餐饮企业的成本价值诉求。

除由餐饮管理公司实行大运营的管理模式外，餐饮品牌连锁常见的管理模式还有以下这些类型：

（一）店长责任制管理

餐饮管理公司内设财务、人事、采购等行政保障职能，由公司总经理对连锁门店进行统筹管理，实行扁平化垂直管理的模式。

总经理及公司行政职位以品牌的整体规划、战略发展为前瞻并做好门店的行政后勤保障等工作，让门店店长全权处理门店的日常经营管理事务并不予多加干涉。

公司可以赋予门店店长相应的股权或绩效激励并委以最高的权力，充分激发门店店长的主人翁精神以及主观能动性，使门店店长成为门店实质上的家长和门店的企业主。

门店店长对门店的经营管理结果负责。

（二）分公司责任管理

餐饮管理总公司在地区设置管理分公司，形成总公司管理分公司的管理模式。

总公司对分公司以监管为主。

总公司与分公司之间主要施行财务管理、供应链管理等二级管理制衡，分公司的运营职能及区域内门店均授权给分公司自主管理。

分公司的第一责任人由总公司负责任用与解聘。一般情形下，分公司第一责任人由总公司股东、总公司高管、外聘职业经理、区域代理人、市场开拓先锋等担任，可给予总公司或分公司相应的股权激励。

分公司可以是直营管理模式，也可以是合伙管理模式或加盟管理模式，对分公司第一责任人的任命有效期具有一定年限，达到年限则需要重新考核并研究其是否继续胜任或解除职位。

分公司第一责任人对分公司的经营管理结果负责。

（三）加盟授权区域管理

是主要根据总公司战略布局对优质的品牌加盟商给予创业扶持的合作形式。当某加盟商在某一地区开设多家加盟店或特别优质的加盟商具备区域性统筹管理能力时，可以由品牌公司授权该加盟商对该特定区域行使综合管理的权力。

加盟商管理加盟商的方式可以极大地降低品牌公司的综合管理成本，而加盟商与加盟商之间的商业立场基本相同，能在同一个频道上进行平等的沟通和交流，更容易增进加盟商对品牌公司的信任度，减少因为立场不同而与品牌公司发生许多不必要的合作摩擦。

加盟授权管理的模式下，品牌公司也可以与管理的加盟商正式成立区域分公司，授予管理的加盟商为分公司法人，并将分公司各方面收益的较大部分分配给分公司的管理者。

加盟区域管理受总公司的垂直监管，同时对区域的经营管理结果负责。

（四）委托第三方管理

品牌公司为了追求品牌连锁门店拓展的速度，同时为了降低管理的综合成本并减少烦琐的日常工作事务，可以委托专业的第三方运营管理机构进行日常的经营管理并可签订战略合作协议。

将第三方所管辖门店的收益进行合理的分配，以达成互助共赢的局面，甚至可以以入股的方式加入第三方公司，增加与第三方管理公司的合作高度，最大程度地降低品牌公司的综合管理成本以及提升连锁门店的专业化、职业化管理效益。

委托第三方管理，可以是整体委托，也可以是点位的委托，即部分业务委托。

第三方因受制于品牌公司的各项条件制约，仅对部分的经营管理结果负责。

（五）公司职能督导管理

除财务部门外，公司不设置其他具体的职能部门，也不设置具体的高管职位，公司将需要的管理职能按类别进行督导职位的设置，如：出品督导、服务督导、营销督导，等等。

职能督导管理也可以理解为公司将主要经营管理项分化成不同的业务板块，实施独立、低配的矩阵管理模式，可以极大地降低综合人力资源管理成本以及提高业务管理效能。

督导管理的模式相当于公司与督导人员施行半职能、半合作的管理形式。督导人员既受公司的管理规则约束，同时又拥有职能内的绝对权威。

督导管理的模式从态势上来看，也是公司未来发展中业务分公司成立的前期布置，具有一定的战略性。

公司应该给予督导人员在管理范围内相关的绩效回报，积极促进督导人员的责任感和使命感，最终使公司、督导、分店都能有所收获和成长。

三、餐饮连锁品牌的收入模式

餐饮连锁经营中，品牌公司的收入项并非完全指利润项，个别收入项可能根本没有任何利润，但可以作为引流项、数据项，或者仅仅是品牌公司为了增进与门店之间的关联黏性。

其中，可以通过非营利收入项的流量数据作为品牌经营管理的科学性分析，以达成更优的运营计划。而对于某些需要进行融资发展的餐饮连锁品牌还有通过做大流量数据提高品牌溢价能力的作用。

餐饮连锁品牌的公司收入项可以从很多方面进行设计，依据不同的餐饮商业类型或餐饮商业经营模式，大致可以分为以下收入类型：

（一）品牌加盟（合作）费

具备一定资质和资格的餐饮品牌可以向品牌加盟方收取一定的合作费，这类合作费包括品牌使用费、品牌加盟费、特许经营费等，社会餐饮连锁加盟的拓展中一般统称为品牌加盟费。

餐饮品牌的加盟费，主要是指品牌方将品牌投入的各项建设成本以及品牌的商业经济价值等转换成一定额度的价值费用并向加盟方进行合理收取的一种收入形式，品牌方一般会输出相应的产品、技术、资质、荣誉等。

加盟方付费后可以使用品牌方的品牌资质及相关价值以此降低或抵消自行建造品牌的各项综合成本投入。

品牌加盟费一般为一次性收取的方式。通常情况下品牌方还会约定加盟方不可以变更经营地址，或者需要提前报备得到许可后才可变更经营地址，其主要目的是为了更好地施行品牌经营的区域保护。

有的品牌加盟费按加盟协议内合作的年限收取，在合作到期后需要重新签订加盟合同并二次支付加盟费，也有的品牌方会给二次加盟进行较低的折扣或者免费续约的方式继续开展加盟合作。

（二）商标使用费

取得国家注册商标后的餐饮类商标，可以授权合作店使用并向合作店收取一定的商标使用费。社会餐饮商业的连锁拓展中，商标使用费大多被称为品牌使用费，是因为大部分人把商标直接理解成了品牌。

合作店的餐饮经营内容和经营方式可以与商标方的完全相同、基本相同或基本不同。

餐饮品牌的连锁商业模式中，有部分餐饮品牌以纯招商加盟为主，有的只有一家实体店，有的只有实体店的样板间，有的甚至只有实体店的形象方案等也可以施行招商加盟并收取一定额度的商标使用费。这类餐饮品牌因为没有经过长期的市场实践检视，不属于可选择的优质餐饮品牌。

还有极个别纯招商的餐饮品牌会通过不正当手段做大餐饮品牌的经营数据，以此换取加盟方的信任而从中谋利，这类餐饮品牌的商业行为涉嫌欺诈，可能会受到法律的制裁。

（三）技术培训费

餐饮连锁品牌一般都具有差异化的技术特性，这类技术通常泛指餐饮出品的菜式制作技术，较少部分品牌方也将经营技术、管理技术，甚至创业技术等融于对合作方的综合技术培训体系之中。

餐饮创业的技术培训主要存在于培训机构和餐饮连锁的品牌方。餐饮品牌方可以独立开发出一整套餐饮创业的培训体系并实现独立运作，某种意义上可比培训机构更有综合价值优势。

综合性的餐饮技术培训会是未来餐饮连锁品牌发展中常规的服务内

容，并且可作为餐饮品牌连锁拓展合作的优势竞争力之一，能较大程度地提升餐饮连锁品牌的市场经济价值。

技术培训费的收取可以按照餐饮品牌门店主营业务的产品进行整套技术、品类技术、单品技术的输出。

有的餐饮品牌方会不断地开发新品并进行收费培训，以赚取更多、更长效的技术培训收入。

（四）运营管理费

餐饮品牌合作店的成长离不开专业的运营管理。大部分的餐饮品牌合作店对于日常的经营管理并不专业，甚至一窍不通，这时就需要餐饮品牌方对合作店进行统筹式的日常经营管理维护和指导，同时也是对品牌市场价值和形象应该行使的一项保护措施。

餐饮品牌方因为投入管理人员进行管理辅导，即产生了综合的人力资源成本，可收取品牌合作店一定的管理费。

餐饮品牌合作店运营管理费的收取，通常都是象征性的收取。有的品牌方将运营管理费设置在几百元一个月或几千元一年，当然，运营管理费的定额还需要综合考量餐饮品牌店的价值、单店体量以及管理的综合投入成本等。

运营管理费是品牌方一项长期的收入项，应该考虑细水长流的特性，特别是对于提升合作门店对品牌方的信赖度有着举足轻重的作用。同时，品牌方也可以通过运营管理的关联从中获取更多的经营信息和资料，为品牌方的整体管理改善、经营提升以及品牌价值的优化和成长提供重要的参考依据。

品牌方还可以通过对品牌合作店的职业维护极大可能的在品牌合作方的影响力圈层之中吸引到更多的品牌合作方。

（五）门店经营提成

品牌方向品牌合作店收取经营提成的前提是品牌方提供了足够强大的

运营管理支持，有力降低了合作门店的人力资源管理成本或对门店的经营业绩进行了有效的改善和提升。

品牌方受品牌合作店的委托，可委派经营管理人员入驻品牌合作店或由品牌合作店提出申请委托品牌方全权管理合作店。品牌合作店的投资人则成为纯投资人，不担任品牌合作店的经营管理职位。

> 门店经营提成一般分为两种类型：一是营业额的提成；二是纯利润的提成。

根据餐饮商业的经营类型或餐饮门店的经营体量不同可以议定不同的提成比例。行业中门店经营提成的比例一般为营业额的1%—5%或利润的8%—20%不等。

门店经营提成的约定不宜口头承诺，双方应共同协商并签订相关的合作协议。协议中应明确双方各自的责任、权利、义务以及利益的分配方式，避免因为协约不清而影响主体经营的成果。协议的意义还在于尽可能规避认知偏差导致破坏双方友好合作初衷的其他情形。

（六）食材供应差价

食材供应差价的收入是餐饮连锁品牌创立之初就应该设计好的收入模型，在对经营产品进行定位时，需要策划所供应产品的唯一性、稀缺性、独特性以及可控性等。

餐饮品牌方的食材供应包括产品主辅料、产品半成品以及产品成品等。

餐饮品牌方供应的产品应该具有相对的市场差异价值，确保与竞争品牌、供应商之间在价格、品质中占有相对或绝对的优势，才有可能与品牌合作店保持长效的供应合作关系。

餐饮品牌方较竞争对手的价格和品质之间的利润空间就是可操作的收入差价区间。品牌方始终保持比竞争对手的品质更高，或价格更低或者同时保持品质更高，价格更低，才能凸显出品牌方的供应优势。

餐饮品牌方的食材供应可以从两个底层方面进行竞争力价值的塑造，一是从供应链顶端形成战略关联，拿到最低的采购价格；二是从技术层面研发出具有独特性的品质产品，该类产品即便被人模仿也能保持相对的优势。

食材供应是一项长效的收入来源，也是锁定品牌合作店的执行策略之一，有了食材供应的强关联才可能衍生出其他更多的收入模式。

食材供应的收入模式不在于追求单店的供应利润，而在于薄利多销。当合作门店的数量越来越庞大时，品牌方与源头供应方的议价能力和自主生产成本方面才越有优势，期间所获得的市场差价才越明显。最终可以通过供应数量大实现采购源头、品牌合作店、品牌方等都能共同获益。

（七）设计装修收入

餐饮品牌方对品牌合作店的设计装修费收入，应该分为两个部分：一是设计费；二是装修费。

装修设计是品牌方为品牌合作店提供的一项增值服务，也是保证品牌合作店能按照品牌方要求进行装修以维护品牌整体形象和功能的一项重要举措。

通常情形下，品牌合作店取得品牌方的装修设计方案后，可选择委托品牌方进行装修或委托第三方进行装修。如果委托品牌方进行装修的，品牌方的设计费一般可以减免，品牌方的设计成本则从装修利润中进行代偿；如果品牌合作店选择与第三方合作装修，应该向品牌方支付相应的设计费用。

餐饮品牌实行连锁拓展之初，一般都会先期完善门店的装修设计通用方案，包括确定装修所用的各种材料及规格等。品牌方可以自建装修设计团队或与第三方装修设计团队形成战略合作关系，以保证新门店装修设计的成本更低，效率更高。

餐饮品牌方也可以提供免费的装修设计服务作为品牌方的合作价值体现，或展示出对品牌合作店创业扶持的责任与担当，以谋求建立双方在其他合作层面的信任基础。

在门店装修方面，品牌方应该追求品牌连锁门店的装修数量，不能依靠单店的装修赚取过高的利润。品牌方施行门店统一装修的初衷应该以降低门店装修成本和提升门店装修效率为目的，最终依靠更多的门店装修机会而从中获得相宜的利益。

（八）设备销售收入

许多餐饮连锁品牌在进行品牌策划时就战略性的谋划通过设备或用具的独特性与同类品牌形成差异化的竞争价值，并在筹建时期就与生产厂家确立了个性化的定制合作，有的新型实用性设计还会申请相关专利。设备或用具的不同是市场竞争的亮点，也是品牌方一项特殊的收入来源。

> 自主研发的设备或用具在品牌门店的经营中一般都具有比较实用的功能，主要体现在提高效率、节约成本、改善标准、吸引眼球、创新产品等方面。

在餐饮连锁品牌的合作中，这类设备或用具的商业价值就更为明显，因为市场中缺乏同类产品的比对，品牌合作店便没有办法获取市场价格和质量的对比，因此不得不对品牌方进行设备或用具的采买。

新型设备或用具也存在一定的风险性，因为研发测试的投入比直接购买成品的成本相对更高，而使用的安全性和稳定性也可能存在一定的隐患，所以在这方面想要增加收入来源还需要有更加负责任的心态。

品牌方自主研发或直接向厂家采购的设备或用具向品牌合作店标配的，应该实行多方获益的原则，即品牌方通过低价多量获得收入，品牌合作店通过品牌方的统一订购降低购买成本，厂家通过长期订单实现收益。

（九）布草制服收入

餐饮连锁品牌在品牌的 CIS 系统中，统一了 VI 视觉识别体系，其中全员形象及着装方面基本上都要求统一化。

布草，一般泛指餐厅使用的各种布料类的用品，如：服装、帽子、围裙、台布、椅套、抹布、杯垫、口巾等。其中比较重点的是制服工衣，无论何种类型的餐饮连锁品牌都必不可少的需要配备统一标识的制服。

制服，是品牌方统一规格的通版工作服装，应该进行特别的设计，达到一定的品牌辨识度，需要与其他品牌的制服有所不同，同时也是区别顾客、闲散人员以及工作人员的一项具体管理举措。品牌统一的制服，也是餐饮品牌整体营销中一项无声的宣传推广手段。

品牌方可与服装厂合作进行统一生产，再由品牌方添加到品牌合作店必购、标配的物料采购清单中，可从中获取一项收入。同样，该项收入也应该让品牌方、品牌合作店、服装厂都能获得相对的益处。

布草、制服的管理，是一项应该具有独立性的管理机制，应根据餐饮连锁品牌的管理类型制定出一套让品牌方和品牌合作店都能受益的制度。

（十）工商服务收入

大部分餐饮品牌合作店都不太懂餐饮经营证照如何办理，如果由餐饮品牌合作店自行注册办理或者委托第三方专业机构进行餐饮经营的工商注册，要么耗费的时间成本高，要么注册的成本费用高。

餐饮连锁品牌在创立初期即应该设立独立的外事行政职能协助品牌合作店办理相关资质证照，或与第三方专业工商登记注册机构形成稳固的合作关系，以低价走量的合作方式达成深度合作，让品牌方、品牌合作店、专业机构都能从中获得利益。

每家餐饮经营单位还存在财务记账、税务申报以及不再经营时进行商事注销等工作，都需要有专业的人或机构进行维护和处理。

工商注册可以成为品牌方的收入项，但大多数品牌方不会选择在其中获取直接的利润，更多的则是向品牌合作店提供创业扶持的支持，以增加品牌方的对外合作价值。

（十一）软件标配收入

现代餐饮经营管理中，为了更好地提升工作效率，规避数据漏洞，一般都会采用一些系统的操作软件进行日常工作的辅助，如：收银、点菜系统等。

餐饮品牌方为了掌握更全面的经营数据，获得更多的经营信息，以及为了更方便进行数据的综合管理和分析，通常会要求连锁分店统一配备品牌方提供的经营管理软件。

统一使用相同的经营管理软件，也更利于软件使用的操作培训和统一的后台管理，比如：更新菜单、调整价格、折扣授权、营销统筹、会员管理，等等。

餐饮系统软件大多采取向第三方购买或租赁，也有的品牌方会进行系统软件的自主开发，并由此获得独立的版权。无论哪一种形式的系统软件，品牌方通常都会加价标配至品牌合作店，标配的系统软件一般也会搭配相关的操作硬件。

系统软件的标配是品牌方的一项收入，但不应该追求过高的利润，可以通过集采集配的方式获得软件开发方的差价利润，而不是向品牌合作店赚取效益。

系统软件的标配应该是为了更好地将品牌方和品牌合作店有益地结合并绑定在一起，施行统筹管理，便于经营分析及经营策略的制定。

（十二）其他物料收入

餐饮经营管理所有涉及的常规物料都可以成为品牌方输出的收入入口。从这个层面理解来看，就是餐饮品牌方需要打造整个后勤保障及供应体系，也可以成立独立的供应链公司，独立负责该项营收任务，在没有成立独立供应链公司之前，可以先成立供应链部门。

其他物料，还包括诸如：厨具餐具、酱料调料、餐桌椅、监控设备、印刷品、保洁维护、一次性用品、易耗品等。

餐饮品牌方应该从内心出发，真诚地把品牌合作店当作自己的直营店，并为此积极努力去维护旗下分店的各项成本利益,才能最终实现餐饮品牌连锁经营中全供应链模式的成长,进而更加有力、有效地开展餐饮品牌连锁的发展。

许多餐饮连锁品牌的实际收益其实并不乐观。只想着如何从品牌合作店中赚取利润,这样的餐饮连锁品牌注定不能长久,优秀的餐饮连锁品牌首先要解决品牌单店成本模型和盈利模型的问题,并且应该和品牌合作店始终肩并肩,齐步走,一起努力赚取外部市场的利润。

十二种收入模式,也是餐饮品牌方的十二道产品。如同餐饮单店经营一般,可以根据餐饮品牌的差异化价值,打造出品阶产品、核心产品、引流产品、利润产品、增值产品,等等。

四、餐饮连锁的主要拓展模式

餐饮品牌连锁直观的价值体现在品牌门店数量的良性增长、单店经营效益的稳定、以及品牌方与门店之间长期保持良好合作共赢的状态。

品牌门店数量的良性增长指的是,品牌门店的新开率较大程度地高于品牌门店的结业率。

品牌门店想要保持良性的增长,需要根据品牌方的综合资源,如:信息、团队、技术、渠道、荣誉、资本等进行深度的剖析,设计出符合品牌发展价值理念的多维度拓展方向,并将这些方向完善成具体的拓展机制形成可执行的拓展模式,再加以不断复制,最终达成品牌门店数量的持续增长。

(一)店长合伙模式

餐饮品牌公司直营连锁每开一家分店,可以吸纳店长等核心人员参与入股,入股的形式多种多样,可以采取独立配股、实缴持股、实缴加配股、管理入股、技术入股等方式使店长成为单店的股东或实际合伙人。

店长从管理者升级为股东兼管理者时，个人的职业价值得到了质的提升，势必也会影响到更多的优秀人才加入品牌店的拓展中来。

店长合作模式，需要店长不断培养更多的新店接班人，当老店长培养出的新店长投入新店的股份合作时，应该给老店长一定的奖励，这样不仅能解决未来店长胜任人选的问题，还能有效地促进新店的积极拓展。

当老店长培养出的新店长达到一定数量时，可以授权老店长为区域管理者，并从中收获更多的管理效益。

餐饮品牌公司也可以形成一种拓展机制，当具备相关资格的管理人员物色到合适的店铺，就可以入股并管理该店，这样可以极大程度激发大家的主动性，并优选到优质的店铺，进而提高连锁门店数量的增长率以及单店以后的生存率。

（二）单店"1+N"模式

单店"1+N"模式分为内部和外部两种形式。当开设新的餐饮品牌单店时，可以以内部组合、内外部组合的模式进行单店的投资建设。

> 1. 品牌方投资为1，多名内部职员投资为N。
> 2. 品牌方投资为1，多名合作店股东投资为N。
> 3. 合作店投资为1，多名品牌方员工投资为N。
> 4. 合作店投资为1，多名合作店员工投资为N。
> 5. 合作店投资为1，多名合作店朋友投资为N。
> 依此类推。

"1"代表主要投资方，同时全权行使单店日常的经营管理，"N"代表相关资源配搭的投资合伙人，这类投资人最好不参与单店的决策或不出任单店的核心职位，必须出任相关核心职位的，应该按照职位权责开展日常工作并享受相应的薪酬福利待遇。

单店"1+N"的投资合伙模式下，明面的股东人数最好为单数制。单店合伙投资不是大面积的众筹行为，投资人数保持在3人或5人为最佳。

其次，各股东必须签署正式的合伙协议，约定各自的责权归属问题。最后，还需要品牌方作为直营管理的角色进行单店合伙关系的平衡与制衡，最终有益的结合所有合伙人的资源优势将单店的经营业绩有效地开发出来。

单店"1+N"的投资合伙模式比较适合初次进行餐饮创业的投资人，既能有效降低投资成本，也能相对轻松承担可能出现的亏损，同时也能以最低的代价学习、摸索餐饮商业的经营管理之道。

当餐饮品牌单店的合伙投资人亲自品尝到效益成果时，又能从 N 个投资人中分化出更多的"1+N"投资品牌单店，最终实现餐饮品牌连锁门店的持续发展。

（三）带店翻牌模式

社会餐饮经营门店大概率有一半以上的经营效益都不理想，特别是一些单打独斗的传统餐饮个体店，由于缺乏各种优质的餐饮经营管理资源和连锁品牌综合价值优势，常常陷入进退维谷的艰难生存境地。

这些年，整个餐饮行业的商业经营规范和品牌连锁发展形态已日趋成熟，专业化餐饮运营管理的重要性越来越受到重视，大部分传统的个体餐饮经营店已面临"不转型等死，乱转型找死"的两难局面。

社会餐饮商业形态中，品牌化的商业标签是餐厅生存和发展积极而客观的条件，也是向传统餐饮个体单店降维竞争的手段。传统餐饮个体单店面临的困局亟需品牌化的解决方案，这给已经是餐饮连锁的品牌方提供了很好的拓展资源和机会点。

> 餐饮连锁品牌方可以通过品牌拓展部门寻访与品牌方经营方式类同的传统餐饮个体店，以品牌、资金、技术、运营、管理、资源等方式与传统餐饮个体店达成品牌合伙关系。

餐饮连锁品牌方也可以战略性配置专项拓展资金，以小资金投资入股将传统餐饮个体店的基础形态改造成品牌方的统一形象或统一标识，并行使统一的品牌连锁运营管理。

以小微型餐饮单店为例，品牌方独立投资完成一家餐饮品牌单店的成本可以投资改造 3—5 家左右的传统餐饮个体店。

品牌方投资入股改造的传统餐饮个体店，管理权归属到品牌方，经营权则保留在合伙店，这样既可以有效约束合伙店的日常经营规范，也能解决合伙店招人难、用人难的问题。合伙店在没有任何新增投资的情形下一跃成为连锁品牌经营店，既能享受连锁品牌的综合资源和价值优势，其个人的行业形象也得到了实质的升华。

带店翻牌模式下，品牌方和合作店的股权结构和比例分配多种多样，应该根据实际情况进行弹性调整，同股同权或者同股不同权均可。有的品牌方基于品牌发展的战略考量，或者为了获得股份以外，如供应链收入、品牌溢价能力等利益，可以采取对合作店保底收益，亏损少出、盈利多收的合作模式，以期快速拓展出更多的品牌门店。

（四）投资托管模式

大部分国人或多或少都期望过能开一家属于自己的餐厅，然而只有极少数人实现了这个愿望，主要原因是大多都缺乏专业的餐饮经营管理经验或知识，也缺乏可信赖的餐饮经营管理人才，在时机不成熟的情况下，往往一直在内心搁置着这个愿望。

基于人性的需求，餐饮连锁品牌方可以推出投资托管的合伙模式，由投资合作方完全出资建设餐饮品牌单店，然后委托给餐饮品牌方实施经营管理。品牌方向合作单店收取一定的管理费或营业分成。

投资托管模式的推动，关键因素在于餐饮连锁品牌的知名度、美誉度、盈利能力以及运营水平等。许多投资合伙人还比较看重餐饮连锁品牌创始人的职业资历、行业背景、资源关系、财务实力、以及人格魅力，等等。

投资托管模式下，单店的投资合伙人及关系人一般可以入职到采购、收银等特殊职位，尽量不涉及主要的管理职位。

（五）店中店经营模式

近些年，社会行业经济内卷越来越严重，大部分社会商业实体店的经营成效都不理想，但店铺的租赁成本还在按照协议规则继续递增，双重压力之下，社会实体经营店举步维艰，亟需外部力量赋能解压。

对于小微型的餐饮连锁品牌都可以合理采用店中店合伙经营的模式进行品牌连锁门店的拓展。

店中店模式，就是在大于餐饮品牌实体店的其他商业经营实体店中，分割出一部分或分划出一个独立的编号门面进行合作经营的模式。

小微型的餐饮品牌选择店中店拓展模式可以考虑中大型餐饮店、便利店、生鲜超市、生活超市、药店、养生馆等，特别是那些实体经营店持有多个门牌编号的尤为合适。

店中店模式，既可以分担主体经营实体店的租赁成本，还可以彼此共享客源，相互促进。通常情形下，小微型餐饮品牌店的入驻不需要缴纳转让费、进场费之类的高额费用，可以以最低的建造成本进行实体店的拓展和经营。

> 店中店可以是餐饮品牌标准店的缩小版或优化版。

（六）创业培训模式

大部分餐饮连锁品牌的单店合作方都不具备餐饮创业的成功经验，甚至没有创业经验，因此，许多餐饮品牌单店的合作者不仅需要技术层面的培训，还可能更需要创业认知、创业心态以及创业技能等的培训。

餐饮连锁品牌本身就应该具备培训的功能，可以将该培训体系升级为创业培训中心、创业辅导中心，独立成体，独立运作。

创业培训的准入门槛比直接加盟餐饮品牌单店会低许多，相对之下，应该更容易吸引到更多的创业者。

品牌方开展创业培训不仅可以在既有成本的基础上创造出更多的效益，也可以通过教学的过程与学员建立起互信关系，进而有效输出餐饮连锁品牌的价值优势，创造更多连锁合作开店的机会。

学员可以独立创建自己的餐饮品牌，品牌方也可以从中筛选出比较优质的创新品牌进行原始投资，达成多品牌发展的局面。也会有一部分学员认可品牌方的综合价值后而选择与品牌方达成高规格的深度合作，品牌方就能提升连锁门店的发展机会。

品牌方推行创业培训模式也可以借机吸收和掌握更多有价值的投资资源，有效打破餐饮品牌连锁发展模式固化的局面，寻找到更长效的综合价值。

升维的品牌连锁拓展模式还有品牌种间并购、战略融资拓展、创始本金复制，等等。餐饮品牌的连锁拓展模式，只是品牌发展的助力工具，不能沦为品牌方纯粹的盈利手段，无论以何种模式进行连锁门店的拓展，品牌方都应该始终保持对行业的敬畏、对商业的尊重、对合作的负责，并不断深挖品牌的市场经济作用，踏踏实实践行在品牌文化、品牌运营、品牌价值等方面深耕细作，让品牌建设与发展的参与者都能真切感受到品牌方的使命与担当，通过良好的口碑相传才能更加深远、更加有价值的进行品牌化连锁发展。

五、餐饮品牌的主要融资模式

餐饮品牌的成长需要合适的沃土和足够的养分，大多数餐饮品牌的折戟或多或少都和资本实力有着密不可分的关联，所以最好不要以自身个体的资本进行餐饮品牌的独立创业，而更应该倾向于资本融合性的创业。

> 餐饮品牌的成长与发展，在品牌建设、团队打造、市场拓展、运营管理、营销推广等方面都需要足够的资本作为品牌价值实现的基础。

想要进行餐饮品牌创业和发展的融资计划前，首先要确定餐饮品牌的项目本身是否具备较强的市场经济竞争能力以及未来发展的溢价能力，然后还要看餐饮品牌创始人及团队成员的职业能力以及人格魅力等。

餐饮连锁品牌的融资模式有很多，应该根据餐饮品牌的类型进行价值提炼、价值塑造和价值评估后进行客观的融资模式设计。餐饮品牌有了资本，才可以对应去换得融资的资本，意味着餐饮品牌本身具有了价值，才能换得外部更多的投资价值。

融资所融合的不仅限于资金，这个"资"还在于资源、资产、资质、渠道、信誉、技能等，合理、合适的融"资"可以让餐饮品牌的综合价值和溢价能力变得更加强大。

比如，资产相融。可将商铺应缴纳租金、转让费等与租赁方进行诚意洽商，将该类应缴成本议价为餐厅的投资股份，以此提升可控资金的经营用途，改善建造或经营的成本结构，获得相对长久的生存与发展保障。

（一）投资资金相融

餐饮品牌的建设需要资金支持是最常见的融资需求，也是餐饮品牌创业与发展最常规的融资方式。

创业型的餐饮品牌需要资金注入建设，通常情形下首先获得融资的对象都是身边第一圈层的直属关系人脉，或者第一圈层关系人脉产生的影响力圈层人脉，也即第二圈层人脉。

大多数外部投资者初期投资的金额通常都不会很大，第一笔或第一期投资一般带有鼓励性和试探性，以便于进入餐饮品牌的运营体系之中能更加全面地了解创始人个人以及餐饮品牌背后的相关信息，所以，投资人通常情况下是有可能进行第二笔或第二期的追加投资，那么餐饮品牌创始人就应该非常谨慎地对待既有投资人，特别忌讳对投资人进行实际情况的隐瞒，同时，餐饮品牌创始人还需要认真、严肃地对待财务报表的规范性及经营管理相关数据的准确性等问题。

许多餐饮品牌的初创者，因为不熟悉财务管理的规范或者初创者存在灰色的财务漏洞不愿意透明财务状况，往往导致投资人失去投资信心而不再追加投资。而每一位投资人的背后还存在自身影响力圈层的投资人，一旦既有投资人没有信心追加投资，那么他身后影响力圈层的投资人也就不会出现。

投资人本身也是一种资源体，更是以后其影响力圈层可能追加投资的一支杠杆，餐饮品牌创始人与其不断寻找新的投资人不如好好维护好既有的投资人。

> 资金相融，要有资金的正确和正当用途，并需要签订正式的投资协议，特别要说明投资置换的条件等。

餐饮品牌创始人应该在还不是特别需要资金的时候就开始未雨绸缪寻求资金配置，这个时候不会因为慌忙而欠考虑地付出巨大的置换代价。同时，许多餐饮投资人在餐饮品牌特别需要资金的时候，考虑到风险系数的问题，一般也不会轻易注入资金，这也很容易给餐饮品牌创始人带来信心上的打击。

资金相融不是唯一的资金需求解决办法，所以尽量不要委曲求全，也不要轻易贱卖品牌价值，更不能作武断的对赌，特别是双重性质或多重性质的对赌。

（二）技术设备相融

技术或者技术设备，都需要人力或资金作为交换条件，大部分餐饮品牌方思考维度依然是需要解决资金的问题，如果换一个维度思考一下，直接对点解决技术或技术设备的价值置换问题，实际上也就间接解决了资金需求的问题。

> 餐饮品牌方可以通过技术合伙、设备合伙的模式进行融资，将技术人员、设备厂家吸纳为股东，他们以技术入股、以设备入股即可。

餐饮品牌方将技术和设备按照合适的价格置换为相应的股份，这样不仅可以解决资金的缺口问题，同时也能达成某种战略合作的关系，同时还能吸引到他们背后的更多资源，当然，这样的融资模式下还能变向解决相关联的用人或专业团队组建的问题。在技术、技术设备出现问题的时候，也可以第一时间得到更加高效的解决，同时可以将维修、维护的成本降至最低。

（三）渠道资源相融

餐饮品牌的门店经营无外乎向内控制成本，向外提升营业额两个方面，这两项如能相得益彰的良性创造利润，那么餐饮品牌就不会缺乏资金。而餐饮品牌一旦缺乏资金支持，要么是需要投资发展，要么是盈利能力相对不足。

盈利能力不足时出现的资金短缺，如果用外部融资的方式来填补则很难解决根本性问题，所以餐饮品牌方应该深度考虑到底是需要解决资金的问题，还是要解决盈利能力的问题。

与其向外部吸纳资金解决暂时性的问题，不如寻找消费市场渠道，并与消费渠道持有者进行合作，将渠道持有者的贡献转化成实际的股份或者红利，这也是一种融资模式，而在这种融资模式下不仅能快速地解决资金填补问题，也可能长效性地解决餐饮经营盈利能力和盈利机制的问题。

（四）供应链相融

餐厅经营中最大的一项成本之一是来自所销售菜品的综合原材料成本，解决或者有效降低原材料的采购成本，也就建立起了餐饮经营中最大的一个成本效益板块，同时，也间接地解决了一部分长期经营所需支付的资金成本量问题。

> 供应商，是餐饮品牌方的第一圈层直接关联者和既得利益者，是最了解餐饮品牌经营状况的知情者，互相之间属于唇亡齿寒的命运共同体。

餐饮供应链的融合，不单指所销售菜品原材料的供应商，也泛指与餐饮连锁品牌能达成长期合作的其他供应商或服务商，比如，设计装修合作商，餐具厨具合作商等。

供应商以供应的源头采办渠道及周期性供货的总价值入股餐饮品牌方，餐饮品牌方给予供应商一定的股份或者红利，供应商通过最低价格的战略供应合作取得品牌方销售溢价的红利。当中的核算理解很简单，供应商只做原材料供应所获得的利润非常薄，而将原材料通过成品销售所获得利润则一定更大于原材料的收益。

当然，品牌方与供应链的合作方式可以多种多样，不论哪种合作形式其目的是降低品牌方的直接经营成本，利用一定时间周期的空间及有限的自由资金专注于消费市场的拓展。

供应链相融，较大的难点是品牌方如何取得供应商的信任以及供应商能提供多大力度的支持，这取决于餐饮商业品牌本身的经营模式、盈利能力、市场前瞻价值以及餐饮品牌创始人的个人魅力等。

（五）员工薪酬相融

大众创业，万众创新的时代背景下，餐饮行业的工薪一族也都期望有创业的机遇，餐饮老板们也期望员工要有主人翁精神，但因为没有身份认同，大部分餐饮从业者仅仅当餐饮工作是融入社会的一块跳板或者只是生活与生存的工具，并没有将餐饮工作当作一份事业去看待和对待实属情理之中。

对于初出社会的许多年轻人或一些资深的餐饮管理者来说，真正独立创业显得比较遥远和不切实际。

餐饮品牌方应该和有志在餐饮行业发展的职员之间搭建起合作的关系，而不仅仅是雇佣的关系时，不仅可以解决用人难、难用人的问题，还可能有效解决人力资源成本的问题，同时，还能实现员工创业的理想。

餐饮经营中的一项重大成本之一是人力薪酬成本。品牌方可以通过内部员工合伙激励机制的设计，将具备资格合伙入股员工应得的应付岗位薪资分解为入股投资部分和实发薪酬部分。入股投资即作为员工投资入股的实缴本金，实发薪酬则按照既定规则发放给员工以满足日常生活开支的需求。员工薪酬相融另一种说法也叫内部众筹。

品牌方将员工入股投资的应付工资用作品牌的建设和发展，这样既可以减轻人力薪酬成本的支付压力，也能为员工的个人身份价值体现得到质的提升。从另一个角度来看，品牌方相当于给员工做了一次工资优化的投资方案，将员工的工资转换成可以溢价的股份，未来的收益可能将远远超过其应得的薪资水平。

对于员工来说，不用直接掏出一分钱，在保证日常生活开支的情况下，还能成为公司相关股份的持有者，这是名利双收的利好机遇。

当然，品牌方进行员工薪酬相融的出发点还是应该站在正心正德的前提下，真心想要做好餐饮品牌以及真心为员工谋利益的角度，如果得以实现，也可以最大限度地解决未来核心团队建设的重大问题。

有的品牌方会为员工入股投资部分设置投资保底回收的支持政策，让员工无忧地进行投资，当然，这需要品牌方综合考量自身的抗风险承担能力。

（六）权威资质相融

餐饮品牌应该塑造的品牌价值，并非单纯的出品或服务等价值，更在于餐饮品牌的综合资源价值，当餐饮品牌有了综合资源价值才有了被消费者购买的价值和被投资的价值，并且才具备了技术人员、设备厂家、供应服务商、内部成员为之投资相融的客观条件。

一个优质的餐饮品牌，要解决的价值问题，是多维度的商业价值体系问题，包括品牌的文化、背景、资质、荣誉等，但一个初创的餐饮品牌或者成长阶段的餐饮品牌往往最缺乏的就是综合性的商业价值背书。

社会商业中许多优秀的企业会聘请顾问、专家为企业站台，这些顾问或专家的行业资格、背景、影响力、公信力等组成了餐饮品牌综合价值的一部分，可以为餐饮品牌的行业、社会名分、荣誉资格等实力加分。有的企业高价邀请明星代言，也是为了吸纳明星背后庞大的粉丝群体，然后通过粉丝群体的消费力将企业产品的市场价值做大，这些权威资质的相融都只有一个目的，就是为了让品牌的商业价值更有价值。

餐饮行业同样脱离不开社会商业机制与商业规则的范畴，只依靠本身的能力和圈层影响力想要得到长足的发展和庞大的市场溢价基本上很难实现。

这些权威相融的价值体是企业、品牌的价值杠杆，只有通过杠杆的作用才能撬动更大的品牌价值和市场溢价能力。

餐饮品牌最直接的社会价值嫁接就是吸纳餐饮业内知名的专家或者聘请有影响力的职业顾问，也可以将有实力的餐饮管理公司或机构纳入餐饮品牌方的公司章程成为股东，餐饮品牌方就可以快速而有效地提升餐饮品牌在行业内的综合价值。

餐饮品牌的各种融资模式可以根据企业、品牌的类型，创始人自身的价值资源以及社会行情进行梳理和设计。

基础的融资方式不需要投入实质的置换成本即可实现，这种方法叫作"借资"，借助自身关联方的资质、荣誉等进行假借，即向关联的商业合作方取得相关资质、文字、形象、商标、荣誉等的使用授权后在宣传推广方面关联性地展示出来，借力提升自身品牌的综合商业价值，而关联的商业合作方也会因此得到品牌的曝光，形成彼此增益的形态。

> 融资行为是把双刃剑，如果初心纯正而又方法得当即可良性成长，如果出发点不对或者只是为了谋得私利则很可能得不偿失，甚至背上背信弃义的恶名。

六、打造餐饮品牌连锁七步曲

餐饮商业创业者大多期望能创造自己的品牌或连锁品牌，这符合社会实体商业经济发展的趋势。

世间万事万物的生长规律皆有迹可循，如何打造餐饮品牌连锁也有一定的路径，掌握路径的底层逻辑可以千变万化而不离其宗，实现餐饮品牌连锁也并非难事。

（一）品牌立项

餐饮连锁的品牌立项不仅应该有一套完整的 CIS 系统，还需要制作出落地性极强的《餐饮品牌立项规划书（说明书）》，将餐饮品牌类型所处的行业背景、发展趋势、成长障碍、品牌机会、竞品对标等进行可行性分析，然后对餐饮品牌的文化、理念、战略、策略、产品、服务、经营模式、盈利模式、成长机制、发展计划、营销策略、核心团队等进行逐一定位与完善。

制作规划书（说明书）不仅可以让创始人更加务实地看待自身创业的各项条件，也可以更加客观理性地进行餐饮品牌的多维度分析，让创始人和创始成员都能充分地认知到餐饮品牌的创业成长思路，进而达成一致，统一思想，各司其职，齐聚共力。

《餐饮品牌立项规划书（说明书）》是品牌成长路上的指引，也是品牌生长的主干线，全体成员都应该始终围绕主干线去缔造餐饮品牌的价值。在创业途中可以根据成长阶段的各种变化条件进行适当的修订，但主干线基本不能大变。

《餐饮品牌立项规划书（说明书）》可以作为新进员工的培训教材，也可以作为吸纳投资相融的品牌说明书，还可以修订后作为商业路演的资料。

《餐饮品牌立项规划书（说明书）》的作用可以承前启后，成为餐饮品牌连锁不可或缺的基础价值部分，可以让全体成员更加有自信、更加有方向、更加有动力进行品牌连锁的实质性拓展。

（二）单店落地

餐饮连锁品牌创业最艰难的是从 0 到 1 这个过程。因为缺乏成功的餐饮创业经验，大多数餐饮品牌创业者的创业生涯永远停滞在了第一家店。

> 正确看待餐饮品牌的第一家店，不必要抱有太大的期望。第一家店应该被定性为：创业店、功能店、体验店、测试店，那些把第一家店就要求做成：形象店、标准店、旗舰店的餐饮品牌大多以失败告终。

行业中经常见到一些第一家店就爆红的品牌餐厅，对于餐饮品牌初创者来说是一种莫大的诱惑，这其实是一种认知误区。这类品牌餐厅要么是众多竞争失败餐厅中的幸存者，要么是连续创业失败后艰难的胜利成果，要么是昙花一现的商业投资项目，对于普通的餐饮品牌创业者来说很难通过自身能力去实现的目标。

第一家店的落地要有战略性思维高度，不应该依靠第一家店就实现最理想的品牌梦。第一个店倒闭的概率不是五五分，而是大概率，应该抱有即便失败也要失败得有价值的心智，可以以最低的成本先实现餐饮品牌店最完善的功能性落地，当然也应该客观务实的积极去实现其投资效益和价值。

单店落地，是为了测试和完善品牌单店的成本结构以及盈利结构，为之后的连锁拓展进行实践性的检视。

（三）拓展机制

第一家餐饮品牌店在正常运营的状态下需要主动、及时地对品牌连锁可复制性输出进行辩证性的探索，并积极完善连锁拓展所需要的各项条件、资料和工具，做好随时可以开设分店的准备。

拓展机制的建设最好以公司为单位，规划出相关的职能部门或职位才能更加系统化、规范性地制定出相关的流程和标准。在餐饮品牌的初级成长中，可以优先注册管理公司以及完成公司组织管理架构，但不一定要按编制进行岗位人员的实质性配置。

公司化的拓展机制，就是要从一开始就按照一定的规则和规范进行连锁拓展的合作，许多餐饮连锁品牌在拓展初期不讲求规则，往往导致后续合作与前期合作的条件偏差过大，进而引起许多不必要的麻烦，或是因为规则问题导致各种合作纠纷而制约了发展的机会。有的餐饮品牌单店有幸经营良好，会有各方面人员主动提出合作开店的诉求，如果没有提前预备好合作机制，也很可能错失良好的成长机会。

（四）三店联营

> 餐饮连锁品牌第一家店最艰难的是品牌创始人的理想规划和实际经营功能落地的匹配度。

三店联营是社会商业价值中的基础连锁形态。

三店联营和一至两家店的组织管理框架以及行业价值影响力大不相同，是考验品牌方综合管理能力、综合运营能力的关键节点，能真正检视到餐饮品牌的市场生存能力和竞争能力。

三店联营的情形下，各品牌店的经营效益可能差异较大，大概率其中一家店会处于亏损状态。因此，最好施行统一的财务管理，将经营流水由品牌方进行统筹，这样可以通过三家店的财务统筹有效降低各方面的综合经营管理成本，从而改善亏损店的生存状态。

施行财务统筹能将餐饮品牌的初级价值红利期尽可能延长，品牌方可以利用这段时期的商业价值效应积极促进连锁门店拓展的进程，当有更多的品牌店落地后，可以优先淘汰亏损的门店，但最好一直能保持至少有三家品牌店处于正常经营的状态。

（五）运营锁扣

餐饮品牌连锁的运作结构中，品牌方是A，品牌门店是B，门店消费者是C。

A、B、C各自有一套自身的经济价值逻辑，都能独立形成链条式的圆形锁环。

> 餐饮品牌连锁的运营管理体系建设中，不仅需要建立完善 A、B、C 各自的独立价值体系，还需要将 A、B、C 三个独立的价值锁环紧紧的相互锁扣在一起，最终形成共生共灭的价值共同体。

一些以加盟连锁为主的餐饮品牌方因为创建餐饮连锁品牌出发点的原因，往往不会投入太大的经济成本去建设完善运营管理体系，最终将会导致 A、B、C 的共同价值锁扣或松散或断裂，当加盟合作门店的落店速度跟不上一个个价值锁扣断裂的速度时，餐饮品牌就将逐渐走到发展的尽头。

打造餐饮连锁品牌的运营管理体系，是将餐饮品牌参与的所有投资成本价值进行综合性的利用和发挥，特别是各品牌店的价值作用很多时候甚至超过品牌公司的价值作用。

（六）连锁闭环

> 餐饮品牌连锁的精髓在于"连"和"锁"，连而不锁，不是连锁；连形锁魂，才是连锁。

连锁的商业意义在于通过品牌价值的塑造及演绎，不断提高品牌门店的数量和质量将品牌的商业影响力持续扩大，从中获得更高的投资价值、市场价值、经营价值。

连形，是将品牌门店的各项标识、形象等统一化，让品牌门店具有相对或绝对的市场竞争辨识度。

锁魂，是将品牌方与品牌门店的价值系统紧密地串联在一起，并且具有难以分割的强关联性。

餐饮品牌连锁的运营管理体系搭建起了品牌方与品牌门店之间互相信任的桥梁，真正将彼此锁到一起还需要建立实质的锁扣。

精神价值锁扣，包括，品牌的文化、品牌的荣誉、品牌的地位、品牌的效应、品牌的魅力，等等。

物质价值锁扣，包括，品牌的技术、品牌的产品、品牌的物料、品牌的工具、品牌的售后，等等。

有的加盟连锁品牌，以为收取了品牌门店的加盟费、保证金、管理费等就实现了有效的锁扣，现实中，这些锁扣基本上没有任何实质性的效力。

品牌方与品牌门店之间的重要锁扣如果是品牌方的既得利益项目，同时也应该是 B 和 C 都能共同认可并愿意合作或愿意购买的价值项目，因为有了共同的价值利益关联，才能让锁扣更加牢固，最终形成连锁闭环。

（七）巩固价值

餐饮市场的商业动向瞬息万变，不仅有同质化的竞争，也有非同质化的可替代竞争；既有初出茅庐的新品牌竞争，也有资本降维竞争；不仅受市场监管政策的制约，还需要承受自然不可抗力的风险等。所以，餐饮连锁品牌需要时刻保持警醒、懂规律、观趋势、未雨绸缪，不断地进行品牌价值的改善和提升，主动适应市场的变化，迎合市场的需求。

巩固餐饮连锁品牌的整体价值，首先要持续保持品牌优良价值系统的稳定，然后在保持的基础上不断进行优化和升华。

餐饮连锁品牌的品牌定位、企业文化、经营形式、菜品类型、服务内容、环境形象、空间陈设、流程标准等都需要在市场消费需求变化和进阶中进行适时的升级和改良，在餐饮品牌的主体市场价值体现不改变的情形下，需要不断给消费者以耳目一新的价值感受。

> 巩固价值，不仅需要对内部的商业体系进行改善，还需要对外部的市场价值进行持续的边界突破，以发展战略的成长反向稳固品牌的价值。

打造餐饮品牌连锁七步曲，符合一般社会餐饮品牌连锁的成长路径，也是餐饮连锁品牌成长进阶的概括性描述，餐饮品牌创始人应该根据自身的资历经验、行业背景、社会资源、财富实力等客观情况进行适当的借鉴、参考和修正。

打造餐饮品牌连锁的路径无论需要几步,都应该依据餐饮品牌连锁发展进阶的通行规律,并且按照市场经济体制变化的趋势开展系统性的连锁布局和成长。

餐饮连锁品牌的战略打造应该具备高瞻远瞩的格局,在时空中运筹帷幄,在实践中脚踏实地。